新世纪高职高专
公共基础课系列规划教材

新世纪

新编经济应用文写作

新世纪高职高专教材编审委员会 组编

主　编　王世法　李　隽　许同桃

副主编　魏加莉　嵇　勇　周永刚

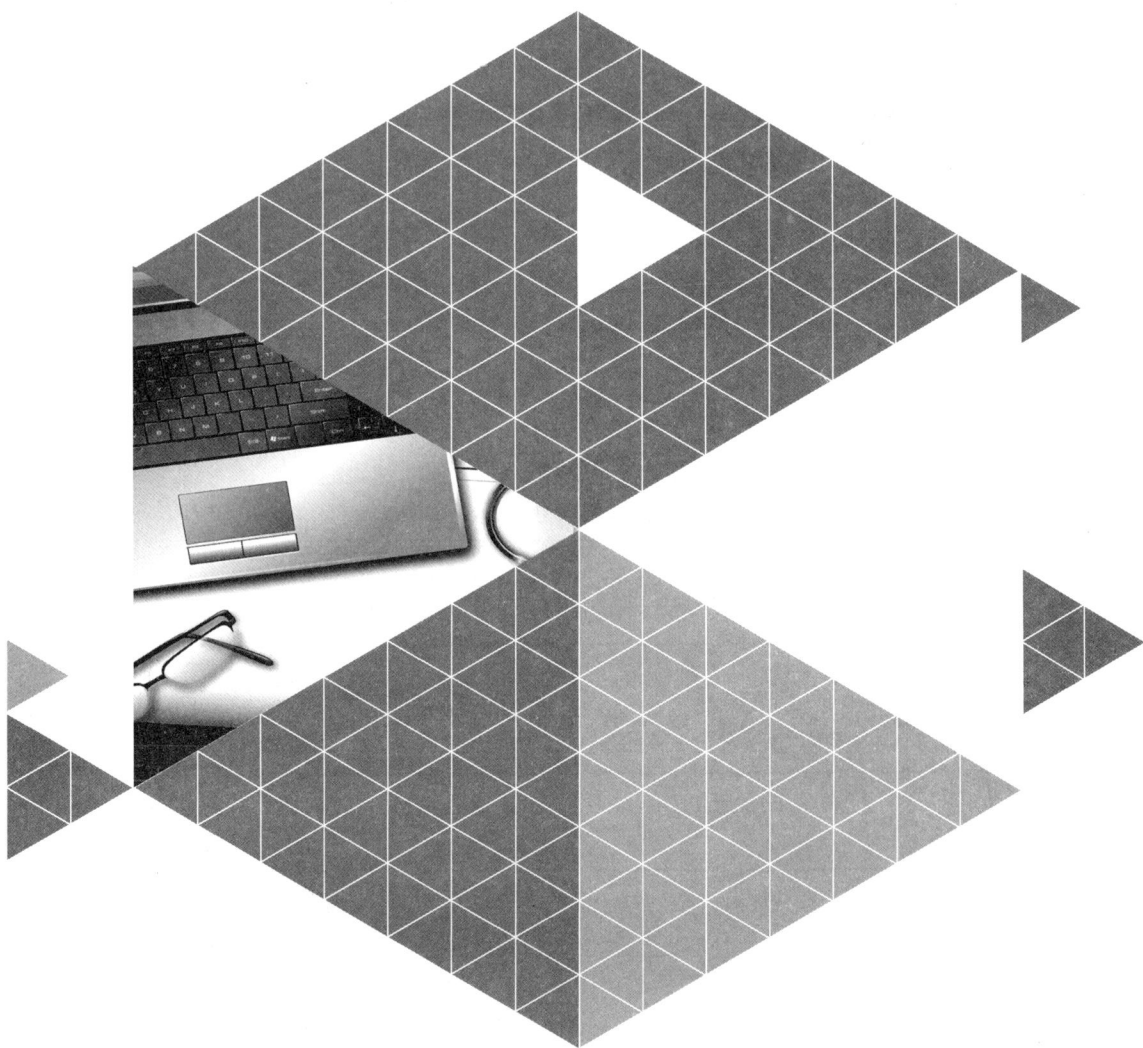

大连理工大学出版社

图书在版编目(CIP)数据

新编经济应用文写作 / 王世法,李隽,许同桃主编
. 一 大连 : 大连理工大学出版社,2013.8(2015.2重印)
新世纪高职高专公共基础课系列规划教材
ISBN 978-7-5611-8177-5

Ⅰ. ①新⋯ Ⅱ. ①王⋯ ②李⋯ ③许⋯ Ⅲ. ①经济一
应用文一写作 Ⅳ. ①H152.3

中国版本图书馆 CIP 数据核字(2013)第 196359 号

大连理工大学出版社出版
地址:大连市软件园路80号 邮政编码:116023
发行:0411-84708842 邮购:0411-84708943 传真:0411-84701466
E-mail:dutp@dutp.cn URL:http://www.dutp.cn
大连业发印刷有限公司印制 大连理工大学出版社发行

幅面尺寸:185mm×260mm 印张:18 字数:438 千字
印数:2201~5200
2013 年 8 月第 1 版 2015 年 2 月第 2 次印刷

责任编辑:王晓历 责任校对:李正政
封面设计:张 莹

ISBN 978-7-5611-8177-5 定 价:36.00 元

总　序

　　我们已经进入了一个新的充满机遇与挑战的时代,我们已经跨入了21世纪的门槛。

　　20世纪与21世纪之交的中国,高等教育体制正经历着一场缓慢而深刻的革命,我们正在对传统的普通高等教育的培养目标与社会发展的现实需要不相适应的现状作历史性的反思与变革的尝试。

　　20世纪最后的几年里,高等职业教育的迅速崛起,是影响高等教育体制变革的一件大事。在短短的几年时间里,普通中专教育、普通高专教育全面转轨,以高等职业教育为主导的各种形式的培养应用型人才的教育发展到与普通高等教育等量齐观的地步,其来势之迅猛,发人深思。

　　无论是正在缓慢变革着的普通高等教育,还是迅速推进着的培养应用型人才的高职教育,都向我们提出了一个同样的严肃问题:中国的高等教育为谁服务,是为教育发展自身,还是为包括教育在内的大千社会? 答案肯定而且唯一,那就是教育也置身其中的现实社会。

　　由此又引发出高等教育的目的问题。既然教育必须服务于社会,它就必须按照不同领域的社会需要来完成自己的教育过程。换言之,教育资源必须按照社会划分的各个专业(行业)领域(岗位群)的需要实施配置,这就是我们长期以来明乎其理而疏于力行的学以致用问题,这就是我们长期以来未能给予足够关注的教育目的问题。

　　众所周知,整个社会由其发展所需要的不同部门构成,包括公共管理部门如国家机构、基础建设部门如教育研究机构和各种实业部门如工业部门、商业部门,等等。每一个部门又可作更为具体的划分,直至同它所需要的各种专门人才相对应。教育如果不能按照实际需要完成各种专门人才培养的目标,就不能很好地完成社会分工所赋予它的使命,而教育作为社会分工的一种独立存在就应受到质疑(在市场经济条件下尤其如此)。可以断言,按照社会的各种不同需要培养各种直接有用人才,是教育体制变革的终极目的。

　　随着教育体制变革的进一步深入,高等院校的设置是否会同社会对人才类型的不同需要一一对应,我们姑且不论。

但高等教育走应用型人才培养的道路和走研究型(也是一种特殊应用)人才培养的道路,学生们根据自己的偏好各取所需,始终是一个理性运行的社会状态下高等教育正常发展的途径。

高等职业教育的崛起,既是高等教育体制变革的结果,也是高等教育体制变革的一个阶段性表征。它的进一步发展,必将极大地推进中国教育体制变革的进程。作为一种应用型人才培养的教育,它从专科层次起步,进而应用本科教育、应用硕士教育、应用博士教育……当应用型人才培养的渠道贯通之时,也许就是我们迎接中国教育体制变革的成功之日。从这一意义上说,高等职业教育的崛起,正是在为必然会取得最后成功的教育体制变革奠基。

高等职业教育还刚刚开始自己发展道路的探索过程,它要全面达到应用型人才培养的正常理性发展状态,直至可以和现存的(同时也正处在变革分化过程中的)研究型人才培养的教育并驾齐驱,还需要假以时日;还需要政府教育主管部门的大力推进,需要人才需求市场的进一步完善发育,尤其需要高职教学单位及其直接相关部门肯于做长期的坚忍不拔的努力。新世纪高职高专教材编审委员会就是由全国100余所高职高专院校和出版单位组成的旨在以推动高职高专教材建设来推进高等职业教育这一变革过程的联盟共同体。

在宏观层面上,这个联盟始终会以推动高职高专教材的特色建设为己任,始终会从高职高专教学单位实际教学需要出发,以其对高职教育发展的前瞻性的总体把握,以其纵览全国高职高专教材市场需求的广阔视野,以其创新的理念与创新的运作模式,通过不断深化的教材建设过程,总结高职高专教学成果,探索高职高专教材建设规律。

在微观层面上,我们将充分依托众多高职高专院校联盟的互补优势和丰裕的人才资源优势,从每一个专业领域、每一种教材入手,突破传统的片面追求理论体系严整性的意识限制,努力凸现高职教育职业能力培养的本质特征,在不断构建特色教材建设体系的过程中,逐步形成自己的品牌优势。

新世纪高职高专教材编审委员会在推进高职高专教材建设事业的过程中,始终得到了各级教育主管部门以及各相关院校相关部门的热忱支持和积极参与,对此我们谨致深深谢意,也希望一切关注、参与高职教育发展的同道朋友,在共同推动高职教育发展、进而推动高等教育体制变革的进程中,和我们携手并肩,共同担负起这一具有开拓性挑战意义的历史重任。

新世纪高职高专教材编审委员会

2001 年 8 月 18 日

前言

　　《新编经济应用文写作》是新世纪高职高专教材编审委员会组编的公共基础课系列规划教材之一。

　　21世纪的今天，经济活动已经成为最为核心、最为活跃的社会活动之一。特别是在中国，2012年，中国GDP达52万亿元人民币，按照2012年年末的汇率，折合8.3万亿美元。中国在2010年就成为世界第二大经济体，经济活动在社会发展中的作用极为重要。同时，组织和个人为了从事各种经济活动，必须要借助文字的形式来完成。正是为了满足人们的这种需求，经济应用文便应运而生，并且其已经成为日常生活中的一种极为重要的工具。为了使人们能够更好地掌握这种工具，更妥善地处理各种经济活动，我们编写了这本《新编经济应用文写作》。

　　本教材在我国加紧建设和完善社会主义市场经济体制的大背景下，从全面、实践和创新的经济学和管理学视角，构建了经济应用文写作的基本框架。本教材分为两大部分：一是经济应用文的基本理论；二是经济应用文的具体类型写作，主要有九大类文体。

　　本教材由连云港职业技术学院王世法、李隽、许同桃任主编，连云港职业技术学院魏加莉、嵇勇、周永刚任副主编。具体编写分工如下：李隽编写第一、二、三、四章；王世法编写第五、六、七、八章；周永刚、许同桃编写第九章；魏加莉编写各章模拟训练题和试题库；嵇勇负责收集素材和制作配套数字化资料。王世法负责本教材的审定、修改、总撰和定稿工作。

在本教材的编写过程中，我们参考和借鉴了许多专家的相关著作，在此，谨向各位专家、学者一并表示感谢。

本教材难免有不足和差错之处，恳请各位读者在使用本教材的过程中给予关注，并将意见及时反馈给我们，以臻完善。

编　者

2013 年 8 月

所有意见和建议请发往：dutpgz@163.com

欢迎访问教材服务网站：http://www.dutpbook.com

联系电话：0411-84708445　84708462

目 录

第一章

写作经济应用文

学习目标

1. 熟悉应用文的概念和类型
2. 了解应用文的特点和作用
3. 理解经济应用文的概念和类型
4. 了解经济应用文的特点和作用
5. 掌握经济应用文的写作要领

任务 1 认知应用文写作

情境设置 >>>

"大学毕业生不一定要能写小说诗歌,但一定要能写工作和生活用的文章,而且非写得既通顺又扎实不可。"

——叶圣陶《作文要道》

应用文写作能力已成为当代大学生必需的基本素养和能力。如何写好应用文?

情境链接 >>>

一、应用文的概念与沿革

经济应用文是应用文的一个分支,要想掌握经济应用文的写作,就必须首先熟悉应用文的基本理论知识。

应用文是国家机关、社会团体、企事业单位或个人在日常工作、学习和生活中为办理公私事务而经常使用的、具有实用价值和一定惯用格式的文字信息载体。

我国应用文发展源远流长,历史悠久。早在原始社会出现的结绳记事,就已经具备了应用文的个别特征。随着人类社会的不断发展,逐渐产生了文字。正是由于文字的出现,便开始了真正意义上的应用文写作。应用文的产生源自人们日常生活的现实需要,最初的应用文主要是用来记录人们的日常生活和生产等社会活动的。自 1899 年起在我国河南安阳殷墟遗址出土的距今有 3000 多年的甲骨刻辞,就是用来记载殷王朝从盘庚东迁到纣王覆灭 273 年间的王室档案,这便是我国最早的应用文。3000 多年来,应用文随着社会的不断发展而不断发展,应用文的种类更加繁多,使用范围更加广泛。特别是改革开放 30 多年来,社会日益发展,经济日益繁荣,应用文进入了一个前所未有的发展机遇期,应用文已经成为社会管理、宣传告晓、沟通信息、公关交际、考查凭证和调查科研的一种必备工具。

纵观我国应用文的发展历程,可以大致分为四个时期:先秦时期、秦汉魏晋时期、唐宋明清时期和"五四"至现代时期。先秦时期是应用文发展的孕育阶段,该时期的代表作有《尚书》、《左传》、乐毅的《报燕惠王书》和李斯的《谏逐客书》等;秦汉魏晋时期是应用文发展的成熟阶段,该时期的代表作有汉高祖的《求贤诏》、贾谊的《论积贮疏》、诸葛亮的《出师表》和司马迁的《报任安书》等;唐宋明清时期是应用文发展的鼎盛阶段,该时期的代表作有骆宾王的《代徐敬业传檄天下文》、刘禹锡的《陋室铭》、范仲淹的《岳阳楼记》和欧阳修的《醉翁亭记》等;"五四"至现代时期是应用文发展的变革创新阶段,该时期实现了应用文从文言文到白话文、从传统体到现代体的历史性飞跃,开创了现代应用文的先河。

进入 21 世纪以来,随着我国以经济建设为中心的具有中国特色的社会主义市场经济体制的逐步完善,这使得经济已经成为人们社会生活中最重要的组成部分了。与此同时,经济的飞速发展,极大地带动了经济类、法律类和学术研究类应用文的快速发展,也就给应用文的发展提出了新的挑战和机遇。我们应该看到,应用文的发展正面临前所未有的发展机遇和挑战,社会的巨大变革在带给应用文创新发展肥沃土壤的同时,也势必将淘汰一些过时的应用文文体,所以我们学习和使用应用文,一定要与时俱进,不断推陈出新,只有如此才能使应用文紧随时代的发展而不断发展。

应用文发展的启示:

第一,应用文是从先民们长期的劳动实践中产生的,自从统治阶级将它变成治理国家、处理政务的工具之后,它便与政治、经济、文化、科技等各个领域结下不解之缘,并深深地打上特定时代的鲜明烙印。

第二,应用文总的发展趋势是由繁至简、讲究实用、日益规范。经过历朝历代的洗礼,它已逐步形成了自己鲜明的特色,即一事一文、事信文达、秉笔直叙、实用简括。

第三,应用文存在于人们学习、工作、生活的每一个领域,时刻接受着新的时代和新生事物的考验和挑战,伴随着人们实践、认识水平提高而不断更新。因此,我们今天接触到的应用文,并非就此凝固不化、一成不变,它仍在推陈出新、发展变化中。

二、应用文的类型

应用文种类极其繁多,覆盖范围非常广泛,分类方法更是多种多样。我们可以按照不同的标准和视角来进行如下划分:

按照表达方式来分,可以将应用文分为说明性应用文、议论性应用文和叙述性应用文三种类型;

按照适用主体来分,可以将应用文分为公务应用文和私务应用文两种类型;

按照实用领域来分,可以将应用文分为党政机关应用文、经济应用文、公关应用文、涉外应用文、法律应用文、科研应用文和军事应用文七种类型;

按照使用功能来分,可以将应用文分为指挥性应用文、报请性应用文、知照性应用文、调研性应用文、计划性应用文、公关性应用文、法规性应用文和记录性应用文八种类型。

纵观以上四种分类方法各有利弊,本书从应用文的使用范围和功能双重角度来看,将应用文分为以下四大类别:

1.法定公文

法定公文是国家党政机关的特定部门制定和颁布、各级党政机关处理各种公务时使用的文书,可以分为党的机关公文和行政机关公文两大类型。

党的机关公文,是指党的机关实施领导、处理公务的具有特定效力和规范格式的文书。根据1996年5月3日中共中央办公厅印发的《中国共产党机关公文处理条例》,党的机关公文类型主要有决议、决定、指示、意见、通知、通报、公报、报告、请示、批复、条例、规定、函和会议纪要14种。

行政机关公文,是指行政机关在行政管理过程中形成的具有法定效力和规范体式的文书。根据2000年8月24日国务院发布的《国家行政机关公文处理办法》,行政机关公文的类型主要有命令(令)、决定、公告、通告、通知、通报、议案、报告、请示、批复、意见、函和会议纪要13种。

2.日用文书

日用文书是指人们在社会日常学习、工作和生活中普遍使用的文书,主要类型有书信、条据、启事、声明、证明、申请书、介绍信和求职信8种。日用文书绝大部分是写给别人看的,因此在写作过程中应当注意语言的适宜得体。另外,日用文书格式看似非常简单,但在运用的过程中却经常出现不恰当的写法,这也应引起人们的高度重视。

3.通用文书

通用文书是指广泛运用于各个行业、各种领域的应用文书,主要类型有:计划总结、报告、简报、大事记和规章制度6种。通用文书,又称为通用文件,是现代应用文的一大类别,多用于国家机关、社会团体、企事业单位之间的沟通联系,具有宣传、通讯、记事、办事等作用。

4.专用文书

专用文书是指特定运用于某个行业、某个领域的应用文书,主要类型有经济文书、公关文书、法律文书、科研文书和军事文书5种。专用文书,又称为专用文件,也是现代应用文的一大类别,主要是相对于通用文书而言的。专用文书一般来说有四个特点:一是用于特定部门,适应特殊需要;二是有特定的格式和项目;三是有其自己的特殊制作程序;四是有其专门的术语。

三、应用文的特点和作用

(一)应用文的特点

应用文是和文学作品相对而言的,两者的写作自成体系,是文章写作的两大分支。同文学作品相比,应用文具有自身的六个基本特点。

1.实用性

应用文的产生本身就源自人类的社会生活实践,正是因为不断满足人们的日常需要,应用文才不断地得到发展。由此看来,实用性是应用文的首要特点。香港学者陈耀南在其著作《应用文概说》中指出:"应用文就是'应'付生活,'用'于实务的'文'章。"毋庸置疑,我们认为应用文古今之"以用为尚"是其根本属性。应用文具有明确目的和实际价值,直接应用于人们的日常学习、工作和生活当中,为人们的工作目标和具体生活服务,是人们进行思想交流、沟通信息、处理问题的一种重要手段。例如经济文书中的合同,就明确阐述了订立合同双方或多方各自的相应权利和义务,提出履行合同的具体要求,使得合同双方的行为有章可循,这也就是应用文实用性特点的具体体现。

2.真实性

应用文写作必须要求客观真实、实事求是地反映现实社会生活。如不真实,不仅使得应用文写作丧失了本身的意义,并且还会给社会的稳定带来不利的影响。应用文是为了解决社会现实问题而撰写的,不管是何人行文,也不管是何种问题,都必须根据社会实际情况行文,绝不允许不顾社会现实和客观实际天马行空、捕风捉影,这一点在法定公文和科研报告中尤其重要。即使是商业广告,真实性也极其重要,不能唯利是图、脱离实际,否则不仅违反了国家法律,而且也违背了广告宣传的初衷。例如2009年11月20日CCTV-2财经频道《消费主张》栏目曝光的"无量藏泉",其广告称:"无量藏泉"是来自香格里拉的健康好水,是全球唯一的天然小分子活水,具有护肤、改善前列腺炎、解酒、加强排毒、改善通风、降低血黏度等六大神奇功效。根据中国农业大学食品科学与营养工程学院教授、博士生导师李里特的说法:"小分子团假设"早已被学界否定,"无量藏泉"的六大功效实际上就是一个噱头。这样不切实际的广告宣传,最后也只能是搬起石头砸了自己的脚。

3.时限性

较强的时限性是应用文的另一个显著特点。应用文主要是针对人们在学习、工作和生活的具体事宜而写作的,其根本目的就是为了处理、解决社会实际问题。世上诸事无不存在于特定的时间范围内,随着时光的流逝,具体情况势必发生一定程度的变化,所以应用文的写作只有在最佳的时机完成,才能够起到良好的社会效果。超越了文书内容的时间要求,法定公文、经济合同、请柬贺信、条据书信和法律法规,也就失去了其应有的功效。例如请柬中约请的时间是必须要遵守的,过了规定的时间,请柬也就失去了应有的作用。

4.针对性

应用文的针对性主要集中表现在阅读对象和指事的具体明确。应用文的写作都有明确和直接的对象,不仅一般的法定公文、书信、合同、条据是面向特定群体的,而且海报、声明、启事也都有特定的对象。例如,家书的对象是自己最亲的亲人,而"至亲无文"便是家书特定对象的具体要求;法定公文中上行公文与下行公文的对象更有着极大的差别,尤其是上行公文中的主送机关最好是唯一的,这样才能更有利于提高公文的效率;事务文书中讲话稿的针对性更加具体,不仅每一次讲话的听众对象都会有所不同,而且不同的领导者有着不同的讲话习惯。总的看来,在应用文的写作过程中,一定要充分认识对象的针对性,做到有的放矢,提高应用文的实际效用。

5.程式性

应用文中的所有文体,在人类社会的长期使用过程中都形成了自身相对固定的程式或模式,这就是应用文的程式性特点。这些程式,有的是国家党政机关明文统一规定的,如法定公文;有的是人们在长期的实践过程中约定俗成的,如书信和合同等。这些程式已经成为人们在学习、使用和写作应用文的一种习惯,一般不能违反。总体来看,形成应用文外在程式的具体情况有两种:一种是法定使然,另一种是约定成俗。法定使然是指国家党政机关为了便于进行社会管理,迅速处理各种事务,以便提高工作的效率,加强有关部门的权威性等目的,对特定的应用文文体,如法定公文、事务文书和诉讼文书等的结构形式加以法律上的规范,并使其在特定范围内得到普遍使用。比如,我国法定公文中的党的机关公文和行政机关公文都是由国家的特定机关作出具体的规定,任何个人不得进行更改,否则便会受到相应的惩处。约定成俗是指无数前人在具体应用文写作的社会实践中所取得的某些共同认识和约定。这种在人民群众社会生活实践中自然而然形成的、具有相对稳定性的结构形式,也包含着许多写作规范中的合理因素,也应该引起高度的重视。

6.简约性

由于应用文讲究实用,应用文的语言就应该朴素平实、简明扼要,这就是应用文的简约性特点。应用文的写作力求简约,切忌浮华,要求用最精练的语言说明事情原委、具体情况、要解决的问题,以达到用最短小的篇幅最大限度地实现其具体目的。应用文写作过程中要求使用事务语体,以记述为特点,尽量减少或不用口语词汇、口语句式和各种修辞手法,而运用一系列简明稳定的谦辞、警语和专业术语等常用词汇。2010 年 5 月 16 日,习近平同志在中央党校 2010 年春季学期第二批入学学员开学典礼上发表讲话指出,当前在一些党政机关文件、一些领导干部讲话、一些理论文章中,文风上存在的问题仍然很突出,主要表现为长、空、假。他强调,文风不正,严重影响工作成效,耗费大量时间和精力,改进文风要在三个方面下工夫:一是短,力求简短精练;二是实,讲符合实际的话;三是新,在研究新情况、解决新问题上有新思路。由此也可以看出应用文简约性的重要作用。

(二)应用文的作用

应用文在我国的发展已经有近 4000 年的历史,其使用范围非常广泛,几乎涉及了人们社会活动的所有领域。自从有了文字,应用文便随之而产生了。最早出现的应用文是在我国河南省安阳殷墟遗址出土的甲骨刻辞。随着人类社会的不断发展,应用文也得到了不断地发展,文种由少变多,不断丰富。特别是进入 21 世纪以来,人们的生活发生了翻天覆地的变化,国家经济发展也取得了举世瞩目的成就,在这种社会剧烈变化和经济迅速发展的情况下,人们对应用文的使用产生了很多新的需求,由此催生了很多新的应用文文种,比如电子邮件、短信息等,同时也使得一些旧的文种消亡了。总的来看,不管应用文文种如何发展变化,应用文在社会生活中的使用还是越来越频繁,应用文的地位也是越来越重要。

1.指挥管理作用

在整个社会的实践活动过程中,各个层次都需要指挥管理,只有这样整个社会才能持续、健康、稳定和快速地运转。为了达到这种目的,国家的党政机关在具体的管理实务中就可以通过法定公文的形式,把党的各项方针、政策,国家决策和意图,传递给它的下层机关组织和广大干部群众,在所管辖的范围内,规范人们的各种行为,并要求人们必须严格贯彻执行,不得违背。与此同时,国家以其自身的强制力保证它的权威性,以实现统一思想、行动一致,最终达到治理国家、建设国家的目的,这便体现了应用文在当今社会中巨大的指挥管理作用。例如,法定公文中行政机关公文的命令(令):2008年3月16日中华人民共和国主席胡锦涛签发了中华人民共和国主席令(第一号),根据中华人民共和国第十一届全国人民代表大会第一次会议的决定,任命温家宝为中华人民共和国国务院总理。由此来看,法定公文在国家运行中指挥管理作用的重要性可见一斑。

2.宣传告晓作用

应用文的宣传告晓作用广泛存在于社会生活的方方面面。法定公文、日用文书、经济文书、公关文书、诉讼文书和科研文书,无不在向人民群众宣传国家的相关政策、法规和制度的作用以及整个社会的政治、经济、文化、法律、科技等情况。即使是日常生活中简单的商品简介、产品说明书和大量的商业广告,都向广大的人民群众直接宣传信息,以起到服务大众、刺激消费、发展经济的作用。例如,2008年北京奥运会开幕式定于2008年8月8日(星期五)20时在国家体育场举行,届时,将有16万中外宾客出席开幕式。2008年7月25日,北京市人民政府为了保障开幕式的顺利进行,确保与会人员安全、有序集结和疏散,根据《中华人民共和国道路交通安全法》的相关规定,颁布了《关于2008年北京奥运会开幕式期间采取交通管制措施的通告》。正是该通告发挥了应用文的宣传告晓作用,才使得2008年北京奥运会开幕式得以顺利、成功开幕。

3.沟通信息作用

随着经济的全球化和世界经济的一体化,现代社会中的人们活动范围极为广泛,组织和个人之间的关系越来越密切,而社会专业化分工越来越细又使得沟通信息的协调作用越来越重要。因此,人们在日常的学习、工作和生活中,组织与组织、组织与个人、个人与个人之间,为了自身的不同需要,相互之间必然要进行信息的沟通和交流。21世纪可以说是信息的时代,信息已经成为了现代社会快速发展的一种介质,只有有了畅通的信息渠道,人们之间的交流沟通等活动才能变得更为方便和迅速,而应用文正好成为人们进行思想交流、信息互动的重要工具。例如,公务活动中有些工作需要几个平行机关合作完成,有些问题需要多个部门协同处理、共同完成,这就必须进行信息的沟通,行政机关公文中的函就能起到这种作用。2009年8月21日国务院办公厅发布的《国务院办公厅关于同意成立广州2010年亚洲残疾人运动会组委会的复函》(国办函〔2009〕80号),主要对象就是广东省人民政府、体育总局和中国残疾人联合会三个部门,并最终协调三者之间的关系。

4.公关交际作用

在社会活动中,任何组织、任何个人都不可避免要与外界打交道,这就需要公关交际,而应用文正是一种得到社会广泛认可和使用的公关交际工具。上至党中央、国务院,下至镇委和镇政府的各种机关、各企事业单位,甚至普通个人,都经常要通过应用文和上下级、有关组织和个人进行公关交际。例如,企业开张营业,要向工商管理局申请营业执照;组织或个人的双方多方合作,需要签订合作协议;企业推销商品,需要有商品的营销策划书;商洽各种事务,需要发函等等。还有人们在日常交际中广泛使用的邀请函、贺卡等,无一不是应用文。应用文使用得当,往往有利于组织各项业务的顺利开展,便于合作双方进行良好的沟通,从而起到较好的公关交际效果。2010 年 3 月 22 日,中国政府向各国驻华使馆递交了由国务院总理温家宝签署的 2010 年上海世博会官方邀请函,热情邀请与中国建交国家来华参加 2010 年上海世界博览会,这就是应用文中的邀请函在国家交往中起到的重要的公关交际作用。

5.考查凭证作用

应用文记录了社会生活中大量的事实材料和决定性的意见,其本身具有很强的考查凭证作用。应用文中的部分文种,如条据、证明信、介绍信具有凭证性的功能,它们为人们的社会交往提供了财产、身份的凭证作用;法定公文体现执法机关的意图,收文机关办事时就应该以此作为考查凭证,同时法定公文也是党政机关各个时期活动情况的客观记载,在其完成使命后,可以将其整理为档案,以使其具有史料价值,从而为今后开展工作起到史鉴作用;契约合同、诉讼文书更是人们在社会生活中发生争端时的强有力证据,特别是诉讼文书中的司法机关文书还是执法的凭据。例如,深圳市某企业根据《中华人民共和国劳动法》和《深圳经济特区劳动合同条例》及其他有关法律法规的规定,聘用双方本着平等自愿、协商一致的原则,签订了聘用合同,该合同就明确规定了双方相应的权利、义务及其他具体情况,一旦双方在合同期限内发生纠纷,就可以依据该聘用合同的具体内容,解决争端。

6.科研创新作用

应用文的科研创新作用是随着科学研究在社会经济发展中的日益重要而逐渐凸显出来的,主要通过科技文书来体现。据中国科学技术信息研究所武夷山总工程师介绍,从 2002 年到 2007 年,我国被 SCI(《科学引文索引》)收录的论文数量在世界的排名由第 6 位提升到第 3 位;2003 年至 2008 年,我国科技论文被引用的次数在世界的排名由第 19 位提升到了第 10 位。按 SCI(《科学引文索引》)数据库统计,2007 年我国科技人员发表科技论文 9.48 万篇,占世界份额的 7.5%,排在世界第 3 位,处于美国和英国之后。同期我国内地机构产出论文 8.91 万篇,比 2006 年增加了 25.2%,占世界总数的 7%,所占份额比 2006 年提高了 1.2 个百分点,排世界第 5 位。按 EI(《工程索引》)数据库统计,2007 年我国科技人员发表的期刊论文为 7.82 万篇,占世界论文总数的 19.6%,首次超过美国,居世界第一。科技论文是衡量一个国家科学水平的重要指标。如果没有一定的创新思维和科学新发现,科技论文是很难被 SCI 收录的,也不可能被国际同行引用。我国科技论文数量质量的双提升,与我国近年来更加重视科技工作、大幅增加科技投入密切相关。由此可见,应用文中科技论文的科研创新对推动我国社会经济发展起到举足轻重的作用。

情境分析 >>>

四、应用文的构成要素　▪▪▪

应用文的构成要素主要包括主旨、材料、结构、语言和表达五个部分。

(一)应用文的主旨

主旨是指通过全部材料和表现形式所传达出来的中心思想和基本观点,也称文章的"意"。"意"是确定文章质量高低优劣的关键。应用文的主旨就像是组织中的领袖,组织没有了领袖,就成了乌合之众;应用文没有主旨,就会显得杂乱无章。主旨还对应用文的材料、结构、语言和表达具有指导性的作用,只有明确行文的主旨,才能进而谋篇布局。应用文是为了解决实际问题而撰写的,实用性很强,所以应用文的主旨就有务实的特征。它必须从实际中来,直接反映社会现实,为社会现实服务。据此,应用文的主旨就应该做到"正确、鲜明、集中、深刻",这也是确立应用文主题的原则。

(1)正确,是指应用文行文的目的和提出的主张,必须符合马列主义、毛泽东思想和邓小平理论,符合党和国家的方针、政策,符合客观实际情况,符合党和国家的有关法律、法令规定,符合经济发展规律,反映客观事物的本质。

(2)鲜明,是指应用文的基本思想、作者的基本态度要明确。

(3)集中,坚持"一文一事"的原则。

(4)深刻,指文章内容有深度,能够揭示事物的本质,反映事物的内在规律。

(二)应用文的材料

材料是作者为了写作目的而搜集、摄取并写入文章的一系列事实或理论依据。材料是应用文的血肉,是提炼主题的依据和基础。应用文的支柱一旦确定,材料的收集、整理和使用都必须为它服务,展开说明主旨观点。没有材料,就无法形成观点,无法进行写作;只有充分占有材料,才能写出优质的应用文。应用文材料的范围包括:直接材料和间接材料;正面材料和负面材料;现实材料和历史材料;点上材料和面上材料。应用文材料的选择有以下五个要求:一是围绕主旨选材,材料要为主旨服务;二是材料客观真实,不能偏听空想;三是材料必须完整,全面反映事物本相;四是材料要取典型,做到以一当十;五是材料务必新颖,紧跟社会热点。材料收集方法有观察体验、调查采访和查阅资料等。

(三)应用文的结构

结构是指全文内容的组合和构造,是安排材料组织成文的方式。如果说主旨是应用文的灵魂,材料是应用文的血肉,那么结构就是应用文的骨架。应用文的结构具有非常明显的程式性特点,文体规范比较突出,一般包括层次、段落、过渡、照应、开头和结尾六个方面的内容。总的来看,应用文的结构包括内在结构和外在结构两个部分。内在结构是指应用文的逻辑结构,是应用文的经络,不同的文种有着不同的内在结构。外在机构是指应用文的外部形态,是应用文的骨架,主要包括开头、行文和结尾三个部分。应用文的结构有以下两个特点:

1.规范性,这是应用文在外在格式上的显著特点。这种规范性在公文写作中表现为"法定使成",《中国共产党机关公文处理条例》、《国家行政机关公文处理办法》等法规规章作了明确规定的制作格式。各类事务文书、专用文书的外在结构,则体现为"约定俗成",采用的是一些相对固定的惯用格式。

2.条理性,是应用文内在结构要素的主要特点,指的是其段落层次、过渡照应、开头与结尾都必须严谨有序,充分反映出作者的理性思路和客观事物的逻辑规律。

应用文结构的要求:要服从表现主题的需要;要符合人们的思维规律;要适应不同文种的体式特征;结构要完整、严谨、统一。

(四)应用文的语言

语言是主旨的直接实现,应用文对其有很高的要求。语言对于应用文的撰写者,如同线条之于画家、音符之于乐师,是写作的重要媒介和载体。

1.应用文语言的特点

(1)通用性的书面语体

应用文以书面语为主,使用得到全社会认同的通用语体,不采用个性化语言、方言俚语以及超常规的句式和生僻字词,一般不用口头语。为了表达的庄重、简洁,应用文中尚保留相当数量的文言词汇,如"兹"、"拟"、"尚"、"悉"、"谨"、"予以"、"责成"、"业经"、"承蒙"等等所指明确的文言词语。这些文言词语的使用,使应用文语言更具书面语特征。

(2)沿用模式化词语和句式

常用的模式化词语有以下五类:

◆领起语——用于文章开端或段落起首部位,表引据、发语

"由于"、"鉴于"、"为了"、"根据"、"依据"、"遵照"、"按照"、"兹有"、"兹就"、"……收悉"、"惊闻……"、"承蒙"

◆承启衔接语——段落层次之间承上启下的过渡语

"为此"、"有鉴于此"、"特……如下"、"现就……如下"、"现将……如下"、"综上所述"、"总之"

◆结尾用语——用于应用文结尾,表收束

"当否,请批示"、"特此通知"、"特此报告"、"此复"、"函复为盼"

◆称谓用语——表第一、二、三人称称谓

"我"、"我们"、"本"、"贵"、"你"、"你们"、"该"、"他"、"他们"

◆表态用语——表明态度"不得"、"禁止"、"同意"、"原则同意"、"暂缓施行"、"可行"

应用文的句类一般使用陈述句、祈使句,较少使用疑问句、感叹句。

(3)合理运用书面辅助语言

由于应用文写作具有实用性、行业性等特点,因此在其语言体系中,经常使用书面辅助语言,以替代、补充文字语言,从而使应用文的表述更为直观、简明。图形、表格、符号、公式等是应用文中最常见的书面辅助语言。

2.应用文语言的基本要求

(1)准确。这是对应用文语言最基本的也是最高的要求,有人称之为应用文语言的"第一要求"。要实现这一要求,首先应做到概念准确、把握分寸,要认真辨析词义,精选中心词,用准限定修饰语;其次,句子要合乎语法、逻辑,数据、图示要准确无误,人名、地名、引文要准确。

(2)简洁。应用文语言要求文字简短,表述直截了当、言简意赅,力避烦琐累赘。适当运用专用词语、惯用语和尚具活力的文言词语,是求得语言简洁的可行的途径。

(3)朴实。应用文重在实用,是应实际需要而形成并运用于实务的工具文,所以用语应平实质朴、浅近通俗,忌华丽雕琢,不大肆渲染,不堆砌辞藻,避免生僻词句。

(4)得体。应用文都有特定的功用和特定的读者对象,因此,写作时应根据行文目的、接受对象选择相应的语体、语气。只有语言得体,才能收到预期的表达效果。

(五)应用文的表达

表达是指表示思想情感、传递信息,借以达到作者写作预期目的的一种方式。各种文体通用的表达方式有叙述、描写、抒情、议论、说明。应用文以实用为目的,故很少使用描写、抒情,而较多运用叙述、议论、说明等方式。

1.应用文中的叙述

叙述,是反映事件过程、人物经历的表达方式。应用文一般都要涉及一定的事件或事项,因此必须采用叙述手段陈述事实、过程。应用文写作在运用叙述这种表达方式时,应采用概括方式而不宜详述;叙述常与说明并用、联用,但绝不能与描写相结合;在使用叙述方式时,以顺叙为主,有时也用倒叙和分叙,一般不用插叙、补叙等手法;在叙述人称上,三种人称都可采用,当行文者与受文者非常明确时,可用无主句而省去人称。应用文叙述的基本要求:叙述简明,概要精当;详略得当,重点突出;客观真实,平铺直叙。

2.应用文中的议论

应用文的议论是对写作对象进行分析、作出判断、表明观点和态度的表达方式。应用文中的议论类文体如毕业论文等,需要对论题提供翔实的论据,进行严密的论证,提出正确、深刻、新颖的论点,因而不仅以议论为主要表达方式,而且要完整地运用这一方式。其他应用文特别是公文,主要用事实说话,议论则是叙述、说明的补充手段,处于从属地位。应用文议论的基本要求:论点正确,论据可靠,论证合乎逻辑;简要分析,就事论事;实事求是,不带个人感情色彩。除议论类应用文外,一般应用文在议论上的特点和要求是:

夹叙夹议——在使用说明和叙述的方式陈述情况、介绍事项之际,用议论方式予以简明扼要地分析、评判。

简化论证——开门见山地提出见解、表明观点,不作详尽的论证、阐释,直接用判断句式表述“是什么”、“要怎样”、“应该怎样”。

立论为主——一般应用文的议论,多为立论;即使有所批驳,也是以“立”为主,以“破”为辅。

正面论证——一般以正面材料论证其观点、立场,较少使用反面材料反证观点、立场,旨在正面教育、正面灌输、正面导向。

3.应用文中的说明

说明,即阐释和解说,是用简明而准确的文字对事物的性质、状态、特点、功能、成因等进行介绍、解释的表达方式。在应用文中,说明成分较重,主要用于界定概念、点明主旨、列举数据、引述资料、交代情况等。常用的说明方法有7种:定义法、诠释法、分类法、引用法、比较法、举例法、数据及图表法。应用文说明的基本要求:内容要科学;表述要客观;文字要准确、简明、恰当。

情境完成 >>>

吸发式电推剪生产可行性研究报告

一、国际国内理发业目前使用的电推剪的缺点

据初步调查,国际(亚洲如韩国和日本、美洲如美国、欧洲如意大利、中东如以色列等)国内理发业目前广泛使用的电推剪在进行理发作业时,存在如下缺点:第一,被剪断的发屑以及头屑会散落飞溅到人们的头上、脸上、脖子里、衣服上、理发座椅及其附近地面上,同样会散落或飞溅到理发人员的脸上、双手和衣服上,不仅令人讨厌和难受,而且污染环境,传播皮肤疾病;第二,理发必须由专业理发人员进行。

二、吸发式电推剪的优点

使用专利产品吸发式电推剪进行理发作业时,它能将被剪断的头发以及头屑方便地收集起来,防止其到处散落和飞溅,免除被理发人员和理发人员不舒服之感,改变环境卫生和防止皮肤疾病传染;同时,非专业理发人员按照说明书的要求,凭借专门设计的理发靠模,就可以十分方便地进行理发作业,而且可理多种发型(这就意味着吸发式电推剪可以进入家庭),极大地提高生活质量。

三、吸发式电推剪的适用对象

因吸发式电推剪克服了本报告第一条所列出的现在普遍使用的电推剪的缺点,具有本报告第二条所列之优点,所以,吸发式电推剪适用于以下消费对象:①家庭;②医院、疗养院、老人院;③美容美发厅;④军队;⑤一般理发店。同时还适用于出口。(具体分析从略)

四、吸发式电推剪的趋势

因吸发式电推剪具有本报告第二条所列之优点,有广泛的适用性,相关的人员均表示欢迎(已作过近五年的广泛调查),而且价位适中(每台售价预计300元左右),故吸发式电推剪面市后,将逐步淘汰现在国际国内目前普遍使用的旧式电推剪。

五、国内吸发式电推剪的市场前景与经济效益量化分析

1. 市场饱和量和年度需求量

(1)居住在城镇的家庭用户饱和量:3000万台[15亿(居住在城市的家庭约有15亿个)×20%(每100个该类家庭有20个家庭采用)]。

该类家庭年度需求量:500万台[3000万台÷6(使用6年报废)]

(2)居住在农村的家庭用户饱和量:600万台[2亿(居住在农村的家庭约有2亿个)×3%(每100个该类家庭有3个家庭采用)]。

该类家庭年度需求量:100万台[600万台÷6(使用6年报废)]。

(3)医院、疗养院、干休所、敬老院用户饱和量:60万台根据[《1998中国统计年鉴》概算]。

该类单位年度需求量:20万台[60万台÷3(使用3年报废)]。

(4)美容美发厅用户饱和量:45万台(根据抽样调查估算)。

该类单位年度需求量:15万台[45万台÷3(使用3年报废)]。

(5)军队用户饱和量:3万台(估算)。

该类用户年度需求量:1万台[3万台÷3(使用3年报废)]。

(6)一般理发店用户饱和量:280万台[按每500人拥有一个理发店概算]。

该类用户年度需求量140万台[280万台÷2(使用2年报废)]。

以上(1)~(6)类用户的年度需求总量为776万台。

2. 目标年度销售收入和利润

(1)目标年度主机销售收入:23.28亿元[300元×776(万台)]。

(2)目标年度配件销售收入:2.328亿元(配件销售收入一般占主机销售收入的10%)。

(3)目标年度利润额:5.1216亿元[(23.28亿元+2.328亿元)×20%(销售收入利润率)]。

3. 可望实现的年度销售收入和利润以上目标年度销售收入和利润数

即使只实现30%(这个目标通过努力是完全可以达到的),则该产品进入成熟期后,可

望实现的年度销售收入为 7.6824 亿元(主机加配件),利润为 1.53648 亿元。

六、出口的市场前景和经济效益量化分析(暂未计算)。

七、实施吸发式电推剪项目,投资少,风险小,组织生产容易。

八、吸发式电推剪为专利产品,且设计独特,他人无机可乘,独家生产和销售有法律保障。

九、吸发式电推剪出口的专利保护(略)。

十、以吸发式电推剪为龙头,可以形成一个生产系列理发工具、洗发护发用品和化妆品的企业群。

吸发式电推剪设计独特,为专利产品。如精心组织生产和销售,则很容易获得较高知名度。当该产品获得一定知名度后,以该产品为龙头,向该产品的两翼发展,则形成一个生产系列理发工具、洗发护发用品和化妆品的企业群,也并非难事。

十一、结论

吸发式电推剪较国际国内普遍使用的电推剪,具有明显的优点和适用性,必然深受顾客和理发员(即使用人)欢迎。该产品面市后,毫无疑问将逐步淘汰现在国际国内普遍使用的电推剪,市场容量巨大。实施吸发式电推剪项目,投资少,风险小,组织生产并形成较大批量并不困难,以此为龙头形成一个企业群亦有可能,经济效益和社会效益十分可观。因是专利产品,要做好专利保护工作,独家生产并向国内国际市场销售产品,其合法权益会受到国内和国际法保护。

情境拓展 >>>

五、应用文写作要求

一个人能力和水平的提高,决非一日之功,不可能一蹴而就,要靠长期的学习和锻炼。对在校大学生来说,当然应该努力做到德、智、体、全面发展,在这个前提下,从应用文写作的需要出发,努力做到:

(1)提高政策水平:这是从事应用文写作的基本修养。写应用文的依据是党的方针政策、国家的法律法规,只有掌握了,明确方向,才能写好应用文。同时要学理论,学前人的经验,掌握应用文的写作知识,用理论指导应用文写作实践。

(2)全面掌握知识:写应用文,必须掌握多方面的知识,包括一般知识和专业知识。

(3)培养分析判断能力:写应用文,要面对一大堆杂乱的情况、材料和与之有关的若干问题,必须善于处理,把事实归类,然后进行分析研究,通过思考作出判断,找出解决问题的途径。要培养、提高自己的判断能力,刻苦学习,边学边干,多做工作。

(4)加强写作基本功训练:写作基本功不扎实,纵使有好的想法、意见,也会因表述不清或表述不准而影响别人的正确理解,从而给工作带来损失。要求:①能正确、准确、流畅地表述自己的思想;②能把握全局,合理安排文章的结构;③掌握主要文种的写法。

(5)端正态度,多学多练:由于应用文具有宣传、贯彻执行党和国家的方针政策,传达指导,以及凭证和依据等作用,写作应用文要具有高度的负责精神和端正的写作态度。写作前,要了解情况,明确目的要求;写作中,要字斟句酌;写作后,要反复修改。

提高应用文写作能力的唯一诀窍,就是反复认真地阅读范文,反复认真地练习写作,反复认真地订正修改。只有坚持不懈地努力,才能不断提高应用写作的水平。

六、应用文写作的发展趋势

(1)力求通俗简洁,注重实用价值;

(2)运用电子技术,讲究体式规范;

(3)尊重、重视读者,作者素质要求提高;

(4)存异趋同,迈向通用应用文。

(5)公文写作中的计算机运用。

情境训练 >>>

1. 根据自身的实际生活经历,试列举出你所用过的十种应用文。

2. 请上网查阅《国家中长期教育改革和发展规划纲要(2010—2020年)》,从当代大学生的角度出发思考我国教育今后的发展趋势。

任务2　认知经济应用文写作

情境设置 >>>

伴随着中国经济水平的不断提高,经济规模的不断扩大,经济质量的不断抬升,组织、个人与经济的关系也越来越密切,这种日益密切的关系就使得经济应用文的使用越来越普遍、越来越广泛、越来越深入。可以说,当今以市场经济发展为中心的中国,不管是组织还是个人,经济应用文已经成为参与各种社会活动的必备工具之一,如何正确地撰写经济应用文已成为了一种迫切的社会需要。

情境链接 >>>

一、经济应用文的概念和类型

(一)经济应用文的概念

经济应用文是应用文中的一种,是指组织和个人在社会经济活动中处理各种事务时所使用的具有一定惯用格式并且拥有直接应用价值的实用文体。

经济应用文亦有狭义和广义之分。狭义的经济应用文专指经济工作者在进行各种经济活动的过程中所专用的经济文书,如市场预测报告、招股说明书、企业破产申请书等。广义的经济应用文,远远不止专用文书中的经济文书,还要有与其他组织和个人发生关系的法定公文、日用文书、公关文书、诉讼文书和科技文书,其包含的范围极其广泛。本书使用的是广义概念。

(二)经济应用文的类型

经济应用文的种类极其繁多,可以按照不同的标准划分为多种类型,本书从人们的经济生活需要的角度,将其划分为七大常用类型。

1.法定公文

法定公文包括党的机关公文和行政机关公文两个部分。党的机关公文是根据1996年5月3日中共中央办公厅印发的《中国共产党机关公文处理条例》,主要有决议、决定、指示、意见、通知、通报、公报、报告、请示、批复、条例、规定、函和会议纪要14种类型。行政机关公文,是根据2000年8月24日国务院发布的《国家行政机关公文处理办法》,主要有命令(令)、决定、公告、通告、通知、通报、议案、报告、请示、批复、意见、函和会议纪要13种类型。本书着重介绍了8种常见的法定公文,包括通告、通知、通报、报告、请示、批复、函和会议纪要。

2.经济事务应用文

经济事务应用文主要包括计划、总结、述职报告和规章制度等文书。经济事务文书虽然在性质、格式、写作和处理等方面有别于党的机关公文和行政机关公文,但是其本身也有特定的写作规范和要求,又可以称之为准公文。本书重点介绍计划、总结和述职报告3个文种。

3.经济日常应用文

经济日常应用文主要包括一般书信、条据、启事、声明、证明、申请书、介绍信和求职信8种类型。经济日用文书写作都有比较固定和平常惯用的基本格式,看似简单,却常常出现错误,应该引起高度重视。本书重点介绍了条据、启事、证明、申请书、介绍信和求职信6个文种。

4.经济市场应用文

经济市场应用文主要包括经济活动分析报告、市场调查报告、市场预测报告、可行性研究报告、财务分析报告、审计报告和上市公司经营状况报告等类型。对社会中的各类经济组织而言,市场调查报告、可行性研究报告、经济合同、营销策划书、招标书和投标书是经济市场活动中最常用的应用文文种。

5.经济诉讼应用文

经济诉讼应用文主要包括起诉状、反诉状、答辩状、上诉状、申诉状和申请执行书6种类型。经济诉讼应用文是诉讼应用文的一种,诉讼应用文是指诉讼当事人及其合法代理人,为了维护自身的合法权益,依照国家法定的诉讼程序向人民法院提出请求、答辩、上诉等诉求的各种诉讼文种。本书主要介绍了起诉状、上诉状、答辩状、申诉状4种常用文种。

6.经济传播应用文

经济传播应用文主要包括消息、简讯、通讯和新闻评论等常用文种。经济传播活动渗透于现代社会生活的方方面面,从政府机关、事业单位、经济企业到其他非营利性社会组织,经济传播活动可谓无孔不入。在市场经济迅猛发展的今日之中国,经济传播活动的作用和意义更是越来越得到显现和重视,而作为经济公关活动的载体,经济传播应用文的重要作用也就不言而喻了。

7.经济学术应用文

经济学术应用文主要包括经济学术论文和经济类毕业论文两种类型。经济领域中的各种经济活动和经济现象,事关国计民生,它的无常多变和异常复杂使它成为了科学研究的重要对象。经济学术应用文就是用来研究经济现象、发现经济规律、阐述经济理论、引导经济实践和活动的一种文体。考虑到在校学生的实习需要,本书又增加了实习报告这一文种。

二、经济应用文的特点和作用

(一)经济应用文的特点

经济应用文作为应用文的一个分支,它亦具备应用文的六大特点,即实用性、真实性、时限性、针对性、程式性和简约性。但是,与一般应用文相比较来看,经济应用文还具有自身的三个特点。

1.政策性

我国目前正处于建设具有中国特色社会主义市场经济的关键时期,各种经济活动都应当在党和政府的路线、方针、政策指导下进行。政策是国家党政机关为了实现一定历史时期的路线和任务而制定的国家党政机关的行动准则。具有鲜明的政策性,是反映和指导我国社会主义经济建设的经济应用文的显著特点。政策之所以重要在于它具有权威性。其权威性应从两个方面来讲:从内部来讲,它是正确的,是根据全国的国情和地方的经济社会发展水平以及人民的需求来制定的,它的内容是人民需要和向往的,并为社会上多数人所称赞的指导性文件;从外部来看,它一般由国家和地方政策部门来颁布,政府是一个社会的管理机关,也是这个社会长期繁荣发展的指挥者,所以政府制定出来的文书大家一般都会给予高度重视的。

经济应用文的政策性主要表现在两个方面:一是经济应用文是政策的载体,二是政策性体现在经济应用文的内容之中。经济应用文中的政策因素之所以引起人民的关注,是因为它往往是伴随着解决某一问题来进行制定和实施的。例如,2010年4月1日,党中央、国务院印发《国家中长期人才发展规划纲要(2010-2020年)》,就是针对目前我国教育的现状提出来的。该《纲要》设计了由国家层面组织实施的12项重大人才工程,并对这些工程都提出明确要求:"在我国具有相对优势的科研领域设立100个科学家工作室";"在高水平研究型大学和科研院所的优势基础学科建设一批国家青年英才培养基地";"到2020年,培养1万名精通战略规划、资本运作、人力资源管理、财会、法律等专业知识的企业经营管理人才";"每年重点培养和支持2万名各类学校教育教学骨干、双师型教师、学术带头人和校长";"到2020年,由国家资助的宣传思想文化领域文化名家达到2000名";"通过多种途径培训30万名全科医师";"中央层面实施千人计划,建设一批海外高层次人才创新创业基地";"每年培训100万名高层次、急需紧缺和骨干专业技术人才";"到2020年,在全国建成一批技能大师工作室,1200个高技能人才培训基地";"支持1万名有突出贡献的农业技术推广人才";"每年重点扶持培养1万名边远贫困地区、边疆民族地区和革命老区急需紧缺人才";"到2020年,实现一村一名大学生目标"。该文就为当前我国人才事业发展指明了前进的方向,提供了强有力的保障。

2.专业性

经济应用文是用来专门反映社会经济工作情况、解决经济活动中产生的实际问题的,具有鲜明的经济专业性特点。从行文的内容上来看,经济应用文主要是反映经济组织的工作和业务活动的;从语言表达上来看,经济应用文需要运用大量的经济数据和专业术语。经济应用文的专业性特点主要体现在专业术语和经济数据两个方面。专业术语的大量运用,使得经济应用文在语言表达上呈现出了很强的专业性。例如,经济应用文经常出现的国民生产总值(GDP)、产业结构、基尼系数、恩格尔系数、市场失灵、财政政策、货币政策、通货膨胀、通货紧缩、生产者价格指数(PPI)、消费者价格指数(CPI)、垄断、完全竞争、价格歧视、消费者剩余、生产者剩余等经济学专用术语,都使得非经济学专业人士不易理解。用经济数据来反映经济活动,就可以进行相关的定量分析,有了这种定量分析,就可以解决很多问题,进一步揭示经济活动的内在规律性。

3.工具性

经济应用文的工具性是指人们在处理日常的各种经济事务时需要用到何种文书,都可以按照经济应用文惯用的具体格式进行套用。从实际功用来看,经济应用文是人们用来处理日常经济活动中遇到问题的一种便捷手段。例如,现代社会中的人们大都有购买房子的欲望,以便构建温馨幸福的家庭,而房地产开发商也有将房子卖出去的动机,以便获得利润,那么他们就会进行买卖房子的交易,但是如何交易呢?那就需要签订正式的购房合同。2000年9月13日,建设部和国家工商行政管理局联合下发了《关于印发〈商品房买卖合同示范文本〉的通知》,根据《中华人民共和国合同法》和近几年来商品房买卖中存在的问题,建设部、国家工商行政管理局对1995年印发的《商品房购销合同示范文本》进行了修订,并更名为《商品房买卖合同示范文本》。

随后,为了进一步规范房地产销售行为,保障商品房交易双方当事人,特别是购房人的合法权益,2001年3月14日经建设部常务会议通过发布了《商品房销售管理办法》(以下简称《办法》),并自2001年6月1日起施行。为了帮助各级主管部门、房地产开发企业、房地产中介服务机构、商品房购买人以及法律工作者学习、理解和执行该《办法》,建设部住宅与房地产业司、政策法规司联合编著了《商品房销售管理办法暨商品房买卖合同示范文本指南》。该书对《办法》逐条做了详细的解释和具体的说明。同时,为了充分提醒商品房交易双方当事人,特别是提醒购房人通过正确签订商品房买卖合同来维护自己的合法权益,该书还对2000年9月13日由建设部和国家工商局联合下发的《商品房买卖合同示范文本》进行了逐项解释和说明。2001年6月28日建设部住宅与房地产业司又发布了《关于组织订购〈商品房销售管理办法暨商品房买卖合同示范文本指南〉的函》(建住房开函〔2001〕023号),希望各有关部门和组织购买《商品房销售管理办法暨商品房买卖合同示范文本指南》。通过整个中华人民共和国住房和城乡建设部制定《商品房购销合同示范文本》的事件,可以看出经济应用文工具性的重要作用。

(二)经济应用文的作用

经济应用文作为应用文的一个分支,它不仅具有应用文的六大作用,即指挥管理、宣传告晓、沟通信息、公关交际、考查凭证和科研创新作用,而且与一般应用文相比较来看,经济应用文还具有强化经济管理、开展经济研究和传递经济信息的三个重要作用。

1. 强化经济管理作用

强化经济管理是经济应用文的首要作用。经济管理主要研究对社会经济活动进行合理组织、合理调节的规律和方法。它包括两大方面内容：宏观经济管理，即国家对国民经济体系和社会经济活动的控制、指导、调节、监督；微观经济管理，即各种企业、合作经济组织、个体劳动者自身的运营管理。经济管理是现在一切社会化大生产和现代市场经济所共有的，是由我国的基本国情和经济发展所处的历史阶段决定的，是提高社会经济效益的客观要求，是市场经济体制重要的有机组成部分。经济管理的目标是经济管理行为所要达到的预期效果，它贯穿于经济管理的全过程，既是经济管理的出发点，又是经济管理的方向和指南。经济应用文是经济管理活动的重要载体，是实现经济管理目标的基本保证。社会经济部门经常通过制订计划，颁布规章制度和各类总结、社会调查、会计审计等手段，监督检查各级部门组织的经济工作，从而加强经济管理。国家经济部门要使得收支平衡，就必须进行财政预算，制定预算方案；金融银行机构要发放贷款，赚取利润，就必须对社会经济活动进行分析和预测；税务机构要开辟财源，增加收入，就必须要有一套严格的税收制度，来规范和管理税务市场。

例如，2010年3月31日，财政部通过其官方网站公布了经全国人大审议批准的《财政部2010年收支预算总表》和《财政部2010年财政拨款支出预算表》，这是财政部第一次将其部门预算面向社会公开。财政部也成为继国土资源部后第二家公开了部门预算的国家部委。科技部、住房和城乡建设部也于同日相继在其门户网站公布了2010年部门收支预算总表和部门2010年财政拨款支出预算表。2010年是国家政府部门预算公开的头一年。据财政部介绍，按照国家预算管理的相关规定，目前我国部门预算的编制实行的是综合预算制度，即全部收入和支出都反映在预算中。此次财政部公开的《2010年收支预算总表》，涉及了财政部机关、20个部属事业单位，以及35个驻各省、自治区、直辖市、计划单列市财政监察专员办事处的收支基本情况。

2. 开展经济研究作用

开展经济研究是经济应用文的另一个非常重要的作用。经济是现代社会的中心，研究经济的发展历史、现实状况、未来趋势在当今社会中极具现实意义。经济学是一门研究人类行为以及如何将稀缺性资源进行有效合理配置的社会科学。经济研究是指对社会运行中的各种经济现象进行分析和思考，从而找出社会经济发展的内在规律，解决各种经济问题的活动过程，是经济学学科的重要组成部分。而经济研究正是通过经济应用文来进行的，比如经济管理学家发表的各种经济研究学术论文和学术著作。

3. 传递经济信息作用

经济应用文在社会经济发展过程中还起着传递经济信息的重要作用。信息在经济发展中的作用越来越重要。信息是决策的基础和依据，是引导经济运行的调控手段，更是未来企业竞争的核心所在。我们正处于信息时代，知识就是力量，信息就是资源，已成为人们的共识。由各种信息源产生出来的纷繁复杂的各类信息，直接作用于经济，因此要想加快经济发展，就必须强化信息服务，来指导经济发展的方向、策略。经济信息是反映经济活动实况和特征的各种消息、情报、资料和指令的统称。不论是在国家的宏观经济运行还是在微观经济活动中，都存在着大量的经济信息，人们通过接收、传递和处理各种经济信息，反映和沟通各方面经济情况的变化,借以调控和管理生产,实现经济管理环节间的各种联系。在整个社会生产过程中,无时不在产生和使用着大量的经济信息,它是客观经济过程的基本构成要素之一。而正是有了经济应用文的大量撰写,才使得组织和个人需要的经济信息得以及时、快速、准确地传递。经济信息灵通,社会经济就会发展得很快;经济信息阻塞,社会经济发展就会受到制约。正是基于这样的情况,经济应用文就理所当然地充当了传递社会经济信息的重要载体,如公报、广告和信函等就成为了沟通各种经济业务往来的重要渠道。

情境分析 >>>

三、经济应用文的写作要领

经济应用文在以经济建设为中心的中国具有非常重要的作用,掌握经济应用文的写作已经成为当今社会人们参与社会经济活动的迫切需要。那么如何写好经济应用文?

(一)主旨新颖,紧扣社会经济前沿

经济应用文写作的主旨一定要新颖,就要紧紧围绕社会经济发展的前沿问题进行撰写。只有这样,才能解决社会经济生活中的迫切问题,才能引起人们的极大兴趣和高度关注,才能发挥经济应用文的应有功效。

主旨是文章的灵魂,新颖就是跳出旧框架。以此来看,主旨新颖就是要解脱灵魂,打破原有的陈规旧矩,其实质就是要解放思想、勇于创新、敢于向前。解放思想是指在马克思主义指导下打破习惯势力和主观偏见的束缚,研究新情况,解决新问题。解放思想更是一种需要永久保持的思想状态,将永远和时代一起跳动。经济应用文的主旨新颖,也就是要求经济应用文的写作要不断推陈出新,这就要求经济应用文的撰写者紧扣社会经济前沿。

21世纪的中国,正处于产业结构提升的关键时期,社会经济的前沿问题可谓是雨后春笋,如国民贫富差距过大和国民工资性收入偏低等。九三学社在2010年"两会"提案中指出,我国衡量贫富差距的基尼系数已经达到0.46,超出0.4的国际警戒线,10%左右的家庭占有了45%的城镇居民总财产,而收入最低的10%的家庭,其财产总额仅占全部居民财产的1.4%。贫富差距正在不断扩大。我国收入最高的10%群体和收入最低的10%群体的收入差距,从1988年的7.3倍已经上升到2009年的23倍。专家根据财政部的调查数据得出结论:在目前的收入结构中,我国低收入和中等偏下收入群体合计占总人数的64.30%。早在20世纪90年代中期,就有学者指出,我国居民收入的整体基尼系数已经超过0.40这一公认警戒线。在那以后,情况并没有改善,基尼系数近年来进一步上升到0.45~0.50的高水平。经济应用文写作能够抓住这些问题,便可以为完成高质量的文章塑造了一个灵魂。

(二)材料翔实,呈现经济现象原貌

经济应用文写作的材料一定要翔实,只有这样才能原原本本地呈现出经济现象的本来面貌,才能为解决相关的经济问题提供坚实的基础。材料就是用来提炼和表现主旨的事物和观念。材料是行文者认识事物、形成观点的基础,观点是从材料中抽象出来的,没有材料,观点的抽象就失去了基础。可以说,材料是观点产生、存在的土壤和依据,观点靠材料来实现。通常我们在经济应用文写作时总是先收集材料,然后再从材料中提炼观点。那么翔实

的材料,就成了经济应用文主旨新颖的前提条件。

要做到材料翔实,就要通过实地观察、全面调查和大量查阅等各种途径来收集所需要的资料。要想全面、准确地把握经济现象,特别是它的各个侧面、细节及其内在本质,首先就需要选择最合适的观测点对研究经济对象进行实地观察,其次用口头调查和书面调查两种方式来收集所研究经济对象的进一步资料,最后就是要运用精读、略读和浏览相结合的查阅资料方法,完成大量文字材料的收集工作。做到了这三步,也就可以基本达到材料翔实的目的。

2005年12月6日,国务院第一次全国经济普查领导小组办公室和中华人民共和国国家统计局发布了《第一次全国经济普查主要数据公报》(第一号),这也标志着历时两年的第一次全国经济普查工作圆满结束。为了全面掌握我国第二产业和第三产业的发展规模、结构和效益等情况,建立健全基本单位名录库及其数据库系统,为国家研究制定国民经济和社会发展规划、提高决策和管理水平服务,经国务院批准,我国在2004年开展了第一次全国经济普查。普查的标准时点是2004年12月31日,时期资料为2004年度。为了科学、有效地依法组织实施全国经济普查,温家宝总理专门签署了第415号国务院令,公布施行了《全国经济普查条例》。同时,国务院还成立了以曾培炎副总理为组长,国家统计局、发展改革委、中央宣传部、民政部、财政部、税务总局、工商总局和质检总局等部门参加的国务院第一次全国经济普查领导小组。普查领导小组办公室设在国家统计局,具体负责普查的日常组织和协调。两年来,经过各地区、各有关部门和广大普查工作者的共同努力,全国经济普查工作现已圆满完成。

举全国之力完成的《第一次全国经济普查主要数据公报》(第一号)具有高度的权威性,它进一步摸清了我国第二、三产业的基本情况,初步建立了全国第二、三产业基本单位名录库及其数据库系统,并建立了基本单位名录库的维护更新制度,为贯彻落实科学发展观、转变经济增长方式、调整和优化经济结构、加强和改进宏观调控以及制定"十一五"规划纲要提供了丰富的基础信息。这些都和该普查过程获得了大量翔实的资料数据是密不可分的。

(三)结构严谨,符合经济论著规范

经济应用文写作的结构一定要严谨,只有这样才能经得起推敲,从而达到符合经济专业学术论文和著作的基本规范。简短的经济应用文,主要包括缘由、事项、要求等三部分内容,结构形式大同小异。正文开始要写发文缘由,开始一段的末尾用过渡句领起第二部分。第二部分是事项,可以采用文章式、条款式,也可以篇段合一。末尾有惯用结语,各个文种互不相同,也有提出要求的。篇幅较长,信息量大,有点分量的文稿则有所不同了。不变中有变化,操作相对复杂。但无论多么复杂,也一定要做到条理清楚。这首先是个思路问题,只有思维清晰,条理才会清楚,想法太乱写出来也会乱,所以理顺思路很重要,是个非常重要的前提条件。有了前提还要不断向他人学习经验,在实践中逐步把握,以后才能做到轻车熟路,跳出固定模式,怎么写都是好的。文无定法、文成法立,讲的就是这个道理。安排好结构,做到条理清楚、结构严谨,要注意以下三个问题:一是层次和段落,二是照应和过渡,三是开头与结尾。

经济论著在写作的过程中,往往具有固定的规范格式,一般来讲就是从社会经济现象中选择一个对象。确定对象后,就要进行三个步骤的分析:一是分析该对象的现实状况和存在的问题;二是分析该现象存在问题的原因和影响因素;三是分析该现象存在问题的解决方法。经济应用文要做到结构研究,就要严格按照这三个步骤来进行。

(四)语言精练,力求经济信息简短

经济应用文写作的语言一定要精练,以求用最少的字数涵盖最多的信息,达到言简意赅的目的。语言是经济应用文主旨表达的重要手段。语言虽然属于形式要素,但它犹如文章的发肤,直接影响文章的质量高低。从某种程度上来看,语言对经济应用文的写作具有重要的决定意义,因为经济应用文的其他要素都要依赖于语言才能得以实现。

要使经济应用文的语言精练简明,这就要在准确、鲜明、生动的基础上做到下面两点:一是要深刻了解各种经济应用文的常规样式并且牢固掌握。我国的经济应用文,每个不同的时代都有与其相适应的程序,而经济应用文的固定程式的存在有其合理性,因为它们都是以简练见长的,体现了最科学、最节省的方式。例如法规体中的条款型。法规体应用于公约、法规、制度、条例等,很少有叙述和议论的部分,一条一款,简明扼要。二是要精心选择材料,合理安排材料。这是经济应用文语言能够精练简明的前提与基础。经济应用文并非越长越有水平,也并非越多越有分量,解决实际问题的作用的大小才是经济应用文写作的关键点。

在具体的经济应用中写作过程中,要做到语言精练,经济信息简短,就要做到以下四点:一是经济应用文的语言要平实质朴。经济应用文无论是撰写还是阅读,都是为了解决实际问题而说服读者接受或者执行某种信息、政策、思想、观念以及要求的,不能用抽象化的文学手法去感染读者。因此尽量减少使用烘托、渲染等修辞手法,而是实实在在地写人、叙事和析理。同时,通俗易懂也是经济应用文语言平实质朴的体现。二是要善于运用能够充分体现经济应用文语体规范的程式化用语。比如较为正式的书信的开头,寒暄语中用"来文获悉"就比"你的来信我已经收到了,敬请放心"等更为精练和适体。三是要善于运用意蕴丰富的古代汉语语言或句子,以达到以少胜多、言简义丰的目的。四是要善于在人工语言和自然语言之间寻找到合适的结合点,以实现经济应用文明白流畅、雅俗共赏的特点;还要善于运用大众语言,这种经过人民大众概括、提炼和加工的群众语言不仅会生动传神地反映事实的真实面目,而且还能让人耳目一新,增强对读者的吸引力,提高他们的阅读兴趣。

(五)表达准确,要求经济内容清晰

经济应用文写作的表达一定要准确,选用最恰当的表达方式,从而使所要传达的经济内容清楚明晰,避免产生误解。应用文的表达方式主要有叙述、描写、抒情、议论和说明。而在经济应用文中,通常只用叙述、议论和描写,至于抒情和描写则很少。

经济应用文的叙述要求直截了当,平铺直叙,主要经济事实尽量概要精当地叙述。经济应用文中的议论要求客观现实,不能脱离实际,它以事实为根据、以法规为依据,不掺和个人的主观好恶和情感,抓住要点,不及其余,做最简洁和明了的议论。经济应用文中的说明就是要用简洁、准确、科学和朴实的语言,把经济事物的性质、范围、形状、特征和功能等方面的情况介绍清楚,最常见的是产品介绍和使用说明书。而在其他的经济应用中也时常用到说明的方式,比如财务报表分析报告中对一些特定的数据和统计资料所作的说明,法定公文中对一些规定和条例所作的解释,等等。

另外,要做到表达准确,使得经济内容清楚明晰,还要用到大量的图表工具,进行定量的分析。图表可以细分为表格、图形和图表结合三种形式。图表作为一种表达的工具,在现代经济应用文写作中也越来越受到重视和广泛使用。这主要是因为,社会经济管理中出现了越来越多的数据和资料,这些数据和资料是无法用简单的文字来表达清楚的。如国家统计工作中出现的名目极其繁多的商品价格、数量、所占的比例,各类人员的工资水平、支出水平的变化,企业的产量、投资额、利润,物价指数的升降趋势变化等,用文字表达极为困难和烦琐,而借助于图表的形式,则能使人一目了然,既给人形象、直观和清新的感觉,令人印象深刻,又使得分析、评价和判断极为便捷,远胜于文字的表现能力。在当今的信息社会中,人们可以在电脑中运用各种软件精心制作出各种精美的图表,如在 Excel 中输入相应的数据,按照规定的程序操作,很快便可制作出一张精确、直观的图表,从而使经济应用文的内容清楚明晰。

情境完成 >>>

中国需求正在为世界经济贡献正能量

全球需求短缺已成为世界经济的致命伤。

"需求是当前世界最紧缺的资源。"中国投资有限责任公司董事长楼继伟曾指出,中国经济增长今年可能在 8% 以上,支撑了非常大的全球需求,而欧洲在很大程度上需求仍然在紧缩。

在外围经济金融反复震荡、国内经济缓慢复苏的过程中,2012 年我国对外经济贸易仍亮出了相对满意的成绩单。但市场对 2013 年的我国外贸形势仍存疑问。对此,商务部明确提出 2013 年的外贸目标是,争取保持全国外贸增速与 GDP 的增速大体上保持同步增长,进一步稳定和扩大国际贸易份额。同时,要把扩大进口和稳定出口结合起来进行。

市场人士分析认为,在我国贸易暂时遇到困难、增速放缓的情况下,保住原有的市场份额,就是保住了"根据地"。

在稳定出口的情况下,中国经济面对外需的下降必须转向内需驱动,特别是向消费驱动转变,这将释放中国巨大的消费潜力。中国这个庞大的需求和广阔的市场将成为世界经济中为数不多的亮点,中国需求正在为世界经济贡献正能量。

业内人士预计,今后 5 年,中国货物进口总规模将超过 10 万亿美元,这将为全球公司提供更多的投资机会和市场。

汇丰银行最新公布的研究报告称,中国对发展中国家的影响力超过美国和欧洲,对全球经济增长的贡献率不断提高。

汇丰银行首席经济学家 Stephen King 近日在发布的《新兴市场指数》报告中说:"我们正在从美国、欧洲引领的世界进入中国领导的世界,中国在 2014 年对全球经济增长的贡献将达到空前的水平。"King 预计,2013 年中国的经济增速将从 2012 年的 7.8% 增至 8.6%,新兴国家整体经济增速将为 5.4%。

业内专家指出,随着中国内需市场的不断健全,进口领域的需求也会水涨船高,中国需求在为中国经济保驾护航的同时,也将成为全球经济增长的重要引擎,并在世界范围内塑造出经济共赢局面。

来源:中国经济网(北京)2013—02—01

情境拓展 >>>

四、经济应用文的写作步骤

1.明确写作目的

在写作之前,一定要先确定好写作目的。经济应用文的写作目的通常有通知传达、沟通说服、指导建议、记录、签订契约、制定规则等。一般应该在每篇文书中确定一个单一明确的目标。

2.制定写作提纲

写作目的确定后,最好列一个写作提纲。当然,提纲在写作过程中也可以根据实际情况适当调整,可以按照时间顺序、先重后轻或先轻后重等方式架构。

3.掌握正式写作的步骤

在正式写作过程中,头脑中要时时有读者的形象,要不时地反问自己:到底要说什么?要牢记与读者达成共识的三个要素:了解读者的有关信息、检查文字的易读性、站在读者的立场上写作。语言要简洁、规范,避免歧义。

4.了解文章修改的方法

站在读者的角度来阅读文章,必要时可以大声朗读一下,对自己严格要求,不要吝惜整段删改,如果修改地方较多,需要反思,说明计划做得不好。

5.了解编辑的注意事项

通篇检查文章用词的准确性、逻辑合理性和标点正确性等。

情境训练 >>>

1.经济应用文的写作步骤与一般文章有何不同?
2.请上网收集有关国产手机市场竞争状况的相关材料。

本章自测题

一、简答题

1.什么是经济应用文?经济应用文有何特点?
2.经济应用文主旨的作用有哪些?
3.什么是材料?收集材料的方法有哪些?
4.经济应用文的表达有何特点?

二、阅读分析题

1.

通　知

全体职工:

总公司反腐倡廉小组本次年底大检查,发现各单位年底宴请频繁,名目繁多的请客送礼,导致很大浪费,广大职工对这种腐败现象极为不满。各单位要为了加强廉政建设,刹住歪风邪气,维护企业利益,所以总公司办公会议研究决定,各单位必须成立纪检小组,加强自检,并在一个月内,将自检报告上报给总公司。

特此通知。

××市工业总公司

×年×月×日

要求:分析上文在主旨、表达、文种及标点上存在的问题。

2.

关于200×年招生计划的申报

市教育委员会:

我们对教委文件《关于申报200×年招生专业计划的通知》进行了认真学习,大家一致表示要落实教委的意见,积极发展高等职业教育,办好社会所需要的各种新型专业。经我校各院系研究,决定200×年申报25个专业,招收本专科学生共3 000名。特申报给你们。

×××大学

×年×月×日

要求:分析上文在主旨、表达、文种及标点上存在的问题。

3.各种收费、摊派、罚款名目繁多,内容庞杂,是造成区街企业负担重的重要原因。据被调查的企业反映,目前通常发生的各类收费主要有绿化费、环保费、排污费、污水处理费、验证费、职称评定费、培训费、表彰费、咨询费、保险费、登记费、消防费、检验费、质检费、卫生保洁费、治安联防费、综合治理费、暂住人口管理费、车辆运行费、监理费、噪声费、车管费、道路建设费、验资费、审计费、义务兵优待费、执照变更费、参赛费、参展费、管理费、协会会费、证照年检费、证照工本费、垃圾管理费、养路费、报表费、禁区通行费、货物附加费、警民共建费、鉴定费等40多种。以上尚不包括与基本建设有关的34种收费。

要求:阅读上面短文,归纳其主旨。

4.宝祥金店于1985年由中国人民银行南京分行组建,所有的黄金珠宝原料都由国家权威机构认证认可,在南京和宝祥竞争的还有宝庆、通灵等实力雄厚的企业。近两年来,南京黄金珠宝价格战不断,但有媒体揭露,其中有相当一部分是虚假打折,先涨后降,因此消费者对于各大黄金珠宝企业降价销售的广告已司空见惯,降价广告对消费者的吸引力大打折扣,甚至形成逆反心理,愈是降价的黄金珠宝愈少光顾。宝祥为了吸引消费者决定不打折,不搞价格战,在消费者购买黄金珠宝时,与消费者签订协议,承诺凡在店内镶嵌饰品一年内免费调换,终身免费清洗,免费维修及改制圈口,免费咨询服务。宝祥金店自建店以来,几乎没有任何消费者前去投诉,为江苏省消费者信得过企业。

要求:阅读上面短文,归纳其主旨。

第二章

写作公文

任务1 认知公文

情境设置 >>>

在办公室工作,撰写公文是常见的日常工作,领导交代任务后,秘书该怎样准备和撰写?

情境链接 >>>

一、公文的概念

公文是公务文书的简称,有广义和狭义之分,广义的公文指党政机关、企事业单位及社会团体在公务活动中所使用的各类文字材料,既包括《党政机关公文处理工作条例》所规定的法定性文种,也包括日常、经济、法律、科技等应用文以及机关常用事务性应用文。狭义的公文,仅指《党政机关公文处理工作条例》中所规定的法定性公文文种。本书所指的公文是狭义范畴的公文,它是国家机关、社会团体、企事业单位在日常工作、活动中为处理公务而按照特定的体式,经过一定的处理程序制成的文字材料,是传达、贯彻党和国家的方针、政策,发布行政法规和规章,施行行政措施,请示和答复问题,指导、布置和商洽工作,报告情况,交流经验的重要工具。

二、公文的特点

（一）由法定的作者制成和发布，拟写公文是组织行为

公文不是任何人都可以随意拟定和印发的，它必须由法定作者印制和发布，拟定公文是组织行为。所谓法定作者，就是指依法成立并能以自己的名义行使权利和承担义务的国家机关、企事业单位、群众团体及领导人。以领导人的名义制发的行政公文，也并不代表其个人，而是通过法律程序代表他所在组织或机关行使职权的一种表现。

（二）严格的政治性和政策性

公文是传达党和国家方针、政策，处理机关行政事务的工具，与党的路线、方针、政策和国家的政务以及法律、法规密切相关，一方面，党和国家的每一项政策，主要靠下行行政公文直接往下传达；另一方面，党和国家方针、政策的落实情况又主要靠下级机关的上行行政公文反馈上来，做到下请上达。作为机关工作重要的文字工具，它对党和国家的方针政策的贯彻执行又起着强有力的促进作用。因此，不管哪一类公文，都不能背离党的方针、政策，体现了极强的政治性和政策性。

（三）法定的权威性和约束力

公文的权威性和约束力是由法定机关的权威性决定的。每一篇公文都代表某一机关的领导意志。所以，在法定的时间、范围内，公文对受文对象具有强制阅读、强制执行或强制复文等效力。如果受文对象不接受这种强制，就意味着失职或渎职，要受到查处。因此，受文机关必须贯彻执行公文中的各项规定，并将公文作为办事的依据。

（四）明显的时效性

就公文内容而言，或传达、贯彻党和国家的方针政策，或反映本系统、本部门、本单位工作、生产、经营情况或单位与单位之间的公务往来，都为了实用，有着鲜明而具体的目的性和极强的针对性，因此执行都有明显的时限性，如果时限性不强会贻误时机，影响问题的解决，降低机关工作的效率。当公文的具体使命完成后，公文也就失去了时效性，被整理后归档，变成了历史档案。所以，公文是在一历史时期的某一特定时间发挥作用的，不具备永久的效用，这就是它所具有的明显的时效性。

（五）特定的体式

公文特定的体式，主要表现在两个方面：一是文体的规范性。主要指公文具有法定的文体名称、特定的适用范围和特定的结构。二是格式的规范性，主要指公文的格式、标识位置甚至公文的书写、字体、用纸规格等，都要有划一的标准和要求。格式的规范性是公文具有法定权威性和行政约束力在形式上的反映，具有标明公文性质、方便文书处理的作用，是提高机关工作效率的保证。

（六）特别的表达方式

以说明为主，叙述、议论为辅。

三、公文的种类

按照不同的划分标准,公文可以划分为不同的类型。从社会的实际需要来看,公文常见的分类方法主要有五种。

(一)按照公文文种

2012年4月16日,中共中央办公厅和国务院办公厅联合印发《党政机关公文处理工作条例》(中办发〔2012〕14号),该条例自2012年7月1日起施行。1996年5月3日中共中央办公厅印发的《中国共产党机关公文处理条例》和2000年8月24日国务院发布的《国家行政机关公文处理办法》停止执行。

因此,目前行政公文和党的公文已经统一为一个体系,按照《党政机关公文处理工作条例》(中办发〔2012〕14号)和《党政机关公文格式》(GB/T9704—2012)要求,对公文的格式作出统一规定,不再执行不同的标准。该条例第八条规定,公文种类主要有:

(1)决议。适用于会议讨论通过的重大决策事项。

(2)决定。适用于对重要事项作出决策和部署、奖惩有关单位和人员、变更或者撤销下级机关不适当的决定事项。

(3)命令(令)。适用于公布行政法规和规章、宣布施行重大强制性措施、批准授予和晋升衔级、嘉奖有关单位和人员。

(4)公报。适用于公布重要决定或者重大事项。

(5)公告。适用于向国内外宣布重要事项或者法定事项。

(6)通告。适用于在一定范围内公布应当遵守或者周知的事项。

(7)意见。适用于对重要问题提出见解和处理办法。

(8)通知。适用于发布、传达要求下级机关执行和有关单位周知或者执行的事项,批转、转发公文。

(9)通报。适用于表彰先进、批评错误、传达重要精神和告知重要情况。

(10)报告。适用于向上级机关汇报工作、反映情况,回复上级机关的询问。

(11)请示。适用于向上级机关请求指示、批准。

(12)批复。适用于答复下级机关请示事项。

(13)议案。适用于各级人民政府按照法律程序向同级人民代表大会或者人民代表大会常务委员会提请审议事项。

(14)函。适用于不相隶属机关之间商洽工作、询问和答复问题、请求批准和答复审批事项。

(15)纪要。适用于记载会议主要情况和议定事项。

(二)按照具体作用

按照具体作用来分,可以将公文分为法规性法定公文、指导性法定公文、报请性法定公文、知照性法定公文、联系性法定公文和记录性法定公文。

1.法规性公文

法规性公文是指用来颁布法律、法令以及对有关问题作出规定的公文。

2.指导性公文

指导性公文是指由领导机关制定的,用于颁布路线、方针、政策,指导和布置工作的公文,如命令(令)、决定和决议等。

3.报请性公文

报请性公文是指下级机关向上级机关汇报工作、反映问题时所使用的公文,是一种上行文,如报告和请示等。

4.知照性公文

知照性公文是指用以向有关组织或个人告知情况、关照事项的公文,既可以是上行文,也可以是平行文,如公告和通告等。

5.联系性公文

联系性公文是指无传递方向限制,用于各组织之间联系工作的公文,如函等。

6.记录性公文

记录性公文是指各组织用以记载各种活动以备存档考查之用的公文,如会议纪要等。

(三)按照发文方向

按照发文方向来分,可以将公文分为上行文、平行文和下行文。

1.上行文

上行文是指党政下级机关、业务部门向它所属的上级领导机关或业务主管部门所发送的法定公文。一般会有逐级行文、多级行文和越级行文三种情况。

2.平行文

平行文是指没有相互隶属关系或业务指导关系,同级机关或者不属同一个系统的机关部门之间的传送的法定公文。

3.下行文

下行文是指上级领导机关对所属的下级机关制发的法定公文。一般可以有逐级行文、多级行文和直到基层行文三种情况。

(四)按照秘密等级

按照秘密等级来分,可以将公文分为绝密文件、机密文件和秘密文件。

1.绝密文件

绝密文件是秘密等级最高的文件,它所包含的大都是党和国家的核心秘密,内容一旦外泄,便会给党和国家造成巨大的损失。

2.机密文件

机密文件是秘密等级较高的文件,它所包含的大都是党和国家的重要秘密,内容一旦外泄,也会给党和国家带来重大的损失。

3.秘密文件

秘密文件是秘密等级较低的文件,它所包含的大都是党和国家的基本秘密,内容不得随意泄露,否则也会给党和国家带来一定的损失。

(五)按照处理时限

处理时限是指公文送达和办理的时限要求。根据紧急程度,紧急公文应当分别标注"特急"、"加急"。按照处理时限来分,可以将公文分为常规公文、加急公文和特急公文。

1.常规公文

常规公文是指没有特定时间要求,可以按照常规处理的公文。

2.加急公文

加急办公文是指内容重要并急需打破常规,迅速进行处理的公文。

3.特急公文

特急公文是指内容极其重要并且非常紧急,已经临近规定的处理时间,需要立即优先进行处理的公文。

四、公文的作用

(一)制定和发布政策法令

许多政策、法令、法规、规章通过公文的某一文种制定出来,这种公文本身就是政策法令,如某些决定、指示、通知、批复等;还有的是通过公文发布政策法令。

(二)部署、指导,报告、请示,商洽公务

领导机关往往通过公文部署、指导工作。党和政府的方针政策、领导机关的决策安排,是下级机关开展公务活动的指导纲领和重要依据,"按红头文件办"是机关单位甚至个人的自觉行动。公文中的上行文,主要用于报告情况、请示问题,以取得领导的支持、批准。平行公文主要是商洽公务。

(三)交流经验、沟通信息

各项方针政策的贯彻执行,有赖于提高干部、群众的自觉性。通报、报告等,对于教育干部、交流工作情况起了很大作用。各种类型的函、请示、批复、通知、通报等,使上下级、平行单位乃至不相隶属的机关单位之间沟通信息、了解情况、处理问题变得更加便利。

(四)记载公务活动

公文反映公务活动,记载、实录各种事项,还可以存档备查,为人们提供有关资料,其记载公务活动的作用非常明显。

五、公文的格式

情境分析 >>>

公文的格式是公文撰制、处理的规范。它是公文权威性、严肃性在形式上的体现。国家对公文的制定有统一的标准格式。目前使用的是由国家质量监督检验检疫总局、国家标准化管理委员会发布的《党政机关公文格式》(GB/T 9704－2012),该格式是党政机关公文通用纸张、排版和印制装订要求、公文格式各要素编排规则等的国家标准,是党政机关公文规范化的重要依据,适用于各级党政机关制发的公文。其他机关和单位的公文可以参照执行。

《党政机关公文格式》(GB/T 9704－2012)将版心内的公文格式各要素划分为版头、主体、版记三部分。公文首页红色分隔线以上的部分称为版头;公文首页红色分隔线(不含)以下、公文末页首条分隔线(不含)以上的部分称为主体;公文末页首条分隔线以下、末条分隔线以上的部分称为版记。页码位于版心外。

◆版头格式

版头,公文首页红色分隔线以上的部分。包括:份号、密级和保密期限、紧急程度、发文机关标志、发文字号、签发人、版头中的分隔线。

(1)公文份号,即公文印制份数的顺序号。涉密公文应当标注份号。如需标注份号,一般用6位3号阿拉伯数字,顶格编排在版心左上角第一行,如果数字不足规定位数的,前面用"0"补齐。如"No.003402"。

(2)密级和保密期限,需要保密的公文,应根据保密程度注明密级。密级分为绝密、机密、秘密三种。用3号黑体字,顶格编排在版心左上角第二行;两字之间空1字。保密期限中的数字用阿拉伯数字标注,密级和保密期限之间用"★"隔开。如:"绝　密"、"机　密"、"秘　密"(两字之间空1字),或"绝密★30年"、"机密★20年"、"秘密★10年"(两字之间不空字)。

(3)紧急程度,是对文件送达和办理速度的要求。如需标注紧急程度,一般用3号黑体字,顶格编排在版心左上角;紧急公文应当根据紧急程度分别标明"特急"、"加急",如需同时标注份号、密级和保密期限、紧急程度,按照份号、密级和保密期限、紧急程度的顺序自上而下分行排列。

(4)发文机关标志,由发文机关全称或者规范化简称加"文件"二字组成,也可以使用发文机关全称或者规范化简称,如:"中共中央文件""河北省人民政府文件"等。发文机关标志居中排布,上边缘至版心上边缘为35 mm,推荐使用小标宋字体,颜色为红色,以醒目、美观、庄重为原则。联合行文时,如需同时标注联署发文机关名称,一般应当将主办机关名称排列在前;如有"文件"二字,应当置于发文机关名称右侧,以联署发文机关名称为准上下居中排布。

(5)发文字号,是一个机关同一年度制发公文的顺序号。编排在发文机关标志下空二行位置,居中排布。年份、发文顺序号用阿拉伯数字标注;年份应标全称,用六角括号"〔〕"括入;发文顺序号不加"第"字,不编虚位(即1不编为01),在阿拉伯数字后加"号"字。如江苏省教育委员会 2013 年所发的第 1 号文件的发文字号,可写成"苏教字〔2013〕1 号"。另外,上行文的发文字号居左空一字编排,与最后一个签发人姓名处在同一行。

特别注意:

(1)机关代字是机关最有代表性的字,它固定不变,又不能与其他单位的代字重复。如"京政"是北京市人民政府,"冀财"是河北省财政局,"京财预"则是北京市财政局预算处的代字。

(2)发文年度号用阿拉伯数字,必须用全称。发文年度号外用六角括号。

(3)序号不编虚位,不加"第"字。

(4)几个单位联合发文,只标明主办机关发文字号。

发文字号的作用是为检索和引用该文件提供专指性很强的代号,并为统计和管理公文提供依据。

(5)签发人,供上行文用,标注在发文字号右侧,"签发人"是表示公文生效并对公文内容郑重负责的一个标志。由"签发人"三字加全角冒号和签发人姓名组成,居右空一字,编排在发文机关标志下空二行位置。"签发人"三字用 3 号仿宋体,签发人姓名用 3 号楷体字。如有多个签发人,签发人姓名按照发文机关的排列顺序从左到右、自上而下依次均匀编排,一般每行排两个姓名,回行时与上一行第一个签发人姓名对齐。

(6)版头中的分隔线,发文字号之下 4 mm 处居中印一条与版心等宽的红色分隔线,用于隔开文头和正文。

◆主体格式

公文的主体是公文最主要的部分。包括标题、主送机关、正文、附件说明、发文机关署名、印章和成文日期等要素。

(一)标题

标题用于提示公文的主要内容,是公文主旨的高度概括。公文标题的制作有三种情况:

(1)最基本的标题形式是"三项式"标题,即由发文机关、事由、文种三部分构成。如:"国务院关于颁发《会计人员职权条例》的通知"。

(2)"两项式"标题,或由事由、文种两部分构成,如:"关于赴××省旅游局学习考察的函";或由发文机关和文种两部分构成,如"中华人民共和国主席令","北京市人民政府令"。

(3)只以文种为标题。这种写法往往用于公开张贴的文告,如《通告》《公告》等。

拟定公文标题时需注意:

(1)标题起提示作用,应准确、简要、概括。

(2)避免层层套转。

(3)标题中,除批转的法规、规章名称加书名号外,一般不用标点符号。

(4)标题可分一行或多行居中书写,人名、地名不能分割成两行表示。

(5)公文标题一般用 2 号小标宋字体,编排于红色分隔线下空二行位置,分一行或多行居中排布;回行时,要做到词义完整、排列对称、长短适宜、间距恰当,标题排列应当使用梯形或菱形。

(6)多个发文机关名称之间用空格分开,不加顿号,换行时省略。

(二)主送机关

主送机关指发文机关要求对所发公文内容进行答复或处理的对方机关,也称"受文机文机关"编排于标题下空一行位置,居左顶格,回行时仍顶格,最后一个机关名称后标全角冒号。如主送机关名称过多导致公文首页不能显示正文时,应当将主送机关名称移至版记。

(三)正文,用来表述公文的内容,位于主送机关之下,成文日期之上

公文首页必须显示正文。一般用3号仿宋字体,编排于主送机关名称下一行,每个自然段左空两字,回行顶格。文中结构层次序数依次可以用"一、""(一)""1.""(1)"标注;一般第一层用黑体字、第二层用楷体字、第三层和第四层用仿宋体字标注。

(四)附件说明,是正文的补充材料或参考材料,是公文的重要组成部分

常见的附件有两类:一类是发布令和发布通知等发布、印发、转发、批转的公文。附件实质上是主件,而形式上的主件实际上只起报送、发布、按语、转发、函告作用。另一类是对正文的补充、说明或是正文的参考材料。常见的有图表、统计表、凭据等。公文如有附件,在正文下空一行左空两字用3号仿宋体编排"附件"二字,后标全角冒号和附件名称。如有多个附件,使用阿拉伯数字标注附件顺序号(如"附件:1.××××");附件名称后不加标点符号。附件名称较长需回行时,应当与上一行附件名称的首字对齐。

(五)发文机关署名、成文日期和印章

1.加盖印章的公文

成文日期一般右空四字编排,印章用红色,不得出现空白印章。

单一机关行文时,一般在成文日期之上、以成文日期为准居中编排发文机关署名,印章端正、居中下压发文机关署名和成文日期,使发文机关署名和成文日期居印章中心偏下位置,印章顶端应当上距正文(或附件说明)一行之内。

联合行文时,一般将各发文机关署名按照发文机关顺序整齐排列在相应位置,并将印章一一对应、端正、居中下压发文机关署名,最后一个印章端正、居中下压发文机关署名和成文日期,印章之间排列整齐、互不相交或相切,每排印章两端不得超出版心,首排印章顶端应当上距正文(或附件说明)一行之内。

2.不加盖印章的公文

单一机关行文时,在正文(或附件说明)下空一行右空两字编排发文机关署名,在发文机关署名下一行编排成文日期,首字比发文机关署名首字右移两字,如成文日期长于发文机关署名,应当使成文日期右空两字编排,并相应增加发文机关署名右空字数。

联合行文时,应当先编排主办机关署名,其余发文机关署名依次向下编排。

3.加盖签发人签名章的公文

单一机关制发的公文加盖签发人签名章时,在正文(或附件说明)下空两行右空四字加盖签发人签名章,签名章左空两字标注签发人职务,以签名章为准上下居中排布。在签发人签名章下空一行右空四字编排成文日期。

联合行文时,应当先编排主办机关签发人职务、签名章,其余机关签发人职务、签名章依次向下编排,与主办机关签发人职务、签名章上下对齐;每行只编排一个机关的签发人职务、签名章;签发人职务应当标注全称。

签名章一般用红色。

4.成文日期中的数字

用阿拉伯数字将年、月、日标全,年份应标全称,月、日不编虚位(即1不编为01)。

5.特殊情况说明

当公文排版后所剩空白处不能容下印章或签发人签名章、成文日期时,可以采取调整行距、字距的措施解决。

(六)附注

主要用以说明公文中在其他地方不便说明的各种事项,如需要加以解释的名词术语或用于表示公文的传达范围、使用方法等内容。比如"此件发至县团级"、"此件发至各街道、乡"。

如有附注,用3号仿宋体字,居左空两字加圆括号编排在成文日期下一行。

(七)附件

应当另面编排,并在版记之前,与公文正文一起装订。"附件"二字及附件顺序号用3号黑体字顶格编排在版心左上角第一行。附件标题居中编排在版心第三行。附件顺序号和附件标题应当与附件说明的表述一致。附件格式要求同正文。

如附件与正文不能一起装订,应当在附件左上角第一行顶格编排公文的发文字号并在其后标注"附件"二字及附件顺序号。

◆版记格式

版记部分主要包括分隔线、抄送机关、印发机关和印发日期。

(一)版记中的分隔线

版记中的分隔线与版心等宽,首条分隔线和末条分隔线用粗线(推荐高度为0.35 mm),中间的分隔线用细线(推荐高度为0.25 mm)。首条分隔线位于版记中第一个要素之上,末条分隔线与公文最后一面的版心下边缘重合。

(二)抄送机关

如有抄送机关,一般用4号仿宋体,在印发机关和印发日期之上一行、左右各空一字编排。"抄送"二字后加全角冒号和抄送机关名称,回行时与冒号后的首字对齐,最后一个抄送机关名称后标句号。

如需把主送机关移至版记,除将"抄送"二字改为"主送"外,编排方法同抄送机关。既有主送机关又有抄送机关时,应当将主送机关置于抄送机关之上一行,之间不加分隔线。

(三)印发机关和印发日期

印发机关和印发日期一般用4号仿宋体,编排在末条分隔线之上,印发机关左空一字,印发日期右空一字,用阿拉伯数字将年、月、日标全,年份应标全称,月、日不编虚位(即1不编为01),后加"印发"二字。

版记中如有其他要素,应当将其与印发机关和印发日期用一条细分隔线隔开。

◆页码

一般用4号半角宋体阿拉伯数字,编排在公文版心下边缘之下,数字左右各放一条一字线;一字线上距版心下边缘7 mm。单页码居右空一字,双页码居左空一字。公文的版记页前有空白页的,空白页和版记页均不编排页码。公文的附件与正文一起装订时,页码应当连续编排。

◆公文中的横排表格

A4纸型的表格横排时,页码位置与公文其他页码保持一致,单页码表头在订口一边,双页码表头在切口一边。

◆公文中计量单位、标点符号和数字的用法

公文中计量单位的用法应当符合 GB 3100、GB 3101 和 GB 3102(所有部分),标点符号的用法应当符合 GB/T 15834,数字用法应当符合 GB/T 15835。

情境完成 >>>

【范文】

000001

机密★1年

特急

奉节县民政局文件

奉节民政〔2012〕23 号(注:无签发人,居中)

奉节民政〔2012〕23 号(注:有签发人,居左)　签发人:×××

奉节县民政局
关于做好农村养老安居工程建设工作的
通　知

各乡镇民政办,白帝风景区民政办:

　　×××。

　　附件:1.××××××××

　　　　　2.××××××××

奉节县民政局(印章)

2012 年 5 月 7 日

(附注)

抄送:×××,×××,××××,××××。

奉节县民政局办公室　　　　　　　　2012 年 5 月 10 日印发

情境拓展 >>>

在《党政机关公文格式》(GB/T 9704-2012)中,对公文的幅面尺寸、版面、印制装订要求等方面,均作出了明确规定。

1．幅面尺寸

公文用纸采用 GB/T 148 中规定的 A4 型纸，其成品幅面尺寸为 210 mm×297 mm。

2．版面

公文用纸天头(上白边)为 37 mm±1 mm，公文用纸订口(左白边)为 28 mm±1 mm，版心尺寸为 156 mm×225 mm。

如无特殊说明，公文格式各要素一般用 3 号仿宋体。特定情况可以作适当调整。

一般每面排 22 行，每行排 28 个字，并撑满版心。特定情况可以作适当调整。如无特殊说明，公文中文字的颜色均为黑色。

3．印制装订要求

版面干净无底灰，字迹清楚无断画，尺寸标准，版心不斜，误差不超过 1 mm。

双面印刷；页码套正，两面误差不超过 2 mm。黑色油墨应当达到色谱所标 BL100％，红色油墨应当达到色谱所标 Y80％、M80％。印品着墨实、均匀；字面不花、不白、无断画。

公文应当左侧装订，不掉页，两页页码之间误差不超过 4 mm，裁切后的成品尺寸允许误差±2 mm，无毛茬或缺损。

骑马订或平订的公文应当：

(a)订位为两钉外订眼距版面上下边缘各 70 mm 处，允许误差±4 mm；

(b)无坏钉、漏钉、重钉，钉脚平伏牢固；

(c)骑马订钉锯均订在折缝线上，平订钉锯与书脊间的距离为 3 mm～5 mm。

包本装订公文的封皮(封面、书脊、封底)与书芯应吻合、包紧、包平、不脱落。

情境训练 >>>

上网查阅国家行政机关公文处理办法和国家行政机关公文格式，熟悉公文写作相关要求。

任务 2　写作通知

情境设置 >>>

国庆节即将来临，学校要将具体放假时间告知全校师生，需要写一份通知。

情境链接 >>>

一、通知的概念

通知适用于批转下级机关公文，转发上级机关和不相隶属机关的公文；发布规章；传达要求下级机关办理和有关单位需要周知或者共同执行的事项；任免或聘用干部。

通知是各级党政机关、人民团体、企事业单位在公务活动中最常用的一种公文，使用范围相当广泛。不仅可以下达指示、布置工作、传达有关事项，还可任免或聘用干部。上级机关对下级机关可以用通知，平级机关之间有时也可以用，所以通知大多属于下行文或平行文。

二、通知的特点

1.用途的广泛性

通知不受发文机关级别高低的限制,不论机关级别高低都可以用;党政机关可以用,人民团体、企事业单位也可以用。主要是上级机关对下级机关、组织对所属成员的下行文,但平行机关之间、不相隶属的机关之间,有时也可使用通知知照有关事项。

2.使用的高频率性

通知由于对主体要求宽泛,使用范围广,行文方便灵活,已成为现行公文中使用频率最高的一种公文。

3.功用的指导性

上级机关在向下级机关发布规章、布置安排工作、批转和转发文件等,都需明确阐述处理问题的原则方法和具体措施,说明需要做什么、怎样做、达到什么要求等,来指导下级机关工作的开展,从发挥的功用上来说具有很强的指导性。

4.行文的时效性

通知都是在受文对象对某件事情应知而未知、应办而未办的情况下下达的,事项一般是要求立即办理、执行或知晓的,不容拖延,否则会失效或误事。有的通知如会议通知,只在指定的一段时间内有效,行文要及时,具有较强的时效性。

三、通知的分类

1.发布性通知

用于发布条例、规定、办法和实施细则等行政法规时使用。

2.批转、转发性通知

用于批转下级机关的公文,转发上级、同级或不相隶属机关的公文时使用。这类通知包括批转性和转发性两种。批转性通知,适用于上级机关对下级部门的文件加批语下发,需在标题中加"批转"两字;转发性通知主要用于"转发"上级、平级和不相隶属机关、部门和单位的文件,同样需在标题中注明"转发"字样。

3.指示性通知

上级机关对下级机关某一项工作做出指示和安排,而根据公文内容又不必用"命令"或"指示"时,可使用这类通知。

4.知照性通知

用于告知各有关方面周知的事项等。这种通知发送对象广泛,对下级、平级均可发送。

5.会议通知

告诉有关单位或个人参加会议。

6.任免通知

用于任免或聘用国家机关工作人员职务等。

情境分析 >>>

四、通知的结构及写法

(1)标题。通知的标题有完全式和省略式两种。完全式标题是发文机关＋事由＋文种齐全的标题。省略式标题有两种形式：一种指的是由于标题太长，省略发文机关，由事由＋文种组成的标题。如《关于召开春季田径运动会的通知》，这个标题便省略了发文机关。省略发文机关的标题很常见。如果是两个单位以上联合发文，则不能省略发文机关。另一种指的是省略多余的"关于"和"通知"字样。发布性和批转性通知的标题由"发文机关＋发布（批转、转发）＋被发布文件标题＋通知"构成。被发布、批转、转发的公文为法规、规章时，一般应加上书名号，有时由于被批转、转发公文标题中已有"关于"和"通知"字样，或者被批转、转发的公文标题比较长，这时，通知的标题一般可保留末次发布（批转、转发）文件机关和始发文件机关，省去多余的"关于"和"通知"字样。否则，就会出现一个标题中有多个"关于"和"通知"的现象，显得很长，读起来也拗口。如："××县人民政府关于转发《××市人民政府关于转发〈国务院关于防止重大火灾事故的紧急通知〉的通知》"。这个标题有四个层次，用了三个"关于"，两个"的通知"，很不顺口。可把这个标题简化为《××县人民政府关于转发国务院防止重大火灾事故的通知》。至于被省、地区等转发过的内容，可在转发意见中交代清楚。

(2)发文字号，完全式。

(3)主送机关，所有通知都需有主送机关，一般为直属下级机关或需了解通知内容的不相隶属的单位，一个或多个均可。

(4)正文，主要包括原由、事项、要求三部分。

①原由写明制发通知的理由、目的、依据或情况。

②通知事项，即通知主体。要求主要受文机关承办、执行和应预知晓的事项。不同类型的通知在这一部分写作要求有所不同：

发布性通知写明被发布公文的全称，提出执行要求。必要时可强调该法规的重要性，请受文单位予以重视。文字要简短，不要长篇大论。

指示性通知或写发布行政法规、规章制度、办法、措施等，或写带有强制性、指挥性、决策性的原则（或指示性意见）、具体工作要求等。指示性通知的事项，一般具有影响面较大、比较紧急和有一定的政策性的特点。

批转、转发性通知写明被批转、转发公文的全称，根据不同情况可用"现转发给你们，请遵照执行"、"请认真贯彻执行"、"希研究执行"等对受文单位提出贯彻执行的具体要求，还可以根据具体情况作出补充性的规定。

知照性通知要写明受文单位应知应晓的具体内容。要求文字简练、明白、准确，涉及时间、地点、名称和活动内容应清楚无误。

会议通知，依据其不同类型，有不同的写法。通过文件传递渠道发出的会议通知，一般应写明召开会议的原因、目的、名称、主要议题、到会人员、会议及报到的时间、地点、需要的材料等，通常采用条文式写法，要求内容周密、语言清楚、表述准确，不致产生歧义。供机关、单位内部张贴或广播的周知性会议通知，应在通知事项中说明会议时间、地点、内容、准备材料及出席人员等。语言力求简短、明白。

任免通知比会议通知更为简单,一般的固定格式是:按任免决定写明任免人员的单位名称、人员姓名、职务即可。

③通知的结尾有三种常用写法:

a.事项结束,全文就自然结尾;意尽言止,不单写结束语。

b.用习惯用语"特此通知"收尾,但前言和主体之间如用了"特作如下通知"作过渡语,则不宜在收尾处再用习惯用语。

c.用简要的文字再次明确主题或作必要的说明,以引起收文单位对该通知的重视。

(5)落款,在正文右下方写明发文机关名称,如发文机关在标题中标明,落款时可省略。

(6)成文时间,写在落款之下。

情境完成 >>>

【范文】

国庆节放假通知

各院部、各部门:

2012 年国庆节即将来临,根据国务院《关于修改〈全国年节及纪念日放假办法〉的决定》,结合学校实际情况,经校领导研究,决定 2012 年国庆节放假安排时间为 9 月 29 日至 10 月 7 日,共 9 天。10 月 8 日(星期一)正常上班。节假日期间各部门要妥善安排好值班和安全、保卫等工作,遇有重大突发事件发生,要按规定及时报告并妥善处置。

祝大家祥和平安度过节日假期!

××学院院长办公室

2012 年 9 月 20 日

情境拓展 >>>

通知写作注意事项:

1.内容要具体明确,通知与实际工作关系非常密切,因此通知的内容要具体明确,便于理解与执行,充分保证日常工作的正常开展。

2.制发要迅速及时,通知具有很强的时效性。及时行文,不仅仅是在部署安排重大工作,大量的日常工作也必须及时处理,所以通知应撰制及时,传递及时,执行、办理及时,力求高效益。

3.用语要准确具体,通知的适用范围不同,行文方向不同,因此必须根据实际的需要,区别使用不同的公文用语。

【例文1】 发布性通知

国务院关于印发玉树地震灾后恢复重建总体规划的通知

国发〔2010〕17 号

各省、自治区、直辖市人民政府,国务院各部委、各直属机构:

现将《玉树地震灾后恢复重建总体规划》印发给你们,请认真贯彻执行。

玉树地震灾后恢复重建工作事关灾区紧迫的民生问题和长远发展,事关三江源地区生态保护,事关民族团结和社会和谐稳定,具有重要和深远的意义。各地区、各部门要充分认识玉树地震灾后恢复重建的重要意义和特殊性,树立全局意识,切实加强组织领导,全面做好恢复重建各项工作。

国务院
2010 年 6 月 9 日

【例文 2】 批转性通知

国务院批转发展改革委关于 2010 年
深化经济体制改革重点工作意见的通知

国发〔2010〕15 号

各省、自治区、直辖市人民政府,国务院各部委、各直属机构:

国务院同意发展改革委《关于 2010 年深化经济体制改革重点工作的意见》,现转发给你们,请认真贯彻执行。

国务院
2010 年 5 月 27 日

【例文 3】 指示性通知

关于做好 2011 届毕业生实习就业工作的通知

各学院:

我校 2011 届毕业生即将进入实习、就业阶段,近期校招生就业办公室以及部分学院举办了就业讲座、招聘会等多种形式的就业活动,为我校 2011 届毕业生提供了大量的实习就业岗位,为更好地做好我校毕业生实习、就业工作,现对下阶段毕业生实习、就业工作做出如下安排。

一、落实毕业生就业指导课程安排,加强毕业生就业思想教育

各学院应在学生离校前制订毕业生就业指导课授课计划,讲授就业形势、就业政策、就业手续、求职技巧以及与就业有关的法律法规。明确任课教师、授课对象、授课时间和授课地点,按统一格式制表报学生工作处。

各学院应多渠道、多途径、多形式大力开展毕业生就业前的正面引导和教育工作:一是鼓励学生多层次就业、创业。要结合各学院专业设置,广泛深入地开展就业主题教育活动,唱响到基层、到西部、到祖国最需要的地方建功立业的主旋律,自觉扎根服务于基层。鼓励、支持学生开展创新创业活动,帮助学生了解创业政策,培养创业意识、创业思维和创业技能,提高他们的创业能力和水平。二是加强毕业生心理健康教育,调整毕业生就业心态。帮助学生以积极心态面对就业压力,特别要注重做好家庭经济困难学生的思想工作和心理疏导,积极为毕业生提供舒缓压力、排解紧张情绪的渠道,保证毕业生顺利度过毕业、就业的心理关键期。三是加强毕业生诚信教育。学生在择业的过程中,部分毕业生由于不了解有关的程序和法规,会做出不诚信的行为,不仅影响个人就业,还会有损学校声誉。为此,各学院要在就业前对毕业生进行诚信教育和相关法律教育,了解法律在劳动合同、违约责任等方面的规定,从而做到在就业过程中自觉遵守法律,以自身的诚信行为维护学校声誉。

二、完成毕业生实习、就业相关材料发放工作

各学院要在毕业生实习、就业离校前,按照省教育厅及学校有关规定,做好毕业生双向选择推荐表的注册、审核、打印、发放工作,做好毕业生就业协议书的发放工作,做好毕业生

登记表的发放工作,做到专人负责、规范管理。

三、做好毕业生离校实习、就业期间的安全工作

各学院要高度重视毕业生离校实习、就业期间的安全工作,要把安全和稳定作为硬任务,加强毕业生安全教育,对于实习、就业或顶岗实习单位、地区较为集中的毕业生,各学院要统一组织,与用人单位联系协调有关毕业生实习、就业接洽事宜,确保学生离校期间的旅途安全。

四、毕业生实习、就业工作的相关材料整理

请各学院根据毕业生实习、就业的实际情况,做好统计分析工作,并填写有关表格,见附件一、附件二。

五、就业实习基地的建设

各学院要根据近期招聘会上用人单位落实毕业生就业和实习的情况,到有关用人单位实地参观考察,加以遴选,与优秀企业建立长期的校企合作关系,并与相关企业签订就业实习基地协议,进一步促进我校毕业生就业工作的开展。

请各学院按照上述要求,于毕业生离校实习后一周内将有关材料的电子档和纸制档报学生工作处,相关附件电子档可从学生工作处网站上下载。

附件:1.××××××

附件:2.××××××

××× 职业技术学院学生工作处

2012 年 11 月 15 日

【例文 4】 知照性通知

关于社会科学系更名为公共管理系的通知

各系(部)、各部门:

为了适应社会发展的需要,经研究决定,社会科学系更名为公共管理系,人员关系、管理机制均不变,原社会科学系印章封存,同时启用公共管理系印章。

附件:印章样式

×× 职业技术学院

× 年 × 月 × 日

【例文 5】 会议通知

关于召开党建思政研讨会的通知

院党建〔2012〕03 号

各院部、各部门:

我校党建思政研讨会已基本准备就绪,现将有关事宜通知如下:

一、会议时间:2012 年 12 月 27 日下午 2:00(星期四)

二、会议地点:厚德楼一楼会议室

三、参加人员:党建思政研究会全体会员、论文获奖人员。

四、要求:请各单位通知参会人员并协助其调整、安排好其他工作;所有参会人员要按时到会,不得缺席,如有特殊情况请向党委组织部说明。

特此通知。

×× 学院党的建设研究会

2012 年 12 月 24 日

【例文6】 任免通知

关于×××等同志的任职通知

××市工商局：

经研究决定：

任命×××同志为××市工商局局长，免去其××市经委副主任职务。

任命××同志为××市工商局副局长。

××市人民政府

×年×月×日

情境训练 >>>

中高考即将来临，为了确保广大考生有一个安静的学习、考试和休息环境，国家环保总局给各省、自治区、直辖市环保局发出一份《关于加强中高考期间噪声污染控制与监督检查的紧急通知》。××省环保局要求将这份文件发布到各市环保局，并结合××省实际提出一些具体要求。请按公文格式撰写此文件。

任务 3 写作通告

情境设置 >>>

为贯彻落实国务院节能减排要求，保持道路交通基本顺畅，加快建设"人文北京、科技北京、绿色北京"，北京市政府发布通告，决定自2010年4月11日起，实施工作日高峰时段区域限行交通管理措施。

情境链接 >>>

一、通告的概念

通告是在一定范围内公布应当遵守或者周知的事项的公文。通告的使用范围很广，它既可以由国家、地方各级行政机关发布，也可以由基层单位发布；既可以是下行文，也可以是平行文。

二、通告的特点

1. 法规性

通告所告知的事项，是一般机关、企事业单位根据其职权限定范围发布的，具有一定的法规性和约束力，有关单位和人员必须遵守或执行。

2. 广泛性

通告的内容往往涉及生活的各个方面，所以发文对象比较广泛，党政机关、企事业单位、人民团体都可以发布通告。

3.多样性

一般公文是用文本形式印发的,通告不仅可以用文本形式印发,还可以张贴或登报。

三、通告的类型

1.知照性通告,即告知一些应当知道或需要遵守的简单事项的通告。

2.规定性通告,在一定范围内公布政府有关法令、法规、政策,要求有关单位和人员必须遵守或执行的通告。

情境分析 >>>

通告一般由标题、正文、落款及成文日期组成。

1.标题

发布重要通告,应用完全式标题,即由发文机关、事由与文种组成。一般通告的标题经常省略事由,有时也可用事由与文种组成的标题。

2.正文

正文一般分通告缘由、通告事项、通告结语三部分。

缘由写明发通告的原因、依据、目的、意义等,要简明扼要,然后用"特通告如下"等句式过渡。事项是正文的主体,要具体写明一定范围内有关单位和有关人员应当知道或遵守的事项。通告结语,可以写希望和要求,也可以说明从何时起执行。通告常以"特此通告"结尾。

3.发文机关和成文日期

完全式标题或"发文机关与文种"的标题,只可写发通告时间,通告的发布日期也可写在标题之下。

情境完成 >>>

【范文】

北京市人民政府关于实施工作日高峰时段区域限行交通管理措施的通告

京政发〔2010〕7号

为贯彻落实国务院节能减排要求,为公共交通发展赢得时间和空间,保持道路交通基本顺畅,加快建设"人文北京、科技北京、绿色北京",市政府决定自2010年4月11日起,实施工作日高峰时段区域限行交通管理措施。现就有关事项通告如下:

一、本市行政区域内的中央国家机关,本市各级党政机关,中央和本市所属的社会团体、事业单位和国有企业的公务用车继续按车牌尾号每周停驶一天(0时至24时),范围为本市行政区域内道路。

二、根据《中华人民共和国道路交通安全法》和《北京市实施〈中华人民共和国大气污染防治法〉办法》有关规定,自2010年4月11日至2012年4月10日,除上述第一条范围内的机动车外,本市其他机动车(含已办理长期市区通行证的外省、区、市进京机动车)继续实施按车牌尾号工作日高峰时段区域限行交通管理措施,限行时间为 7 时至 20 时,范围为五环路以内道路(不含五环路)。

三、根据上述第一、二条规定,按车牌尾号工作日高峰时段区域限行的机动车车牌尾号分为五组,每 13 周轮换一次限行日,分别为:

(一)自 2010 年 4 月 11 日至 2010 年 7 月 10 日,星期一至星期五限行机动车车牌尾号分别为:1 和 6、2 和 7、3 和 8、4 和 9、5 和 0(含临时号牌,机动车车牌尾号为英文字母的按 0 号管理,下同);

(二)自 2010 年 7 月 11 日至 2010 年 10 月 9 日,星期一至星期五限行机动车车牌尾号分别为:5 和 0、1 和 6、2 和 7、3 和 8、4 和 9;

(三)自 2010 年 10 月 10 日至 2011 年 1 月 8 日,星期一至星期五限行机动车车牌尾号分别为:4 和 9、5 和 0、1 和 6、2 和 7、3 和 8;

(四)自 2011 年 1 月 9 日至 2011 年 4 月 9 日,星期一至星期五限行机动车车牌尾号分别为:3 和 8、4 和 9、5 和 0、1 和 6、2 和 7。

2011 年 4 月 10 日至 2012 年 4 月 10 日期间,限行的机动车车牌尾号轮换办法另行提前公告。

四、以下机动车不受上述措施限制:

(一)警车、消防车、救护车、工程救险车;

(二)公共汽车、省际长途客运车辆及大型客车、出租汽车(不含租赁车辆)、小公共汽车、邮政专用车、持有市交通运输管理部门核发的旅游客车营运证件的车辆、经市公安交通管理部门核定的单位班车和学校校车;

(三)车身喷涂统一标志并执行任务的行政执法车辆和清障专用车辆;

(四)环卫、园林、道路养护的专项作业车辆,殡仪馆的殡葬车辆;

(五)悬挂"使"字头号牌车辆及经批准临时入境的车辆。

市政府将进一步贯彻落实优先发展公共交通战略,通过采取加快轨道交通建设、优化地面公交运营环境、调整重点区域停车收费价格、整顿停车秩序、开展区域校车试点、加强占掘路管理、推进驻车换乘系统建设、进一步优化出租汽车运营模式、扩大高速公路不停车收费系统使用范围、优化自行车与行人交通系统等综合措施,进一步缓解交通拥堵。

特此通告。

北京市人民政府(盖章)
2010 年 4 月 1 日

情境拓展 >>>

四、通告与通知的区别

1.适用范围不同

通告适用范围比较广泛,涉及的是较大范围内的众多对象;而通知的范围比较具体,往往是特定的机关团体、企事业单位及个人。

2.公布方式不同

通告可以采用宣传工具公布,往往不存在保密的问题;而通知多以文件下达的方式公布,有些通知还有特定的保密要求。

3.规定性能不同

通告的内容往往具有法规作用,要求有关范围内人员严格遵守;通知的规范性和约束性没有通告突出有力,通常情况下,只用来指导工作,对下级机关和个人有一定的约束力。

【例文】　规定性通告

关于禁毒的通告

为严厉打击毒品违法犯罪活动,有效遏制毒品的严重危害,推动禁毒工作深入持久开展,促进社会和谐稳定,根据国家现行法律法规的规定,特通告如下:

一、全镇各单位和广大群众要大力支持、协助并主动配合禁毒职能部门及司法机关严厉打击毒品违法犯罪活动,形成全民拒毒、防毒和积极参与禁毒的浩大声势,坚决遏制毒品违法犯罪现象的蔓延,夺取禁毒人民战争的全面胜利,为我市经济社会的持续快速发展作出积极的贡献。

二、有下列毒品违法犯罪行为之一的人员限于 2010 年 12 月 20 日前到公安机关投案自首,争取从宽处理。逾期拒不投案自首或者继续进行毒品违法犯罪活动的,坚决缉捕归案,依法从严惩处。

(一)走私、贩卖、运输、制造毒品的;

(二)非法持有毒品的;

(三)包庇走私、贩卖、运输、制造毒品的犯罪分子,或者为毒品犯罪分子窝藏、转移、隐瞒毒品或犯罪所得财物的;

(四)非法运输、携带制毒原材料或配剂出入境,或者非法买卖制毒原材料或配剂的;

(五)非法种植罂粟、大麻等毒品原植物的,或者非法买卖、运输、持有未经灭活的罂粟等毒品原植物种子或幼苗的;

(六)引诱、教唆、欺骗、强迫他人(包括未成年人)吸食、注射毒品的,或者容留他人吸食、注射毒品的;

(七)非法向走私、贩卖毒品的犯罪分子或者吸食、注射毒品的人员提供国家规定管制的麻醉药品、精神药物的;

(八)有其他涉毒违法犯罪行为的。

三、吸食、注射鸦片、吗啡、海洛因、大麻、可卡因、冰毒、摇头丸、氯胺酮(K粉)以及国家规定管制的其他能够使人形成瘾癖的麻醉药品、精神药物的人员,限于 2010 年 12 月 20 日前主动到公安机关登记。逾期拒不登记的,一经发现,一律由公安机关送强制戒毒所强制戒毒;强制戒毒后又吸食、注射毒品或限期戒毒期间仍然吸食、注射毒品的,依法送劳动教养。

四、毒品违法犯罪人员以及吸食、注射毒品人员的家属、亲友,要积极规劝上述有关人员投案自首或主动登记。对为毒品违法犯罪人员通风报信、提供藏匿场所或资助其逃跑的,依法追究其刑事责任。

五、旅馆、娱乐场所经营业主及从业人员、出租屋业主对在本场所、出租屋内发生的毒品违法犯罪活动必须予以制止,并立即向公安机关报告。对发生的毒品违法犯罪活动不制止、不报告的,依法追究经营业主、出租屋业主和有关人员的责任;对包庇、纵容毒品违法犯罪活动的,依法追究刑事责任。

六、鼓励广大群众积极检举、揭发毒品违法犯罪活动。对检举、揭发毒品违法犯罪活动,提供毒品违法犯罪线索,协助抓捕毒品犯罪分子的人员,公安机关将予以保护,并按有关规定对有功人员给予奖励 1 万～5 万元。

举报电话:宝口镇镇府:8285163,宝口派出所:8285108。

宝口镇人民政府(盖章)

2010 年 11 月 17 日

情境训练 >>>

××市政府决定 2013 年 2 月 23 日 7 时—9 时,在苍梧路举行盛大的元宵焰火晚会,以共庆传统佳节。届时,苍梧路上禁止一切机动车辆通行。请将上述情况告知全体市民。

任务4 写作通报

情境设置 >>>

××职业技术学院召开表彰大会,将对 2012 年度评选出的三好学生、优秀学生干部和优秀学生进行通报表彰。

情境链接 >>>

一、通报的概念和特点

通报是用于表彰先进、批评错误、传达重要精神与情况的公文。通过对具有普遍意义的典型事例、成功经验和失败教训进行通报,达到宣传和教育的作用。

通报具有以下特点:

1.典型性

被通报事件必须具有典型意义,使通报内容能够具有广泛的指导性和普遍的适用性。

2.教育性

通报所涉及的事项往往具有普遍的指导和教育意义,无论是表彰先进、批评错误还是通报情况,其目的都是使人们受到激励,或有所警戒,以不断提高思想认识、改进工作。

3.求实性

被通报事件应真实确凿;对通报内容的表述也应准确贴切。

二、通报的类型

1. 情况通报

用来传达重要精神、重要情况的通报,目的是交流信息,确立全局观点,妥善周密地安排工作。

2. 表彰性通报

指以表扬先进单位和先进个人为主要内容的通报,目的是表彰先进、弘扬正气、树立典型、推动工作。

3. 批评性通报

以披露事故、揭发错误、批评过失和总结教训为主要内容的通报。目的是批评错误、抵制歪风邪气、汲取教训和改进工作。

三、通报正文的主要内容

1. 通报事实

通报的依据,将被通报事件的时间、地点、单位、当事人、经过、结果等交代清楚。

2. 分析与评价

从通报事实出发作评析,即指明被通报事件的原因、性质,分析其精神实质,说明其意义和影响等。

3. 通报决定

提出对被通报者的表彰或处理办法。表彰办法指通报表扬、授予荣誉称号或给予一定的物质奖励;批评性通报的处理办法指对主要责任者的处理及改进措施等。

4. 提出希望要求

通报或要求学习先进,做好工作;或要求从有关单位或个人的错误中吸取教训,防止类似事件发生;或针对通报情况提出改进工作的意见。具体到每种通报写法上各有侧重。

情境分析 >>>

四、通报的结构和写法

通报由标题、主送机关、正文、落款和日期组成。

(一)标题

一般常用公文规范式,即"发文机关＋事由＋文种",也可采用省略式,即"事由＋文种";或只写文种"通报"。

(二)主送机关

除普发性通报可以不写主送机关,一般通报都必须写明主送机关。

(三)正文

通报正文写法比较灵活,一般要把通报情况的缘由、时间、地点、经过、结果、要求等交代清楚,并分析所陈述内容的性质和意义等。具体写法视类型而定:

1.情况通报

以传达重要情况为主要内容,如中心工作、重大业务活动的进展情况、重要财政信息、财政收支形势等,从而使下级心中有数,了解全面情况和上级的某些意图,在工作中正确把握方向,采取必要措施推动工作开展。写法上与通知相似,通过对情况的阐述和分析,有针对性地提出意见、要求和注意事项。见例文1。

2.表彰性通报

表彰性通报用于上级机关表彰下级机关、先进集体或先进个人,以便树立典型,推广经验,鼓励先进,弘扬正气,促进工作。一般分为表彰好人好事和介绍先进典型两类。正文一般包括三项基本内容:一是表扬的对象及事迹,二是典型意义及经验,三是发文单位的态度和意见。见例文2。

3.批评性通报

用于上级机关批评下级机关单位或个人所犯错误或不良倾向,以便揭露问题,引起有关方面注意,引以为戒。具体写法上,以"事"为主,正文主要包括三项内容:一是要写明事故发生的情况,包括简要过程、造成的危害、影响和损失等;二是分析事故产生的原因;三是提出应当吸取的教训、改进的措施和要求。见例文3。

(四)落款和日期

写明发文机关、成文时间。

情境完成 >>>

关于三好学生、优秀学生干部、优秀学生的表彰通报

各院(系):

为全面贯彻党的教育方针,倡导良好学习风气,充分发挥典型育人的作用,促进学生全面发展,推进文明和谐校园建设,学校决定对2012年度××等10名三好学生、××等20名优秀学生干部、××等30名优秀学生进行表彰(名单见附件)。

这次受到表彰的个人,集中体现了我校学生积极、健康、向上的精神风貌,他们具有坚定正确的政治方向和良好的道德品质,他们有的学习刻苦、成绩优异,有的乐于助人,有的积极承担各项社会工作,充分发挥了示范带动作用。

学校希望,受表彰的同学再接再厉,戒骄戒躁,争取在今后的学习、工作中再创佳绩。学校号召,全体同学向受表彰的同学学习,遵守纪律,勤于学习,全面发展,努力成为理想远大、信念坚定的新一代,品德高尚、意志顽强的新一代,视野开阔、知识丰富的新一代。为实现个人的美好愿望和报国志向继续努力奋斗。

附件:1.10 名三好学生名单

2.20 名优秀学生干部名单

3.30 名优秀学生名单

×× 职业技术学院(盖章)

2013 年 2 月 5 日

情境拓展 >>>

通报写作注意的四个问题:

1.取材要典型

不论哪种类型的通报,必须选择典型意义的材料,这样才能保证通报具有教育人们、指导工作的普遍意义。

2.分析要公正

对被表彰或批评事件和行为性质的认定、分析时,务必实事求是,力求客观公正、全面中肯。

3.叙事要简明

叙述时间的梗概,显示事件发生、发展的轮廓。要言不烦,文字精简。

4.行文要及时

通报要及时制发,其时效性强化了通报的现实意义与作用。滞后的通报将失去其应有的效用。

【例文 1】 情况通报

南北贸易公司业务部关于当前市场情况的通报

深圳、珠海、广州各办事处、联络站:

经公司决定有关市场处置方针两项,通报如下:

一、目前内地市场饼干、罐头及各种调味品销路疲软,本地和附近城市生产的同类新产品增加,市场呈饱和状态。至上月底止,公司仓库已有大量积压。务必停止对上述商品的订购业务,正在洽谈中的立即停止,已准备签约供货的如能减少,亦请与供货厂家商洽,争取尽量减少,以免运来后积压,造成资金周转困难及仓储损失。

二、上月以来,各种高档化妆品销势转旺,尤以"××"美容系列产品订单多,据市场信息,此类化妆品可望有较长期的销售生命力。现公司存货不多,希望尽可能争取货源。与厂家洽谈时,付款条件可略有优惠,以加强竞争力量。

以上两项,请查照办理。

南北贸易公司业务部(盖章)

××××年×月×日

【例文2】 表扬性通报

关于表扬×团刹住"吃喝风"的通报

各直属师、团党委：

去年以来，×团党委认真学习《准则》，针对过去搞"吃喝"、招待多的问题，找原因，定措施，抓落实，收到了较好的效果。去年1～2月，该团只开支招待费×××元，与前年相比，下降了84.7%。

该团采取的主要措施是：一是严禁用公款请客，确需招待的，按规定标准办；二是上级授意招待而不合规定的，说明情况，坚决不搞；三是干部调进调出，不准用公款招待；四是领导和机关干部下连队，不加菜不喝酒；五是坚持财务制度，实行由党委当家、群众监督、"一支笔"批钱的原则。

×团党委严格遵照《准则》办事，坚持发扬我党我军艰苦奋斗的优良传统，狠刹"吃喝风"，工作及时有效。

特此通报，予以表扬。

中国人民解放军××部队党委（盖章）

××××年×月×日

【例文3】 批评性通报

中国国际旅行总社关于×××所犯错误的通报

各分社、各部门：

××干部×××，××××年×月×日陪日本交通公社7-T-6334团住桂林榕湖饭店期间，将饭店的一条绣有龙凤图案的床罩装入自己的箱内，准备送给同学作为结婚礼物。当服务员发现床罩丢失向×××查问时，×××说没拿，服务员要求检查其行李，×××不让。最后×××同意付100元赔偿费。

事情发生后，在有关领导的批评教育下，×××才承认拿了饭店的床罩，并做了检查，表示接受教训，绝不再犯。为了严肃纪律，教育本人，经社领导决定，给予×××行政记大过处分，扣发半年奖金，并通报全社。

×××是去年来我社工作的大学毕业生，由于平时不认真学习，对自己要求不严，个人主义膨胀，做出了与新时期的知识分子和国家干部身份极不相称的丑事，辜负了党和人民的培养教育。他所犯错误的性质是严重的，尤其是在全国人民大力开展精神文明建设的今天，影响极坏，有损我社声誉。

请各部门接此通报后，认真向全社职工传达，从中吸取教训。要进一步加强思想政治工作，坚决抵制资产阶级腐朽思想的侵袭，把我们的队伍建设成真正过得硬的队伍，为发展我国的旅游事业做出应有的贡献。

中国国际旅行总社（盖章）

××××年×月×日

情境训练 >>>

近段时间,由于天气寒冷,学生迟到、旷课现象严重,尤其是 12 营销班的赵××、陈×× 连续三天未出勤,而且态度恶劣。根据学校规定,决定给予通报批评。请你拟写一份通报。

任务5 写作报告

情境设置 >>>

××省按照国务院精神对公司进行清查,清查结束后向国务院递交报告。

情境链接 >>>

一、报告的概念

报告适用于向上级机关汇报工作,反映情况,提出建议,答复上级机关的询问。行政公文的报告是一种陈述性的上行公文,汇报性是报告的本质特征。

并非标上"报告"字眼的都是行政公文的"报告"文体,如演讲报告、实验报告等。报告可以是事前行文(如辞职报告)、事中行文(如重大工程建设进行当中的例行报告)和上行文。上行文中的报告和下行文中的通知。这两种文体使用频率最高,所以称为"一上一下两大基础文种"。

二、报告的特点

报告有以下四个特点:

(一)陈述性

报告是以叙述和说明为主要表达方式的文种,但它的叙述和说明是概括性的,除非特殊情况。

(二)呈报性

上行文,报告时下级机关向上级机关行文,是为上级机关进行宏观领导提供依据,一般不需要受文机关的批复,属于单项行文;双向的沟通性:报告虽不需批复,却是下级机关以此取得上级机关的支持、指导的桥梁;同时上级机关也能通过报告获得信息,了解下情,报告成为上级机关决策指导和协调工作的依据。

(三)内容的实践性

集中表现在工作报告的事后行文性,工作报告是对本单位所做过的工作的回顾和总结,重在真实,做得好的总结经验,做得不好的吸取教训,不能弄虚作假,也不能抄几段文件搪塞。其他类型的报告实际上也以实践为依据。

(四)选材的灵活性

报告选材的自由度很大,写什么、不写什么,选择权掌握在发文单位手里。发文单位就可以根据实践,挑选最有特色、最有价值、最有新意的题材和材料来写。当然,答复报告必须按上级的要求实事求是地写。

三、报告的主要类型

(一)工作报告

凡是用来向上级汇报工作的报告,都是工作报告。如例行报告(日报、周报、旬报、月报、季报、年报等)也是工作报告;《国务院 2008 年工作报告》——给人大会议的上行文;述职报告(机构领导更高领导和群众述职)是总结性的工作报告。正文内容一般包括基本情况、主要成绩、经验体会、存在问题、基本教训、今后意见等几部分。这类报告篇幅较其他类型报告长,应恰当安排其层次结构。可标出序数,分条分项陈述,也可列小标题分部分或分问题写。

基本情况可简要交代时间、背景和工作条件;写主要成绩应把工作的过程、措施、结果和成绩叙述清楚;经验体会主要是指对工作实践的理性认识,概括出规律性的东西,以便指导今后的工作;写存在问题要写出工作中的缺点与不足;基本教训是指工作失误的原因和值得吸取的教训;今后意见指改进工作的意见,或者提出今后开展工作的建议。不同类型的工作报告,在这些内容上各有不同的侧重点。

(二)情况报告

指向上级机关反映情况的报告,时效性强。情况报告常用于向上级汇报下列事项:

(1)严重的灾害、事故、案情、敌情;

(2)重要的社情、民情,如社会生活中的新动态和上级某项有关国计民生的新政策、新规定的贯彻执行情况及群众的反映等;

(3)督促办理或检查某项工作的情况,如财务、税收、物价、质量、安全、卫生等项工作的检查结果;

(4)举办重大活动、召开重要会议的基本情况,各级各类代表会议选举的结果等;

(5)对某项工作造成失误和问题的检讨与反思;

(6)其他重要的、特殊的、突出的新情况。

情况报告写法不强求一律,但都要力求做到:

(1)内容集中、单一,突出重点,抓住事物本质,实事求是地反映情况;

(2)把情况和问题讲清楚,把事情的经过、原委、结果、性质写明白;

(3)提出处理意见和建议,要写得具体、明确、简要,尤其要注意提出意见、建议的角度,不能在报告中夹带请示事项;

(4)写作要及时,以便让上级机关和有关领导尽快了解重大、特殊、突发的种种新情况。

(三)答复报告

答复报告是指答复上级询问事项的报告。例如,上级领导对群众来信来访中反映的问题或文件材料中反映的问题,批示下级机关查办,或询问有关情况,下级机关办理完毕,需用书面形式答复上级机关,此时使用的公文就是答复报告。

内容要体现针对性,有问必答,答其所问,以示负责。表述要明确、具体,语言要准确、得体,不能含糊其辞、模棱两可。答复报告的正文包括答复依据和答复事项两部分内容。答复依据指上级要求回答的问题,要写得十分简要,有时一两句话即可。答复事项指针对所提问题答复的意见或处理结果,既要写得周全,又要注意不要节外生枝、答非所问。

(四)报送报告

指向上级机关报送物件或有关材料的报告。

(五)建议报告

对自己职权范围内的某方面工作有了深思熟虑、切实可行的设想之后,将其归纳整理成意见、办法、方案,上报上级,希望上级机关采纳,这就是建议报告。其后常以"特提出如下意见(或建议)"、"拟采取如下措施"等语领起下文。如林业部制发的《关于进一步加强森林防火工作的报告》。

有的建议报告一般只要求上级机关认可,这类建议报告称为呈报性建议报告。有的建议报告要求上级机关批准转发给下级机关执行,这类报告称为呈转性建议报告。呈转性建议报告的特点是政策性强。工作意见或解决问题的办法措施,一旦经上级批准转发,就变成了上级机关的意志,体现了上级机关的意图,能领导和指导下级的工作。起草报告的机关要从全局出发,才能把报告写好,以求获得上级机关批转,发挥公文的效用。对呈转性建议报告中所提请求上级机关批转有关单位执行的意见,其实也是下级机关提出的建议,不应看作是一种请示。上级机关对此建议也不必向报告作者机关批示表态。

情境分析 >>>

四、报告的结构及写法 ▪ ▪ ▪

(一)报告的标题和主送机关

1. 报告的标题

有两种写法,一是发文机关＋主要内容＋文种的写法,如《人大常委会执法检查组关于检查〈水法〉、〈防洪法〉执行情况的报告》;二是主要内容＋文种的写法,如《关于进一步加强我市公共场所防火工作的报告》。

2. 报告的主送机关

行政机关的报告,主送机关可以不止一个。报告应报送自己的直接上级机关,一般情况下不要越级行文。

(二)报告的正文

1. 报告导语

导语指报告的开头部分,它起着引导全文的作用,所以称为导语。不同类型的报告,其导语的写法也有较大不同。概括起来,报告的导语有以下几种类型:

背景式导语。交代报告产生的现实背景。

根据式导语。交代报告产生的根据。

叙事式导语。在开头简略叙述一个事件的概况,一般用于反映情况的报告。

目的式导语。将发文目的明确阐述出来作为导语。

报告导语的写法不止以上四种,运用时可以举一反三,融会贯通,灵活处理。

2.报告主体

(1)总结式写法:这种写法主要用于工作报告。主体部分的内容,以成绩、做法、经验、体会、打算、安排为主,在叙述基本情况的同时,有所分析、归纳,找出规律性认识,类似于工作总结。

总结式写法最需要注意的是结构的设计安排。按照总结出来的几条规律性认识来组织材料、安排层次,是最常用的结构方式。

(2)"情况—原因—教训—措施"四步写法:这种结构多用于情况报告。先将情况叙述清楚,然后分析情况产生的原因,接着总结经验教训,最后提出下一步的行动措施。

(3)指导式写法:这种结构多用于建议报告。希望上级部门采纳建议,批转给有关部门执行、实施,是建议报告的基本写作目的。为此,建议要针对某项工作提出系统、完整的方法、措施和要求,对工作实行全面的指导。形式上采用分条列项的方法逐层表达。

3.报告结语

报告的结语比较简单,可以重申意义、展望未来,也可以采用模式化的套语收结全文。模式化的写法大致是:"特此报告"、"以上报告,请审阅(议)"、"以上报告如无不妥,请批转执行"等等(也可以不写)。

4.落款

机关名称和日期。

情境完成 >>>

关于我省清理整顿公司工作的报告

国务院:

我省自 1998 年 10 月清理整顿公司以来,坚持既坚决又稳妥的方针,抓紧清理整顿方案的拟订和实施,积极查处了公司违法违纪案件,努力加强公司的建设和管理,基本完成了党中央、国务院赋予我们的任务,达到了预期的目的,现将这项工作情况报告如下:

一、撤并了一批流通领域的公司,解决了公司过多过滥的问题。(略)

二、查处了公司违法违纪案件,整顿了公司的经营秩序。(略)

三、认真做好撤并公司的各项善后工作。(略)

四、加强了公司管理和法规、制度建设。(略)

××省人民政府

××××年×月×日

情境拓展 >>>

一、报告的写作要求

(一)立意要新

提炼主题,应该在占有大量材料的基础上进行分析研究,归纳出新颖的观点,从而提炼出能反映出本质的、带有规律性的主题。

(二)内容要真实、具体

(三)重点突出、处理好点和面的关系

(四)报告中不能夹带请示事项

对于报告,受文单位不用答复,如果夹带请示事项,不但不便处理,甚至还会贻误工作。

二、报告与请示的区别

在机关工作中,有"事前请示,事后报告"的说法。

报告和请示两种文种,使用情况混乱。突出的问题是,该用请示文种者用报告,该用报告文种者用请示;或者请示中写有报告内容,报告中写有请示事项。尤其令人困惑的是,有些人将报告和请示这两个文种合二而一,创造出"请示报告"这样一个新文种。其结果,必然给收文机关的处理工作带来不应有的麻烦。据材料记载,某乡政府给区领导机关去文,标题拟为《××乡关于当前植树造林工作的请示报告》,文中既汇报了造林工作情况,又请示领导帮助解决万株杉苗。一文两用,名副其实的请示加报告。结果公文上达之后,久无批复回文。几经派人去区里查询,才在一堆汇报材料中找到。原来区里是把它当做工作报告,无须批复,故无回文。

区别	请示	报告
目的	为解决问题,要上级批复指示	汇报反映工作,不要批复指示
数量	内容单一、一文一事	内容含量大,数事并谈
时间	事前行文、不许先斩后奏	事前、事中、事后均可

【例文】 答复报告

关于张××同志职称评定问题的答复报告

××市人民政府办公室:

接到市办5月20日查询我单位张××同志有关职称评定情况的通知后,我们立即进行了调查。现将有关情况报告如下:

××同志是我集团公司二分厂工程师。该同志1962年起曾在××工学院受过四年函授教育,学习了有关课程。由于"文革"而未能取得学历证明。因缺乏学历证明,在今年上半年职称评定时,根据上级有关文件精神,我单位职称评委会决定暂缓向上一级职称评委会推荐评定他的高级工程师职称,待取得学历证明后补办。该同志不满,因而向市政府提出了申诉。

接到市政府办公厅查询通知后,我们专程派人去××工程学院查核有关材料,得到××工学院的支持,正式出具了该同志的学历证明。现在,我集团公司职称评委会已为××同志专门补办了有关评定高级工程师的推荐手续,并向该同志说明了情况。对此,他本人已表示满意。

特此报告。

××集团公司(盖章)

2012年5月30日

情境训练>>>

××××年×月×日晚11时,××学校六号楼609室男生宿舍发生火灾,经过近半小时的扑救,大火被扑灭,未造成人员伤亡。火灾因烟头未熄灭造成,后勤服务公司已进行相应处理,并制定规章制度,要求所有学生不得在宿舍吸烟,以防止火灾发生。请你以后勤服务公司的名义向学校起草一份报告。

任务6　写作请示与批复

情境设置>>>

为了交流饭店经营管理经验,提高经营管理水平,更好地为发展我国旅游事业服务,并开展国际同行间的联系,我国旅游饭店业有必要成立一个行业性的组织。国家旅游局特向国务院办公厅请示成立中国旅游饭店协会。

情境链接>>>

一、请示

(一)请示的概念和特点

请示是用于下级机关向上级机关请求指示、批准使用的一种公文。特点如下:

(1)行文主体的组织性,其行文主体只能是组织行为,不能以个人名义向上级机关和组织发请示类公文。

(2)行文内容的单一性,即一件请示公文,只能提出请求就某一方面工作指示、请求批准某一件事项或请示解决某一个问题。如果请示几件事,必须是与同一个问题密切相关的几个方面,同时还是受文机关能给予一次性批复和解决的,否则,上级机关便不好批复。

(3)行文关系的直接性,即下级机关只能按照隶属关系向直接的主管机关发文请示,不得向无隶属关系的机关发文请示或越级请示。

(4)行文时限的紧迫性,因为所请示的问题一般是急需办理和解决的,所以很注重对时间方面的要求。

(二)请示的分类

1. 求示性的请示

这是请求上级给予指示、裁决的请示。下级机关本身工作遇到问题,由于缺乏政策依据,无力解决;或虽有政策规定,但出现新情况,政策上有不适应之处,无所适从,需上级给予明确指示;或虽有章可循,但下级实施前按规定需上级审批后才能办理。这些情况下,都要用请求指示的请示。

2.求准性的请示

这是请求上级审核、批准的请示。下级机关工作中遇到困难,如涉及人员、经费、机构设置等超出本单位职权范围需上级帮助解决的问题,或因情况特殊需变通处理的事项,请求上级审核后批准、答复。

3.求批性的请示

这是请求上级批准并转发的请示。职能部门对具有全局性或普遍性的问题,提出解决办法、处理意见,并需有关单位协同办理,但又不能直接要求这些单位执行,通过上级机关批准后,使请示中提出的意见、办法具有规定性,再转给有关部门执行。

情境分析 >>>

二、请示的结构和写法

(一)请示的结构

请示包括标题、主送机关、正文制发机关及成文日期五部分。

1.标题

应是规范的公文标题,由发文机关、事由、文种构成。

2.主送机关

一般只写一个主管上级机关的名称。受双重领导的机关在报送请示时,可同时抄报另一领导机关。

3.正文

(1)请示缘由。它是正文的开头,也是对整个请示的精练概括,用三两句话简要说明请示的事项和为什么要请示,使人有一个明确清晰的概念。

(2)请示事项。主要写要求上级指示或批准的具体问题和具体事项。要着重写清基本情况和理由。但阐述要扼要,文字要简短,事实、数字要准确。对于比较复杂的问题,应当把上级机关审核时需要了解的有关情况写清或附在请示之后,为上级审定提供可靠依据。

(3)具体意见。这是对所请示的问题提出解决意见或处理的设想、要求。意见要明确,切实可行,使上级机关一目了然,便于迅速决断。

(4)请示结尾。一般常用"妥否,请批示""当否,请批示"或"请予审批""请批复"等习惯用语。

4.制发机关名称

在正文之后的右下方,写明制发机关名称,要用全称。如果标题中已有制发机关名称,落款处也可省略。但无论采用哪种形式,均要有公章。

5.成文日期

在制发机关下方,标明成文具体时间。

(二)请示的写作要求

1.要坚持一事一请示

如果"一文数事",不同的事有不同的主送机关,就会导致文件传来传去,误时误事。

2.要正确地阐明情况,恰当地提出意见或建议

这是请示的主体部分,必须认真写好。阐明情况要实事求是,切忌弄虚作假。提的意见或建议要恰当明确,切忌模棱两可。

3.标题要规范

请示是国家法定的公文,其标题要符合公文标题拟写规范,不应带有主观随意性。常见的错误是将"请示"这一文种写成"请示报告"。

4.用语要得体

请示的语言要谦恭、庄重,结尾应用约定俗成的专用尾语,用"要求""必须"等带有命令口气的词语或书信末尾的祝颂语都不妥当。

5.要严格按照隶属关系行文

一是不要多头主送。如果属于受双重领导的单位,主送负主要责任的上级机关。二是避免越级请示。如因特殊情况需越级行文,应抄报越过的机关。三是一般不直接报送领导者个人。四是不要抄送下级机关。

三、批复

批复是答复下级机关请示事项的公文,具有回复性、针对性、权威性、简明性的特点。

四、批复的写作

1.批复正文的写作要点

一般包括批复依据和批复意见两部分。批复依据一般是引述原请示的日期、文号,必要时可以引述来文的标题和要点,多用"×月×日请示悉"或"×字×号关于……的请示收悉"等语,批复意见是对来文所提意见的具体答复。批复结尾可以"此复"、"特此批复"作结束语,如果开头已写明"批复"或"答复如下"等字样,结束语可省略。

2.批复的写作要求

(1)要紧紧围绕请示事项来写,针对所问作答、所求作复,不能答非所问,也不能只答复其中一部分,要全部答复。

(2)批复意见要明确,态度要明朗,是肯定还是否定,是同意还是不同意,是即办还是缓办,什么理由和原因都要明确表示,不能模棱两可、含糊其辞。

(3)表达要准确,措词要严密,语气要肯定,不使其产生歧义和疏漏。

情境完成 >>>

国家旅游局关于成立中国旅游饭店协会的请示

国务院办公厅：

随着党的对外开放、对内搞活经济政策的实施,我国旅游事业蓬勃发展,饭店、宾馆迅猛增加。据不完全统计,仅用于接待国外旅游者的饭店即达 887 个,床位 652100 张,而且各地还在不断兴建。用于接待国内旅游者的饭店更是大量增加。为了加强饭店工作,有必要成立一个行业性的组织(国际上也多是这样做的),目的在于维护本行业的合法权益,交流饭店经营管理经验,提高经营管理水平,更好地为发展我国旅游事业服务,并开展国际同行间的联系。

一、中国旅游饭店协会拟以全国各地旅游饭店系统的人员为主体。

二、协会将聘请有关方面和热心于饭店管理的专家、学者担任领导、顾问或理事。

三、拟请×××同志担任协会名誉会长。

四、旅游饭店协会挂靠国家旅游局,办公地点也设在国家旅游局内。

以上请示妥否,请批复。

国家旅游局(公章)

××××年××月×日

情境拓展 >>>

【例文】 批复

国家旅游局关于对国旅、中旅、青旅
三总社申请补办旅行社登记请示的批复

国旅、中旅和青旅三总社：

国旅×××16 号、中旅×××175 号和青旅×××2 号关于申请补办经营第一类旅行社的请示收悉。经审查,中国国际旅行总社、中国旅行总社和中国青年旅行总社,均符合《旅行社管理条例》的有关规定,具备成立第一类旅行社的各项条件,准予经营第一类旅行社的各项业务。在旅游业务上,三家旅行社总社受国家旅游局领导。希望加强科学管理,提高服务质量,维护本组织的信誉。

特此批复

国家旅游局(盖章)

××××年××月××日

情境训练 >>>

向阳中学为了改善办公环境,拟自筹资金建一幢办公楼,特向区教育局请示,请代向阳中学撰写此文。

任务 7　写作函

情境设置 >>>

××市××港需购置两台新型装卸机,该港向哈尔滨重型机械集团发函询问该设备的性能、价格、安装等问题,请代为拟写该函。

情境链接 >>>

一、函的概念和特点

函是不相隶属机关之间相互商洽工作、询问或答复问题,或者向有关主管部门请求批准事项时所使用的一种公文。函是一种平行文,写法简单,使用频繁。

函有如下特点:

(1)对应性。函是以一组的形式出现,有来函必有复函,有问函必有答函,往往是两两相对。

(2)灵活性。函的行文关系灵活,可以平行,也可以上行或下行;函的格式灵活,大体依照公文的一般格式行文,篇幅可长可短,撰写方式比较自由。

(3)商讨性。来函和复函之间仅仅具有平行的或不相隶属的公务商洽关系,所商定的意见供各方处理工作时参考。

二、函的类型

(一)按照内容和用途,函可分为三类:

1.商洽函

指主要用于平行机关或不相隶属机关之间商洽工作、联系有关事宜的函。例如商调干部函、联系租赁函、洽谈业务函等。

2.询问、答复函

指主要用于不相隶属机关之间互相询问答复处理有关问题的函。例如,邮电部劳工局就工龄问题函询国家劳动总局的函。

3.请批、批准函

主要指向不相隶属的业务主管部门制发的请批函,以及业务主管部门向不相隶属的机关单位制发的批准函。有关机关、单位涉及部门业务工作,需向不相隶属的业务主管部门请求批准,但又因相互之间不是上下级的隶属关系而不宜用请示行文,就应用函。同理,有关主管部门向不相隶属的机关单位批准某些业务事项,例如干部录用、调动、经费拨付等,也应用复函。但在实际工作中,这类函常常误用为请示、报告、批复。

(二)按文面规格,函可分为公函和便函。

公函,按一般公文格式,需写上标题、主送机关、正文、落款,也要编上发文字号,既可由机关办文部门按发文统一编号,也可按函件单独编号。便函格式灵活、简便,写法较自由,可不写标题、不编文号。便函不列入正式文件范围。

(三)按照行文方向,函可分为去函和复函。

去函也叫来函,即是主动发出的函。

复函则是针对来函所提出的问题或事情被动答复的函。

三、函的结构和写法

(一)标题

函的标题主要有两种写法:

(1)发文机关＋事由＋回复函对象＋文种,如"国务院办公厅关于悬挂国徽等问题给湖北省人民政府办公厅的复函",这是较重要的复函常用的标题。又如"××工商局关于××产品税收问题给安乐公司的复函(或函)"。

(2)事由＋文种,省略发文机关,去函标题:如"关于请求拨款举办'民间艺术节'的函",复函标题:如"关于拨款举办'民间艺术节'的复函"。

(二)主送机关

即函的受文单位,一般只写一个主送机关。

(三)正文

去函的正文开头,一般先写商洽、请求、询问或告知事项的依据、背景、缘由。事项部分即主体部分,应采用叙述和说明的写作方法,既要简明扼要,又要交代清楚。要求部分可多可少,如果事项很简单,可同缘由写在一段,一气呵成;如果事项较复杂,或要求较多,往往要单列一段甚至分条列项写。不论是哪一种内容,对哪一级,要求的语气都应是谦和的,既不巴结,也不生硬。如果要对方回复,则还要明确提出"请函复"、"请复"之类的结语。

复函的正文写法同批复正文写法基本一样,结构为:引语＋答复意见。引语就是引述来函标题及来函文号。答复意见即针对来函所提出的商洽、询问或请求等问题予以答复,即表示同意或不同意,不同意是什么原因,或应该怎么办、不应该怎么办,或对询问问题做出说明等。

函的结束语常用"请早日函复"、"盼复"、"请复"、"请予批准"。复函的结束语常用"特此函复"、"此复"等。

(四)落款和日期

写明发文机关和成文日期。

情境完成 >>>

××市××港关于购置新型装卸机的函

哈尔滨重型机械集团：

　　据悉贵集团新型装卸机物美价廉、服务上乘，我港现需购置两台新型装卸机，为此，特发此函询问该设备的性能、价格、安装等问题，请及时复函。

××市××港

×年×月×日

情境拓展 >>>

四、函与请示的区别

　　使用"函"还是"请示"，主要依据发文机关与受文机关的关系。

　　函主要用于平级单位之间、不相隶属单位之间以及有业务上的主管和被主管关系的单位之间的工作往来。向主管单位请求批准有关事项，主管单位用复函批准请求事项。

　　请示则用于有隶属关系的上下级机关之间，下级机关用请示向上级机关行文请求指示批准重要事项。以下是请批函与请示的比较。

	请批函	请示
行文对象	非上级，是业务主管	上级
目的	请求批准	请求指示、批准
不平等性	比请示弱	强
与行文对象关系	业务主管与被主管关系	上下级关系
反馈文种	复函	批复

五、函与批复的区别

	复函	批复
行文对象	不相隶属机关	下级机关
行文目的	回复来函单位提出的事项、要求	批准、答复下级机关的请示事项
被动性	大	更大
使用范围	大	小
事项重要性	较小	较重要，且密切

六、函的写作要求

1. 开门见山,直叙其事

这是函的写作的最基本的要求。函是一种比较简便的行政公文,讲究快捷,所以,函一般写得很简短,应简明扼要,切忌空话、套话,或者含糊其辞、不知所云。复函,要逐项回答,不能避答、漏答。

2. 措词得体,平等待人

函的语言表达非常讲究,必须礼貌、谦和、态度诚恳。对上要尊重、谦敬,但不恭维逢迎;对下要严肃,但不自傲训人;对平行单位、不相隶属单位,要以礼待人,用商量口气,不盛气凌人。

总之,语言表达要礼貌、得体、尊重对方,一般不用"必须"、"应该"、"注意"等指示性语言。

情境训练 >>>

××公司就选派3名技术人员到××大学进修事宜给××大学写了封商洽函,××大学研究后同意并提出一些要求,据此写一封复函。

任务 8　写作纪要

情境设置 >>>

参加学校(或系、班)组织的一次会议,就该会议议定事项或基本精神写一篇会议纪要。

情境链接 >>>

一、纪要的含义

纪要是用于记载和传达会议主要情况和议定事项的一种公文。它是根据会议记录和会议文件以及其他有关材料加工整理而成的,它是反映会议基本情况和精神的纪实性公文,是记载和传达会议议定事项和重要精神并要求有关单位执行的一种文体。

纪要基本上是下行文,但与会单位不一定是召集会议机关的下属,有时是协作单位,所以它作为下行文是相对而言的。有时会议纪要也可以作为向上级机关汇报工作的材料,取得上级机关的指导。有时向同级机关发送,使其及时了解会议的相关精神和要点,便于工作的展开和协作。有时也可作为本单位的档案资料记载,是日后进一步开展工作的依据和凭证。

二、纪要的特点

1. 纪实性

会议纪要必须是会议宗旨、基本精神和议定事项的概要纪实。会议纪要的撰写者,不能擅自更改会议议定的事项,更不能随意改动会议上达成的共识和形成的决定。除此之外,撰写者也不能根据个人主观情感需要对会议内容进行评论。总之,会议纪要必须忠实反映会议的基本情况,传达会议议定的事项和形成的决议。会议纪要的纪实性特点,使得它具有凭证作用和资料文献价值,特别是一些重要的会议纪要,多年后还会作为人们确认那段历史的依据。

2. 提要性

会议纪要是在会议记录的基础上整理归纳出来的会议要点,并不是把会议的所有内容都原原本本地记录下来。会议纪要重点说明会议的主要参加者,基本议程,与会者有哪些主要观点,最后达成了什么共识,形成了什么决定或决议,把会议的基本情况如实反映出来,不必像记流水账一样事无巨细一律照录,要防止主次不分甚至主次颠倒的情况,以免会议精神得不到如实的贯彻落实。所以,会议纪要一般是会议后期甚至会议结束之后通过概括整理才能写出,而不像会议记录那样随会议的进行自然而然地产生。

3. 指导性

除凭证作用、资料作用之外,多数会议纪要具有指导工作的作用。会议纪要中传达会议情况、会议精神或要点,对有关部门或单位的实际工作具有指导作用,要求与会单位和相关部门以此为依据展开工作,落实会议的议定事项。

4. 称谓语的规定性

会议纪要通常在段首采用特定的称谓,如"会议认为"、"会议指出"、"会议强调"、"会议希望"、"会议号召"、"与会代表一致同意"等词语。

三、纪要的分类

1. 决议型纪要

以会议形成的决定、决议或者议定事项为主要内容的会议纪要,称为决议型纪要。这种会议纪要的特点是指导性强,会议上确定的工作重点,对工作的步骤、方法和措施的安排,都要求与会单位共同遵守或执行。这种会议纪要的内容有些类似于指示和安排工作的通知,只是发出的指导性意见不是由领导机关作出的,而是由会议讨论议定的。这样的会议纪要,除大家共同遵守的内容外,还常常会有一些工作分工,每个与会单位除完成共同任务之外,还要完成会议确定要自己承担的那些工作。

2. 情况型会议纪要

以传达会议情况为主要内容的会议纪要。全面概括会议的议程、议案、讨论情况、讨论结果等,起到交流情况的作用。它的主要特点是,以统一思想、达成原则共识或树立学习榜样为目的,而不布置具体工作,有明显的思想引导性,但没有明显的工作指导性。一些理论务虚会、经验交流会、座谈会形成的会议纪要,大多属于这种类型。这样的会议纪要,往往多处采用"会议认为"的说法来表达会议在原则问题上达成的共识,或者将会议上介绍的先进经验以及与会单位的评价、态度作为主要内容。

3.研讨型会议纪要

这种会议纪要的鲜明特点是并不以共识和议定事项为主要内容,而是以交流信息、交换看法和各种不同的观点与争鸣情况为主。研讨会和学术讨论会的纪要多是这种类型。会议开完了,各家的观点也发表过了,但是并没有形成统一意见,当然更谈不上确定什么议定事项,在这种情况下,仍然有必要发会议纪要,以便让更多的人了解会议的情况,了解不同的观点及其争鸣过程。这对启发和活跃思想,对百花齐放、百家争鸣的学术空气的形成和推动学术深入进展具有促进作用。

会议纪要以决议型和情况型多见。

情境分析 >>>

四、纪要的结构和写法

1.标题

常见的会议纪要的标题有三种形式:

(1)机关名称+会议名称+文种。如《××市人民政府第×次市长办公会议纪要》,这一类标题多为例行会议纪要常用的标题形式。

(2)会议名称+文种。如《全国十佳文明旅游城市现场经验交流会纪要》。

(3)双标题。《畅所欲言,献计献策——中青年教师座谈会议纪要》。

2.纪要的成文日期

会议纪要的成文日期一般加括号标写于标题之下正中位置,以会议通过日期或领导人签发日期为准。也有出现在正文之后的。

3.主送机关

不写主送机关,而是用抄送的方式发送给各与会机关和需要知道会议情况的机关。

4.正文

会议纪要的正文分为前言、主体、结尾三大部分。

前言主要用来记述会议的基本概况,包括会议召开的时间、地点、会议名称、主持人、主要出席人、会议主要议程、讨论的主要问题等。

主体是会议纪要的核心部分,会议的主要精神、会议议定的事项、会议上达成的共识、会议对与会单位布置的工作和提出的要求、会议上各种主要观点及争鸣情况等等,都在这一部分予以表达。决议型、交流型、研讨型的会议纪要,各自在主体部分的写作上有较大的不同,前面在分类时已有介绍。由于这部分内容复杂,多数情况下都需要分条分项撰写。不分条的,也多用"会议认为"、"会议指出"、"会议提出"等惯用语作为各层意思的开头语,以体现内容的层次感。一般采用以下三种方式:

(1)概述式,把会议的内容综合到一起,概括地叙述出来。篇幅短小,不加小标题。适用于小型会议或内容单一的会议。

(2)归纳式,把会议讨论的许多问题和意见,按内部逻辑顺序归纳为几个方面或几个问题,系统完整地写出来,突出会议的精神和要点。适用于内容比较重要、规模比较大、讨论问题比较多的大型会议。

(3)摘要式,按会议的发言顺序,把每个人发言的主要意见归纳出来,以此体现会议的主要精神和基本内容。适用于小型的座谈会或研讨会。

结尾比较简短,通常用来强调意义、提出希望和号召等。结尾处还可以对会议的情况作一些补充说明,在不影响全文结构完整的前提下,也可以不写专门的结尾部分。

5.落款和日期

可在标题下,也可在正文后,有些会议纪要也可省略这一部分。

五、纪要写作的注意事项

(1)如实反映会议的各项内容,不夹杂任何个人主观感情色彩。

(2)突出重点,简明精练,概括出会议的要点。

(3)层次分明,清楚地凸显出会议的侧重点。

(4)要言简意明,有详略地整理归纳出会议的主要内容。

情境完成 >>>

陕西省防汛抗旱总指挥部成员(扩大)会议纪要

(2006年5月24日)

5月20日,省防汛抗旱总指挥部召开成员(扩大)会议,王寿森副省长、省军区姚天福副司令员及省防汛抗旱总指挥部各成员,西安、宝鸡、咸阳、渭南、铜川市主管市长,杨凌示范区管委会主管主任,武警总队、68310部队抗洪抢险应急部队负责同志参加了会议。会议听取了省防汛抗旱总指挥部办公室关于2004年国家防总第一次成员会议、黄河防汛工作会议精神及我省防汛抗旱等工作情况的汇报,分析了今年汛期雨情、水情趋势,研究了加强防汛抗旱工作的措施。总指挥长、副省长王寿森同志作了重要讲话。现就有关事项纪要如下:

会议认为,去年我省局部地区遭受了严重的暴雨洪水灾害,给人民群众造成了严重损失。在党中央、国务院的亲切关怀和大力支持下,在省委、省政府的坚强领导下,经各地、各有关部门的共同努力,水毁修复和灾后重建工作取得了显著成效,一批防汛应急工程和病险水库除险加固工程投入使用,防汛预警水平得到提高。但是,由于我省防洪基础设施普遍脆弱,据气象形势预测,今年汛期,我省陕北地区将处于多雨带,关中西部和陕南西部降雨偏多,再次发生严重洪涝灾害的可能性依然存在,防汛形势不容乐观。

会议要求:

一、认真总结经验教训,充分认识防汛工作的长期性、艰巨性、复杂性。我省南北自然条件差异大,地形地貌复杂,暴雨洪水、泥石流、滑坡等自然灾害频发,防汛工作绝不是一时一事、短期、简单的工作任务。各级有关部门必须认真汲取去年严重洪涝灾害的教训,克服麻痹侥幸思想,着眼长远,立足抗大洪、防大汛,对防汛工作进行全面安排部署。市、县两级政府要立即召开常务会议,专题研究辖区的防汛抗旱工作,解决突出问题,落实防汛责任和各项工作措施。

二、切实落实以行政首长负责制为核心的各项防汛工作责任制。各级政府一把手是防汛工作第一责任人,对辖区的防汛工作全面负责。各地要按照分级负责的要求,层层落实重要堤防、水库、山地灾害易发区等重点防洪地区的巡查抢险责任。各有关部门要根据各自的防汛职责,落实相应的工作任务和责任。防汛期间,铁路、交通部门要优先安排防洪物资的调运,教育部门要重点做好中小学危房校舍防汛安全责任的落实。其他各有关部门都要坚决服从、服务于全省防汛工作的统一指挥和调度,把防汛责任层层落到实处。

三、加强预警设施建设,完善防洪预案,逐步建立健全突发暴雨洪灾应急机制。一要加强气象、水文监测系统建设。统筹安排监测站点,扩大测报覆盖面,优化建设方案,降低建设成本,实现资源信息共享,拓展服务深度,提高测报的时效性和准确率。二要加强洪水调度系统建设。根据江河洪水调度需要,调整大型水库汛限水位,明确各级洪水调度的权限与责任。当前省防办要抓紧启动"数字渭河"防汛抗旱项目建设,争取在2~3年内建成并投入使用,实现渭河流域的冯家山、石头河、黑河、羊毛湾等大型水库统一参与洪水错峰调度。三要完善和修订度汛预案,特别是各种突发性灾害的抢险预案,并按程序抓紧审查报批。对省防总办公室提交讨论的《陕西省防御灾害性洪水应急预案》、《陕西省大型水库参与渭河及汉江干流洪水错峰调度工作预案》及《陕西省重大防汛安全事故行政责任追究办法》(讨论稿),各有关地区和部门要认真研究,提出书面意见,于5月底前反馈省防总办公室。四要强化防汛指挥系统。各级防汛指挥人员要熟悉防汛预案,掌握工情、雨情、水情和各种紧急情况下的应急对策,努力提高防汛指挥能力。五要根据防汛抢险工作需要,增加各级防汛物料储备,特别是重要堤防、病险水库的抢险物料。省防办要对各地防汛物料储备情况进行现场检查,督促市、县物资储备足额到位。今后凡因抢险物料储备不足而贻误战机,造成严重损失的,要追究有关人员责任。

四、振奋精神,加强领导。各级、各部门要认真贯彻国家防总、黄河防总会议和全省领导干部会议精神,把防汛作为保障经济社会协调发展和社会稳定的大事来抓,突出重点,以人为本,始终把保障人员安全作为防汛工作的出发点和归宿,尽可能减少灾害损失。同时,要坚持防汛抗旱两手抓,搞好抗旱工作,保证人畜饮水安全。要遏制河流污染,保护有限的水资源和水生态环境。气象部门要做好人工影响天气和防雹工作,减轻农业灾害损失,增加农民收入。

参加会议人员:(略)

情境拓展 >>>

六、会议纪要与会议记录的区别

会议纪要容易和会议记录相混淆,其实,二者有着本质的不同,主要体现在以下三个方面:

(1)从文体性质上看,会议纪要是正式的公文文种,而会议记录只是会议情况的记录,只是原始材料,属于事务文书,不是正式公文。

(2)从内容上看,会议记录无选择性、提要性,会议上的情况都要——记录下来;而会议纪要有选择性、提要性,不一定要包容会议的所有内容。

(3)从形成的过程和时间方面看,会议记录是随着会议的进行过程同步产生的,而会议纪要则要在会议后期甚至会议结束后通过选择归纳、加工提炼之后才能形成。

(4)从形式上看,会议记录没有统一的格式,而会议纪要作为正式的行政公文则有固定的格式要求。

(5)从写作要求上来看,会议记录是按会议的议程来记载,正式会议每会必记。会议纪要则是在会议记录的基础上整理归纳出来的,并非每会必有,只有当会议结果需要正式行文外发时才撰写制作。

(6)从保存发布方式来看,会议记录仅作为内部资料保存,不予发布;会议纪要则按公文程序发布,按公文处理办法保存。

七、会议纪要与会议决议的区别

(1)会议纪要是根据会议情况写的要点,而决议必须经与会者表决,按照法定程序通过后才能生效。

(2)一份会议纪要可以同时写不同方面的毫无关联的几项决定,而一个决议只能写某一方面或某一问题。

(3)会议纪要的内容可轻可重、可大可小,只要是会议议定了的就要写进去;而决议内容常常是一个单位或部门、一个地区或系统乃至党和国家的重大问题。

情境训练 >>>

上网查阅会议纪要范文,熟悉纪要的写作。

本 章 自 测 题

一、简答题

1.简述请示与报告的区别。

2.某乡的广播站在一次泥石流灾害中遭到巨大破坏,灾后无法进行正常的工作。为尽快修复广播设施,正常开展工作,该站拟撰文请求上级拨款重建广播站。李×说为争取各级领导的支持,应该写成请示,主送县广播电视局、县财政局、县政府、地区广播电视局和省广播电视厅等部门。而刘××则认为,主要是反映受灾情况,因此应该写成情况报告,而且县广播电视局也拨不出经费进行重建工作,所以只需要主送到县政府就行了。这些说法对不对? 你认为应该怎么办? 请说明理由。

3.××县希望小学请求县政府拨款 100 万元新建学生宿舍,该县副县长对校领导说:"打个请示给我,我批给你们。"这种说法、做法对不对? 为什么?

4.请示和请批函的区别。

二、阅读分析题

1.指出下列文中的错误。

通　告

我厂因铺设煤气管道,需挖断厂门外 308 国道公路,过往车辆需绕道而行,否则一切后果自负。

××车辆厂

201×年 10 月 13 日

2.指出下文内容中的错误。

关于召开新建职工宿舍楼座谈会的通知

兹定于 5 月 24 日上午九点在我厂会议室召开新建职工宿舍楼的座谈会,请有关同志准时参加。

××厂办公室

××××年×月×日

3.阅读以下报告,分析文中的毛病。

关于申请拨给灾区专项救灾款的报告

省财政厅:

×月×日,××地区遭受了一场历史上罕见的地震,灾情严重。经初步不完全统计,农田受灾总面积达 38 000 多亩,各种农作物损失达 300 多万元,农民个人损失空前。灾后,我们立即深入灾区了解灾情,并发动干部群众积极开展生产自救。同时,为了帮助受灾农民及时恢复生产,我们采取了下列措施:

一、对恢复生产所需的资金,以自筹为主。确有困难的,先从现有农贷指标中贷款支持。

二、对受灾严重的困难户,先帮助他们解决生活问题,然后考虑贷款。

三、帮助受灾群众树立重建家园的信心。

由于这次灾情过于严重,集体和个人的损失都很大,短期内恢复生产有一定的困难,仅靠正常农贷指标难以解决问题。为此,请省行下达专项救灾贷款指标××××万元,以便支持灾区迅速恢复生产。

以上报告当否,请批示。

××市人民政府

二〇〇×年×月×日

4.阅读下面的公文,分析文中的毛病。

关于举办培训班的请示报告

教育部高等教育司:

目前大学语文教师队伍的现状与形势和任务的要求极不适应。现在根据我们的实力,拟于今年 7 月至 9 月举办"大学语文骨干教师研修班",招收学员 40 名。

为适应飞速发展的新形势之需要,加强大学语文教师队伍建设,完成培养有理想、守纪律、素质高的一代共产主义新人的使命,关键是建设一支符合要求、教育理念新、教育水平高的队伍。办这个培训班就是为了这个目的。

以上意见,如无不妥,请批准。

××××大学

××××年×月×日

5.评析下面这则请示。

××县邮政局关于建设宜兴街邮政营业所的请示

×县邮字〔200×〕7号

××省邮政管理局:

为合理组织网点,扩大邮政服务,我局拟在宜兴街设立邮政营业所一处。

宜兴街地处我县西郊,驻街机关、工厂、学校较多,系单位和居民密集地带。但该处距县局约二公里,用户使用邮政很不方便。

为缓解当地用邮困难状况,我局近年来定期组织流动服务组到该处服务,但由于没有固定局房,生产和生活诸多不便。且自200×年省有关部门公布我县为开放旅游区以来,当地邮政业务量激增,流动服务组的方式已远远不能满足需要。

为此,请核准增设宜兴街邮政营业所。

附件:1.宜兴街位置图
　　　2.拟建局房平面图

二〇〇×年三月十日(盖印)

三、写作题

1.××县将于10月1日举行全县迎国庆环城长跑大赛,比赛分为老年组、成人组和少儿组进行,全县所有公众均可报名参加。报名者需执本人身份证、学生证或其他证件至县体委会报名,少儿需由家长带领报名参加。截止日期为9月25日。请以县体委会的名义写一篇周知性公文。

2.×省农业厅承办200×年全国农业博览会,并将举办全国农业发展论坛,讨论中国农业发展现状及前景。会议将召开三天,从12月4日开始。参加会议的人员是省、市、县各级农业厅、局干部,农业博览会组委会成员,前来参加博览会的国内外商贸代表等。会议由省农业厅主办。为了确保会议的顺利进行,决定将会议安排在博览会会场旁的××宾馆召开。请代拟会议通知发有关单位。

3.东河村背靠狮子山,前临清水河,而村内唯一的一所小学校位于该村的河对岸,由此造成了村内儿童上学的不便。虽然早年间村内曾自行集资修建了一座浮桥,但在一次山洪暴发中被冲毁。此后,村内儿童只能趟水过河上学。现村委会决定请求乡政府拨款5万元,帮村里修建一座水泥拱桥,以方便儿童上学。请以村委会的名义向乡政府写一份请求拨款建桥的公文。

4.××大学准备举办第十×届大学生运动会,由于校内场地不够,拟向该市体育局借用市体育馆。请以××大学的名义写一份公文。

5.根据以下材料,以××大学学生处的名义,拟一则通报。

2012年1月7日至11日,在××大学的期末考试中,有以下学生违反考试规定,利用夹带、偷看等行为作弊:201×级美术装潢1班的郑××(计算机基础)、李×(计算机基础);201×级市场营销2班的张××(实用英语);201×级经贸1班的郭××(统计学原理)、许××(统计学原理)。现学校决定根据《××省高等教育课程考试管理处罚暂行规定》第三条,给予上述5人严重警告处分,该科成绩为零分,不准参加正常补考。

第三章

写作事务应用文

学习目标

1. 熟悉经济事务文书的概念和类型
2. 掌握计划的具体写作
3. 掌握总结的具体写作
4. 熟悉简报和大事记的具体写作
5. 了解规章制度的具体写作

任务1 写作计划

情境设置>>>

"凡事预则立,不预则废",企业如何结合实际,写一份合格的年度营销计划?

情境链接>>>

一、计划的概念

(1)计划是国家机关、企事业单位、社会团体或个人为完成某一任务或实现某项目标,预先对今后一定时期内的工作、活动所做的安排、设想、部署、规划和筹措。计划是决策,是对理想、目标的具体化。它是对工作完成的具体任务、质量及数量的要求,是对工作完成时间、进行步骤、措施以及内外部保证条件等内容进行通盘考虑和周密安排的一种说明性应用文体。

(2)计划是计划类文书的统称。按内容涉及的范围大小、期限长短和实施步骤的详略不同,计划有以下不同的名称。

①规划:具有全局性的、较长时期的远景计划称规划。规划,跨度一般在五年以上,目标大,涉及范围广,内容较概括,具有原则性、指导性和鼓舞性。如:《××师范大学五年发展规划》《××省经济发展十年规划》。有时这类较长远、宏大的计划还被称为"纲要",如《中国残疾人事业"十一五"发展纲要》。

②方案：对某项工作的多种可能性进行比较、筛选、论证后，做出的相对优化、周密的计划称方案。方案，一般都要从完成任务的目的、要求，工作步骤，到工作方式、方法，做出比较全面、详细的部署和安排，多用于对需短期完成的目标和任务做出计划。例如《天驹商贸公司第四季度销售方案》《3.12特大刑事案件侦查方案》。

③安排：对短期内预计要完成的工作进行具体布置的计划称安排。安排一般比较切近、具体，例如《开元商场童装部周工作安排》、《××省化学学会2006年度年会准备工作安排》。

④设想：对长远的工作做出粗线条的部署称设想。设想，属初步的草案性计划，其实施方法和步骤较为简略。例如《××省建立生态保护区的设想》、《建立健全农村人口医疗保障体系的设想》。

⑤打算：短期内工作的要点式计划称打算。一般只写出需完成任务的概要，不做详细部署。例如《元旦文艺汇演筹备工作打算》。

⑥要点：对一段时间的主要工作做出简要安排的计划称要点。例如《某建筑公司2006—2007年度工作要点》、《生产安全管理工作要点》。

二、计划的种类

(1)按性质划分，可分为综合性计划和专题性计划。
(2)按内容划分，可分为工作计划、培训计划、科研计划、教学计划、基建计划等。
(3)按时间划分，可分为长期计划、短期计划、年度计划、季度计划、月计划、周计划等。
(4)按范围划分，可分为国家计划、部门计划、单位计划、个人计划、行业计划等。
(5)按表达方式分，可分为条文式计划、表格式计划、文表结合式计划。

三、计划的特点

1.预见性

计划是先于实践活动制订的，必须对未来工作中可能发生的问题有充分的估计和预测，要遵循客观事物的发展规律，结合已有的经验和实际情况，进行科学的预见。没有预见性，计划就不能成立。另外，正因计划具有预见性、设想性，所以，在执行中，当情况、条件发生了变化时，也必须视实际情况对计划做出相应的调整。

2.可行性

计划是行动的指南，计划的目标和措施必须具有科学性，确保切实可行。因此确定计划目标时必须以主客观条件为依据，对各种有利因素和不利因素进行研究、论证，既要发挥主观能动性，也要考虑客观可能性。有了可行的目标，完成任务的措施也必须得当，方法正确、步骤合理，不脱离实际，才能实现预期目标。

3.指导性

计划是结合实际工作而制定的科学方案，对人们有目的、有秩序、有步骤地进行某项工作有一定的指导作用。计划既是指导下级工作的依据，也是考核下级工作的尺度，计划一经制订下达，就有一定的约束力，尤其是经过一定的会议讨论通过和批准的计划，更具有权威性和约束力，若无重大变化，必须严格按照计划执行。

4.简明性

计划在制订时必须简明扼要、条款清晰、目标明确、步骤性强,以便指导实际工作和进行具体操作。

情境分析 >>>

四、计划的结构与写法

计划由标题、正文和落款三部分构成,其写法如下:

(一)标题——计划标题有多种拟写方式

1.完整式标题

此类标题一般由制订计划的单位名称、完成时限、计划内容和计划名称四部分构成。如《××机械厂2007年财务工作计划》。

2.省略式标题

(1)省略时限。如《家乐福超市销售计划》。

(2)省略单位。如《2007年第一季度生产方案》。

(3)省略单位和时限。如《工作计划》、《读书计划》、《自修计划》。

所拟计划若还需讨论定稿或经上级批准,就应在标题的后面或下方用括号加注"草案"、"初稿"或"讨论稿"等字样。

(二)正文——包括引言、主体和结尾三部分

1.引言

引言又称前言。在全文中起引导作用,简明扼要介绍制订计划的背景、依据、指导思想,说明其意义和重要性,并列出所要达到的目标。

例如:为全面提高我区街道工作的整体水平,加快区域经济发展,强化城市管理工作,着力推进社区建设,切实抓好社会主义精神文明,根据区委、区政府未来五年内对全区街道工作的总体要求,本着高标准、高起步、求实效、创一流的工作原则,特制订本计划。

2.主体

主体部分主要具体全面说明计划内容,即计划的目标和任务要求、措施和时间、实施步骤等事项。

(1)目标:即计划需完成的任务,是计划的核心内容,是具体提出计划目标和工作要求的部分。首先要明确指出总体目标和基本任务,对工作任务要达到的数量和质量都要有明确的指标。

(2)措施:即完成计划任务所采用的方式、方法。以什么方法,用什么措施来确保完成任务、实现目标,这是关乎计划是否具有可操作性的关键一环。一个完整的计划,应既有目标任务,也有措施办法。所谓有措施办法,就是对完成计划需要动员哪些力量,创造哪些条件,排除哪些困难,采取哪些手段,通过哪些途径等心中有数。这既需要熟悉实际工作,又需要有科学预见。只有如此,制订的措施、办法才能切实可行。

（3）步骤：步骤是工作的阶段划分，强调时限和先后有序。编制计划必须胸有全局，经过分析、对比、统筹，设计出科学的工作阶段和工作流程，并对人、财、物进行合理分工和周密组织。工作要有先后、主次、缓急之分，工作进程要有一定的阶段性。在编制计划时要对整体的工作任务进行分解，规定操作步骤，将各项工作的完成时限、质量要求及责任人落到实处。这样才能职责明确、操作有序、执行无误，保证计划的完成。

以上三点可称计划三要素。一份成功的计划，措施要具体，分工要明确，步骤要有序，表达要条理清楚。

3. 结尾

（1）总括式结尾。为使文意完整，少数计划可在文尾概括说明完成计划的有利条件或表明信心和决心。

例如：本学期的工作一定会开展得丰富多彩，希望我部在以往所取得成绩的基础上，再创辉煌，将我部的宣传工作推上一个新的台阶。

（2）自然式结尾。即叙述完主体自然收尾。

（三）落款——在正文右下方署上制订计划的单位名称和日期，并加盖公章

五、计划的写作要求

1. 从实际出发，统筹兼顾

无论是撰写长期计划还是短期计划，都必须从实际出发，要充分分析客观条件，所撰写的计划既要有前瞻性，又要留有余地，使计划执行者通过一番努力就能够完成。事关全局性计划，应考虑周全，处理好大计划与小计划的关系、整体与局部的关系。

2. 重点突出，主次分明

计划在目标较多的情况下，要解决好先与后、重与轻、主与次的关系，一定要做到点面结合、有条不紊，才能有利于工作的全面开展并收到事半功倍的效果。

3. 目标明确，步骤具体

计划的目标必须明确，才会使计划的执行者有明确的努力方向。步骤和措施越具体，越有利于指导实际工作，也越便于检验计划的优劣。

情境完成 >>>

2012年上海地区某豆奶公司营销计划书（节选）

一、"某豆奶"上海市场的营销目标

总公司2012年企业经营目标要求上海地区的"某豆奶"营销目标为3000万元，利润目标为300万元。为了完成总公司的这一经营目标，某（上海）销售公司特制定以下的营销目标：

（1）市场占有率：10%；

（2）售点覆盖率：大卖场100%；连锁超市80%以上；连锁便利店80%以上；百货商店60%以上。

（3）广告宣传目标：产品尝试率 30％；品牌知名度 40％；

（4）顾客服务目标：产品售后服务满意率达到 90％；

（5）企业的形象目标：维持企业市场领导地位；提升企业的绿色营销形象。

二、"某豆奶"上海市场的产品营销措施

1.提高豆奶的质量

豆奶是一种富含蛋白质、氨基酸、维生素，营养价值极高的食品，而且对于多种疾病有很大的疗效。由此，国家已投入亿元支持"豆奶计划"。但鉴于长期以来人们的普遍观点，豆奶的市场一直处于低迷状态，因此作为第一批获得"优秀豆奶企业"评定的某豆奶产品更应该在以下几方面进行改进及完善。

（1）原料方面：大豆。由大豆制作的豆奶，曾被营养学家誉为"绿色牛奶"。因此需要选择优质、新鲜、饱满、大颗，无论是从颜色还是从大小或是质感都需要是上乘的大豆作为原材料，并且把这一因素放到豆奶品质的主导地位，真正地让其成为"绿色中的绿色"食品。

（2）生产技术设备方面。拥有一套具有世界先进水平的生产线，并配用与之相符的管理理念和掌握操作的技术人员，以便保证先进的生产设备能正常地运行，生产出优质的豆奶和符合消费者所需的产品。

（3）卫生方面。豆奶是一种食品，而食品最主要的就是卫生问题，这与人的健康紧密相关。因此在整个生产过程中一定要确保密封性和严谨性，前者指的是生产环境，后者指的是生产者的观念。出入生产区，要换上特制的工作服，工作人员若是生病了，要隔离……诸如此类的，一定要明文规定。并且定期接受有关部分的检测，获得像 ISO900 这样权威机构的认证。

（4）运输方面。在这个方面，要注意豆奶的特质。它是一种容易变质、容易腐败的饮品，在运输过程中需避光、防热。装载豆奶的车辆最好是具有温控设备的，使它一直处于最合适的温度，零售商和中间商也需要配有合适的储存设备。除此之外，还应留意保有豆奶包装的完整性，以免造成额外的损失。

（5）保质期。作为食品，这一项是不可或缺的，也是尤为重要的。作为生产厂家，除在包装上注明生产日期之外，还应及时处理掉那些过了保质期或是快到保质期的产品，免得造成错乱。同时，也应督促中间商和零售商做好这一方面的工作。以上只是列举了几项，其实作为一家生产豆奶的企业，在生产过程中还有很多方面需要注意，这不仅是提高自己产品的质量，更是对消费者的一种负责。

2.不断开发新品种

新品种的开发是企业生命力的一种保证，也是占据市场份额的手段之一。以下我们从营养成分、口味、特殊人群、独特功效、饮食方式或生活情调这几个方面来细说豆奶新品种的开发。

（1）营养成分……

（2）口味……

（3）特殊人群……

（4）含有独特功效的豆奶……

(5)饮食方式或生活情调……

3.改进包装

产品的包装是导致消费者购买的直接因素,而以往豆奶的外包装,多半是塑料瓶和袋装,而且颜色和图案都比较单一,无法吸引消费者的目光,激发不起他们的购买欲,在销售量上造成了一定的损失,在此鉴于推出新产品的同时,对其的包装也应做一系列的改进。以下分别从它的材料、形状、颜色、图案、容量等方面来提出几项供参考的方案。

(1)材料……

(2)形状……

(3)颜色……

(4)图案……

(5)容量……

4.扩大"某豆奶"的知名度

从长远来看,解决豆奶现状问题首先要加大宣传力度,提高全社会对豆奶生产的认识,大力提供饮用豆奶,尤其是应该积极支持"国家大豆行动计划"中的学生奶工作,通过多种途径向中小学生宣传推广豆奶,使全社会真正认识喝豆奶的重要性,而这些工作在一定程度上是需要得到企业的大力协助才能完成的。

5.及时交货

本豆奶公司从原材料到生产、成品、运输、中间商、零售商这一整个流程都要保持畅通无阻,寻找合适的物流中心合作配送,及时补货。

6.提供售后服务

虽然豆奶单价不高,但它是消费者会经常并且长期购买的商品,它的售后服务也不应掉以轻心。我们可以提供以下几个售后服务:

(1)对于买大量的豆奶的顾客,我们提供送货上门。

(2)对于长期购买豆奶的顾客,我们定期把豆奶送上门。

(3)采取积分制,当买到一定量的豆奶(即积攒到一定的积分),我们除了送上额外的小礼品,也可以提供超值的服务,例如营养方面的咨询、会员制等。

(4)对于家中有孩子的消费者,我们可以免费根据孩子的具体情况替他制定一套包含豆奶的营养餐,有助于孩子的健康成长。

(5)定期进行调研,可以是上门的,也可以在商场或超市、大卖场中,向购买豆奶的顾客提2~3个关于本产品的问题,征询一下他们的意见,以及他们所希望得到的服务。

某豆奶(上海)销售公司

2012 年 1 月 8 日

情境拓展 >>>

计划写作注意事项:

1.深入领会党和国家的有关方针、政策和法律精神,以之作为制订计划的指导思想。

2.要从本单位、本部门实际情况出发,不要脱离现实,任务指标不要订得过高或过低。

3.措施和办法要制订得具体、可行,以便于落实和监督检查。

4.表达方式要以说明为主,行为中不要夹杂不必要的议论。

情境训练 >>>

每位同学结合自己的实际情况,写一份本学期业余时间的学习计划。

任务 2　写作总结

情境设置 >>>

李杰是某企业的一名销售业务员,2012 年即将结束,企业要求每位员工结合自己的工作实际,写一份年度工作总结。

情境链接 >>>

一、总结的概念

总结是单位或个人对已完成的工作或已发生的事项进行回顾、检查、分析评价,从而得出经验教训,概括出规律性的认识,以备查考和指导今后工作实践所写的一种应用文体。日常工作中形成的总结还有以下名称,即回顾、小结、体会、经验、做法、心得等。

总结最基本的特点是回顾过去,评估得失以指导未来。通过对以往的工作、学习、思想等的回顾,在此基础上进行客观分析,肯定成绩和经验,发现问题和缺点,以更好地指导今后实践。在具体工作中总结不仅能起到承前启后的作用,也可为决策部门制定路线、方针、政策提供依据,是不断提高思想认识水平和工作能力的重要途径。

二、总结的种类

(1)按性质划分,可分为综合性总结和专题性总结。

①综合性总结,又称全面总结,它是对某一时期各项工作的全面回顾和检查,进而总结经验与教训,如《××公司 2005 年度工作总结》、《××省体工委工作总结》。

②专题性总结,也称单项总结,是对某项工作或某方面问题进行专门的总结,尤以总结推广成功经验为多见,如《利君集团 2005 年度销售工作总结》、《××市××区植树造林工作总结》。

(2)按内容划分,可分为工作总结、学习总结、科研总结、教学总结、行业总结等。

(3)按时间划分,可分为年度总结、季度总结、月份总结等。

(4)按范围划分,可分为地区总结、部门总结、个人总结等。

三、总结的特点

1.实践性

总结是人们以自身的实践活动为基础,通过客观的回顾、认识、评价、分析得出的具有指导性和规律性的认识,它的根源是客观实践活动,总结的对象和材料来自于实践,观点也是从实践中提炼出来的。因此总结的写作必须忠于事实,不能添枝加叶、无中生有或避重就轻、报喜不报忧;否则,就失去了总结的价值和意义。

2.理论性

总结不是对已完成工作事实的简单复述,也不是对工作实践过程和情况的表面反映。总结的目的在于得出浓缩的、经典的规律性东西,以便在今后工作中能够正确把握事物的客观规律,提高工作效率和成功率。这是一个把零星的、肤浅的、感性认识上升为全面的、系统的、理性认识高度的过程。应当从取得的成绩中提炼出经验,从失败中分析出教训,因此总结必须具备一定的理论性。

3.简明性

总结的语言必须简明扼要、条理清楚,忌长篇大论,要以提炼规律性东西为目的,忌说空话、大话。

情境分析 >>>

四、总结的结构与写法

总结由标题、正文、落款三部分构成,具体写法如下:

(一)标题

总结的标题有多种拟写方式,常见的有以下几种:

1.文件式标题

此类标题一般由写作总结的单位名称、时限、内容、文种名称四部分构成。例如《××局2005年度拥军优属工作总结》、《××市2005年农村工作总结》。

2.文章式标题

以单行标题概括主要内容或基本观点,不出现"总结"字样,但对总结内容有提示作用。例:某企业的专题总结《技术改造是企业振兴之路》,某高校的专题总结《我们是如何实行教学与科研相结合的》。

3.双行式标题

分别以文章式标题和文件式标题为正副标题,正题揭示观点或概括主要内容,副标题点明单位、时限、性质和总结种类。

例:知名教授上讲台　教书育人放异彩——××大学德育工作总结

(二)正文

1.前言

一般介绍总结写作的依据、背景、基本概况等,也可交代总结主旨并作出基本评价,力求简洁,开宗明义。常见的总结开头有以下几种写法:

(1)概括式。简要介绍基本情况,分清主次,为下文叙述奠定基础。

例如:在卫生厅党组织的关怀和领导下,在各处室的支持和帮助下,××××年全院党政团结、上下齐心,全体职工积极努力奋斗,以全国结核病防治规划为目标,以全国和全省卫生工作大会精神为动力,结合我省和我院实际,圆满完成了院长和党支部两个工作合同所规

定的任务,并通过抓项目试点,为开创我省"结防"工作新局面奠定了良好的基础,现将主要工作总结如下:

这段开头简要介绍了工作完成的基本情况和取得的总成绩,具有承前启后的作用。

(2)提问式。以提问的方式将总结的主题直接点明,引人注意。

例如:党校培训是每一有志于加入中国共产党的青年学子的必修课。那么,究竟通过学习可以得到哪些提高呢? 现以我个人的学习经历,谈几点体会:

这段开头在点明主题的同时,并以提问的方式,设置悬念,引起读者的重视。

(3)对比式。用前后、新旧或先进与落后进行对比,从而分出优劣,引出下文。

例如:1998 年—2004 年 6 年间我厂平均每年亏损 130 余万元。建立集团公司后,公司不仅扭亏为盈,而且连年来产值、利润以 7.8% 的幅度稳步提高,2006 年首次创盈利新高,净增利润 2000 万……

这段开头用前后两组差别显著的数据作为对比,以引起读者对所总结的经验和所取得的成绩的兴趣。

(4)结论式。开门见山地提出总结的结论,引发人们对总结过程的兴趣。

例如:经过一学期的刻苦学习,高考取得了理想的成绩。这使我得出一个终身受益的结论——科学有效的学习方法是提高学习成绩的关键。

这段开头直截了当地给出总结的结论,先声夺人,激起读者对经验过程的索求欲。

2.主体

包括主要工作的基本情况、成绩及评价、经验和体会、问题或教训等。这些内容是总结的核心部分,可按纵式或横式结构形式撰写。所谓纵式结构,即将主体内容从所做的工作、方法、成绩、经验、教训等逐层展开。所谓横式结构,即按材料的逻辑关系将其分成若干部分,标序加题,逐一写来。典型结构如下:

(1)基本情况。基本情况是总结分析评价的基础,这部分应较为详尽地对已完成的工作或任务及取得的成绩和效果作以叙述。

(2)主要经验。从上述基本情况自然会引出结论性、规律性的东西。这部分是总结的主要目的和内容,应以具体事例、具体材料为依据,然后上升到理性认识,围绕成绩的主要方面进行论述;也可采取纵横对比的方式展示所得经验优势和特点,要条理清楚、有理有据。

(3)存在的问题。找出问题也是总结的主要目的之一,因而在看到经验的同时不能忽视问题,只有对问题实事求是地认识,才能使今后工作做得更好。

3.结尾

作为总结的结束语可以呼应主题、指出努力方向、提出改进意见,或用表示决心、信心等语作结,要求简短利索。

例如:一年来,我局在党建方面做了一些工作,取得了一些成绩,全系统没有发生违反党纪国法的事件,没有发生政治事件,没有发现腐败行为,保持了工作的正常运转和稳定,保证了党的方针、政策的贯彻落实,为我省的经济建设添光增彩,做出了应有的贡献。

这段结尾既是综述全篇,又是强化主题,简洁明了。

(三)落款

一般在正文右下方写明总结的单位和日期署名(若是报纸杂志或简报刊用,应在标题下方居中署名)。

五、总结的写作要求

一要有正确的指导思想和实事求是的精神。二要根据实际情况和总结目的,突出重点、写出特点,切忌平铺直叙和一般化。三要认真安排好总结结构和正文的基本内容。

情境完成 >>>

2012年度个人销售工作总结

回首2012年,本人完成销售额134325元,完成全年销售任务的93%,货款回笼率为89%,销售单价比去年下降了5%,销售额和货款回笼率比去年同期下降了7%和6%。现将一年来从事销售工作情况总结如下:

一、2012年工作总体情况

(一)切实落实岗位职责,认真履行本职工作

作为一名销售业务员,自己的岗位职责是:1.千方百计完成区域销售任务并及时催回货款;2.努力完成销售管理办法中的各项要求;3.负责严格执行产品的出库手续;4.积极广泛收集市场信息并及时整理上报领导;5.严格遵守厂规厂纪及各项规章制度;6.对工作具有较高的敬业精神和高度的主人翁责任感;7.完成领导交办的其他工作。

一年来,在业务工作中,首先自己能从产品知识入手,在了解技术知识的同时认真分析市场信息并适时制订营销方案,其次自己经常同其他区域业务员勤沟通、勤交流,分析市场情况、存在问题及应对方案,以求共同提高。在日常的事务工作中,自己在接到领导安排的任务后,积极着手,在确保工作质量的前提下按时完成任务。

(二)明确任务,主动积极,力求保质保量按时完成

工作中自己时刻明白只存在上下级关系,无论是分内、分外工作都一视同仁,对领导安排的工作丝毫不能马虎、怠慢,在接受任务时,一方面积极了解领导意图及需要达到的标准、要求,力争在要求的期限内提前完成,另一方面要积极考虑并补充完善。例如,今年九月份,蒲城分厂由于承租人中止租赁协议并停产,厂内堆积硅石约80吨、重晶石20吨,而承租人已离开,出于安全方面的考虑,领导指示尽快运回分厂所存材料,接到任务后当天下午联系车辆并谈定运价,第二天便随车到蒲城分厂,按原计划三辆车分两次运输,在装车的过程中,由于估计重量不准,三辆车装车结束后,约剩10吨左右,自己及时汇报领导并征得同意后从当地雇用两辆三轮车以同等的运价将剩余材料于当日运回,这样既节约了时间,又降低了费用。

(三)正确对待客户投诉并及时、妥善解决

销售是一种长期循序渐进的工作,而产品缺陷普遍存在,所以业务员应正确对待客户投诉,视客户投诉如产品销售同等重要甚至有过之而无不及,同时须慎重处理。自己在产品销售的过程中,严格按照厂制定的销售服务承诺执行,在接到客户投诉时,首先应认真做好客户投诉记录并口头做出承诺,其次应及时汇报领导及相关部门,在接到领导的指示后会同相关部门人员制订应对方案,同时应及时与客户沟通,使客户对处理方案感到满意。

(四)认真学习产品及相关产品知识,依据客户需求确定可代理的产品品种

熟悉产品知识是搞好销售工作的前提。自己在销售的过程中同样注重产品知识的学习,对本厂生产的产品的用途、性能、参数基本能做到有问能答、必答,对相关部分产品基本能掌握用途、安装。

依据厂总体安排代理产品,通过自己对陕北区域的了解,代理的品种分为两类:一是技术含量高、附加值大的产品,如35kV避雷器、35熔断器及限流式熔断器等,此类产品售后服务存在问题;二是10kV线路用铁附件、金具、包弓、横担等,此类产品用量大,但因附加值低、生产厂家多导致销售难度较大。

二、2013年区域工作设想

总结一年来的工作,自己的工作仍存在很多问题和不足,在工作方法和技巧上有待于向其他业务员和同行学习,2013年自己计划在去年工作得失的基础上取长补短,重点做好以下几个方面的工作:

(1)依据2012年区域销售情况和市场变化,自己计划将工作重点放在延安区域,一是主要做好各县局自购工作,挑选几个用量较大且经济条件好的县局,如延川电力局、延长电力局,作为重点,同时延安供电局已改造结束三年之久,应做其所属的二县一区自购工作;二是做好延长油矿的电气材料采购;三是在延安区域采用代理的形式,让利给代理商以展开县局的销售工作。

(2)针对榆林地区县局无权力采购的状况,计划对榆林供电局继续工作不能松懈,在及时得到确切消息后做到有的放矢,同时应及时向领导汇报该局情况,以便做省招标局工作。计划在大柳塔寻找有实力、关系的代理商,主要做神华集团神东煤炭有限公司的工作,以扩大销售渠道。

(3)对甘肃已形成销售的永登电力局、张掖电力局,因2012年农网改造暂停基本无用量,2012年计划积极搜集市场信息并及时联系,力争参加招标,形成规模销售。

(4)为积极配合代理销售,自己计划在确定产品品种后努力学习代理产品知识及性能、用途,以利代理产品迅速走入市场并形成销售。

(5)自己在搞好业务的同时计划认真学习业务知识、技能及销售实战来完善自己的理论知识,力求不断提高自己的综合素质,为企业的再发展奠定人力资源基础。

(6)为确保完成全年销售任务,自己平时就积极搜集信息并及时汇总,力争在新区域开发市场,以扩大产品市场占有额。

三、对销售管理办法的几点建议

(1)2013年销售管理办法应条款明确、言简意赅,明确业务员的区域、任务、费用、考核、奖励,对模棱两可的条款予以删除,年底对业务员考核后按办法如数兑现。

(2)2013年应在工厂和业务员共同协商并感到满意的前提下认真修订规范统一的销售管理办法,使其适应范围广且因地制宜,每年根据市场变化只需调整出厂价格。

(3)2013年应在情况允许的前提下对业务员松散管理,解除固定八小时工作制,采用定期汇报总结的形式,业务员可每周到厂1~2天办理其他事务,如出差应向领导汇报目的地及返回时间,在接到领导通知后按时到厂,以便让业务员有充足的时间进行销售策划。

(4)由于区域市场萎缩、同行竞争激烈且价格下滑,2013年领导应认真考察并综合市场行情及业务员的信息反馈,制定出合乎厂情、市场行情的出厂价格,以激发业务员的销售热情。

总之,在未来的工作中,我将以公司的经营理念为坐标,将自己的工作能力和公司的具体环境相互融合,扎实进取,努力工作,为公司的发展做出更大贡献!

李 杰

2012年12月30日

情境拓展 >>>

六、总结与计划的关系

总结和计划有着密不可分的关系,总结可以检验计划的优劣得失,计划可以依据总结得出的经验制订得更加科学、合理。具体表现为以下两点:

1.总结是对计划实践活动的检验

总结要以计划为依据,要检查计划的执行情况,检验计划的准确程度,检验它是否科学、是否可行、是否的确具有较强的指导性。任务完成结果与目标基本一致,则会总结出有价值的规律性认识;二者差距较大或结果截然相反,则会得出引以为戒的教训。

2.计划可以采用成熟的经验总结

经过对前一次的计划完成情况进行全面系统的总结分析,得到的先进经验可用来指导下一轮计划的制订,使得计划更加符合事物发展的客观规律,具有较高的成功率。而总结得出的失败和教训,则也可作为制订计划的前车之鉴。

3.总结依赖计划不断创新

每一次计划的实施都会有不同的特征表现,而对每一次计划实施的总结,都会得出有益的结论。如此周而复始则会使计划更加科学、可行,总结更加深刻、新颖,更有利于指导以后的实践。

因此看来,计划与总结既是相互制约、相互依赖的关系,同时又是相互促进、不断提高的关系。计划—实践—总结—再计划—再实践—再总结……如此周而复始,循环往复,不断提高,这就是计划与总结最本质、最有价值的关系。

七、总结的写作准备

1.全面掌握工作情况

多收集典型事例、典型数据;选择蕴含经验教训的内容;核实材料;把握材料的本质。

2.进行深入的分析研究

方式:领导班子集体研究;修改提纲。要求:有深度,多角度,找规律,抓本质。

3.列出提纲

情境训练 >>>

1.指出下文存在的问题,并进行修改。

2012 年度个人学习总结

一年一度的学习生活总体来说还不错,学习上积极认真、生活上独立自主。

回顾一年的学习生活,仿佛还是昨天的事。在这一年中,我是如何度过自己的大学时光的呢?我绞尽脑汁想使自己记起一两件事来,好像还不曾有使自己以之为荣的事情。

上课时,能认真做好笔记,课后作业也能认真完成,但平时大部分时间都在玩,直到考试前才拼命看书,背重点内容,有时还搞通宵,以后一定要注意。

大学的生活还是丰富多彩的。系里组织了各种活动,有演讲比赛、卡拉 OK 比赛、主持人大赛、文明宿舍评比等。我还参加了表演,虽然表演时,我心里难免有些紧张,但只有去克服。

大学的学习生活很快就会过去,我要努力学习,好好表现自己,塑造全新的自我。

2.一学期即将结束,写一份本学期个人学习总结。

任务 3　写作述职报告

情境设置 >>>

刘艳是某信用社的一名出纳,每到年终,她都需要递交这一年的述职报告。请联系出纳岗位工作实际写一篇述职报告。

情境链接 >>>

一、述职报告的概念

述职报告是指党政机关、社会团体、企事业单位的机关和部门负责人,向所在单位的权力机关、上级机关或者代表大会、董事会等部门陈述自己在一定时间内履行岗位工作的成绩、问题、情况等。这是推动社会组织工作的重要环节,对于促进和监督其各项工作有着重要的意义。

述职报告可看作是工作报告中的总结性报告。它除了向上级管理机关陈述自己某一阶段工作情况之外,还要进行总结、回顾、分析、评价,找出内在规律性的东西,用以指导未来实践工作,是一种具有较强综合性的公文。

二、述职报告的种类

(1)按时间划分:可分为任期述职报告、年度述职报告、临时述职报告。

(2)按范围划分:可分为个人述职报告、部门述职报告。

(3)按内容划分:可分为专题(单项)述职报告和综合述职报告。

①专题(单项)述职报告是指对某一方面工作或某项具体工作进行的专门汇报。如《开发项目建设,必须增加投资力度——××公司项目部经理述职》。

②综合述职报告是指对一个时期内所做工作的总体情况进行汇报。如《2006 年度各部门经理述职报告》。

(4)按表达形式划分:可分为口头述职报告和书面述职报告。

三、述职报告的特点

1.表述客观公正

述职报告是述职人对自身所负责的组织或部门在某一阶段的工作进行全面的回顾、分析、评价,从工作实践中去总结成绩和经验,找出不足与教训,从而用以指导今后的工作。因此它特别强调客观公正性,所反映的内容必须是个人亲身经历或负责的事实,要公正真实、认真负责地向上级机关汇报自己的工作情况,并能对自己在任期内的"德、能、勤、绩"四方面,尤其是业绩方面作出实事求是的评价。

2.内容严谨规律

述职报告要有对过去工作事实的回顾,但又不是对事实的简单罗列。它必须对所有工作事实、数据、材料等进行认真的归类、整理、分析、研究,从中找出某种普遍性的规律,得出公正严谨的评价结论。这是一个从感性事实上升到理性认识的过程,否则就不能作为未来行动的向导。因此,述职报告是否具有理论性、规律性是衡量一篇述职报告好坏的重要标志。

3.论述规范确定

述职报告是对自己在一定任期内所做工作的客观评述,其评价标准是对本岗位职责的遵守情况和一定时期内工作目标任务的完成情况,表述内容和衡量标准都非常规范、确定。这也正是述职报告与工作总结、工作报告的不同之处,后两种往往以上级部门的工作部署和基本要求为评价依据,评价标准不固定。

情境分析 >>>

四、述职报告的结构与写法

述职报告一般由标题、署名、称谓、正文四个部分构成。

(一)标题

述职报告的标题常见有以下几种写法:

(1)直接用文种名称"述职报告"四个字作标题,这种标题最常见。

(2)公文式。此类标题一般由年份、职务、文种三部分构成。如《2005年任××区区长的述职报告》。也可省略年份或职务某一要素,使标题变得较为简短。如《关于任销售部经理的述职报告》、《2005年度述职报告》。

(3)文章式。此类标题以精练的语言概括出报告的主要内容或基本观点。如《建立信誉知名度是企业生存的关键》、《严格人事聘用制度 把好人才入口关》。

(二)署名及日期

(1)题下标注。在标题之下注明述职日期、会议名称、职务和姓名。

(2)文尾标注。在文章结尾右下角注明作者姓名、职务和日期。

(三)称谓

书面述职报告在开头写明主送单位名称,如"××党委"、"××组织部",或"××人事处"等。口述述职报告的抬头,写明听取对象的称谓,如"各位代表"、"各位委员"、"各位同志",或"各位领导,同志们"。

(四)正文

1.前言

前言又叫引语,用简洁的文字介绍述职人的基本情况或任职概况,并对本人的尽职情况作出总体评价,确定好述职范围和基调。基本内容包括学历、政治面貌、任职时间、工作变动、背景情况、岗位职责、目标等。

例如:2005年3月—2006年12月,我专职担任公司工会主席。在公司班子、基层领导的大力支持和各基层工会全体职工的共同配合下,按照工会主席的职责做好本职工作,为保障我分公司的工作,为生产经营服务以及公司的稳定发展做了一定的工作,现将本年度工作述职如下,请予评议。

这段开头先简单介绍了述职人所担任的职务,并交代了在本岗位工作的基本情况,较为客观。

2.主体

(1)工作基本情况。这是述职报告的核心,在写法上以叙述说明为主,叙议结合,采用第一人称的手法详细介绍工作完成的情况和所取得的成绩、经验,找出存在的问题并分析原因。可强调以下几个方面:① 对党和国家的方针、政策、法纪等的贯彻执行情况;② 对上级交办事项的完成情况;③ 对主管工作任务的完成情况;④ 在工作中有哪些创新,采取了哪些措施,做出哪些决策,解决了哪些实际问题,纠正了哪些偏差,做了哪些实际工作,取得了哪些业绩;⑤ 个人的思想作风、职业道德、廉洁从政和关心群众等情况。为使报告层次清晰,可采用列小标题的形式表述,但重点是要凸显个人的工作能力和管理水平,尤其是在处理敏感和棘手的问题、突发事件或重大事件方面,更要体现出个人的素质、才能和领导水平。这样才能使上级领导和听众对述职者是否称职作出判断。

(2)今后的设想和决心。在报告结束部分,结合工作实际情况和经验,对今后工作作出科学的战略性规划,并表明要尽职尽责努力完成,简短有力地收结全文。例如:总而言之,总结一年来的工作,我可以问心无愧地说:自己尽了心,努力了,流汗了。不管这次述职能否通过,我将一如既往地做事,一如既往地为人,并将再接再厉,努力做好本职工作。

这段结尾不仅对以往的工作做出了总结,也对将来的工作表明了决心和态度,简单明了。

(3)结尾:一般写结束语,用"以上报告,请审阅"、"以上报告,请审查"、"特此报告,请审查"、"以上报告,请领导、同志们批评指正"等作结。

五、述职报告的写作要求

1.内容要客观

述职报告的内容必须实事求是、客观真实、全面准确。既要讲成绩,又要讲失误;既要讲优点,又要讲不足;既不能夸大成绩,也不能回避问题。只有客观陈述履行职务的情况,才能使上级机关和所属单位对述职人的工作予以肯定。

2.重点要突出

述职时应抓住带有影响性、全局性的主要工作进行陈述。有创造性、开拓性的特色工作是重点着笔的对象,力求详尽具体。而日常性、一般性、事务性的工作表述要尽量简洁。

3.个性要鲜明

述职人的岗位不同,则职责要求不同,即使是相同的岗位,也由于述职者的个性存在差异,其工作方法、工作业绩有所不同。因而,述职报告要突出个性特点,展示述职者个人风格和魄力,切忌千人一面、千篇一律。

4.语言要庄重

述职报告的语言要朴实得体,评价要中肯,措词要严谨,语气要谦恭,尽量以陈述为主;也可稍加议论,写一些工作的感想和启示,对个人业绩略加评述,但不得描写、抒情,更不能使用夸张的语言。

情境完成 >>>

述职报告

本人自调到某信用社工作以来,在社领导和同事的关心支持下,能够自觉遵守国家的各项金融政策法规,严格执行上级下达的各项任务,认真履行岗位职责,努力完成本职工作。现将一年来的工作情况汇报如下:

一、加强理论学习,提高自身综合素质

一年来,本人能够自觉主动地学习国家的各项金融政策法规与联社下发的文件精神,加强思想道德建设,提高职业修养,树立正确的人生观和价值观;能够加强自身爱岗敬业意识的培养,进一步增强工作的责任心、事业心,以主人翁的精神热爱本职工作,做到"干一行、爱一行、专一行",牢固树立"社兴我兴、社衰我衰"的工作意识,全身心地投入工作;能够牢固树立"客户至上"的服务理念,时刻把文明优质服务作为衡量各项工作的标准来严格要求自己,自觉接受广大客户监督,定期开展批评与自我批评,力求做一名合格的信合人;能够积极参加信用社举行的各种学习、培训活动,认真做好学习笔记,并在实际工作中加以运用;在业余时间,自学本科课程,参加远程教育考试,为更好地适应各岗位的需要奠定良好的基础。

二、恪守规章制度,履行岗位职责

在担任出纳工作时,能够坚持"钱账分管,双人临柜,双人管库"的要求,做到"自觉、自律、自制"。每日营业终了认真轧计现金收入、付出登记簿发生额,并与现金库存核对一致,确保现金库存簿与实际库存现金、总账余额相符,做到账实相符、账款相符。能够认真办理人民币大小票币、损伤币的兑换业务,整点时做到点准、墩齐、挑净、捆紧、盖章清楚;能够及时勾对流水账目和现金收付登记簿。严格按照金库保管制度,做好库房的保管工作,做到库匙分管、同进同出。

三、增强防范意识,落实"三防一保"

安全保卫方面。一年来,本人能够不断地增强安全防范意识,值班守库期间能够严格按照"三防一保"的要求,认真落实各项防范措施,熟记防盗防抢防暴预案,熟练掌握、使用好各种防范器械,做好"三门"反锁检查工作。经常检查电路、电话是否正常,防范器械性能是否处于良好状态,当出现异常情况,能当场处理的当场处理,不能处理的能主动向上级汇报等等,能够时刻保持清醒的头脑,增强安全防范意识,并确保值班守库二十四小时不失控,保护信用社的财产安全。

四、团结奋进,共同营造良好的工作环境

"团结他人,与人为善"一直是我待人的准则。在工作中,能够团结同事,和睦相处,相互学习、相互促进;在生活中,互相帮助,互相关心,共同创造和谐的氛围。同时,不断地进行自我定位,更新观念,提高服务意识,增强服务水平。

总之,一年来,在上级领导和同事们的关心帮助下,我在各个方面都有了很大的进步,业务能力也得到了较大程度的提高,虽然在某些方面还存在着很多不足,如对金融财会知识了解不够,对信用社改革有待作进一步的了解等,但我相信,在上级领导的关心支持下,在同事的热情帮助下,我必定会把工作做得更稳更好,争取在新的一年中会有更好的成绩。

述职至此,谢谢大家!

述职人:刘艳

2012 年 12 月 30 日

情境拓展 >>>

述职报告与个人工作总结的区别。

一、概念不同

述职报告是各类公职人员向所在单位的组织、人事部门、上级机关和职工群众,如实陈述本人在一定时期内履行岗位职责情况的一种事务文书。所谓述职就是陈述职守,报告职责范围内的工作,而不涉及与本职无关的事项。而个人工作总结则是个人对做过的某一阶段的工作进行系统的回顾、分析,从中找出收获、经验、教训及带有规律性的认识的一种事务文书。

二、目的作用不同

述职报告和个人工作总结行文的目的和作用不同。述职报告是群众评议组织、人事部门考核述职干部的重要文字依据,不仅有利于述职者进一步明确职责、总结经验、吸取教训、提高素质、改进工作,还有利于增强民主监督的良好风气。而个人工作总结则是为了总结出带有规律性的理性认识,借以指导今后的工作,同时,也有助于针对性地克服工作中存在的问题,不断提高自身的工作能力。

三、回答的问题不同

两者在具体写作中,文中具体所要回答的问题也有所不同。个人工作总结是对一项工作或一段时间里的工作给予的归纳,它要回答的是做了哪些工作,有哪些成绩,取得了哪些经验,存在哪些不足,要吸取什么教训,今后有何打算等问题。而述职报告要回答的是有什么职责,履行职责如何,是如何履行职责的,称职与否等问题。既要表述履行职责的结果,展示履行职责的过程,又要介绍履行职责的出发点和思路,还要申述处理问题的依据和理由。

四、写作的侧重点不同

个人工作总结一般以归纳工作事实、汇总工作成果为主。重点在于阐述主要工作,取得的成绩都可以归纳在总结之中。而述职报告则必须报告履行职责情况,以德才能绩为主,重点在于展示履行职责的思路、过程和能力,重点和范围有确定性,仅限于职责的范围之内,围绕职责这个基点精选材料,职责范围外的概不涉及。

五、结束语不同

应用文的结构一般有固定的模式,它崇尚程式化的结构,循规蹈矩而不别出心裁。述职报告与个人工作总结在结构上大致相同,只是在结尾部分有所区别。述职报告结束时一般在指出存在的问题后,阐述自己的态度,欢迎大家对自己的述职报告进行评议,常用"以上报告请批评指正"、"述职至此,谢谢大家"、"专此报告,请审阅"等字样。而个人总结结束时即在指出存在问题后,还要写上下一步的工作打算、努力方向及解决问题的措施。

六、表达方式不同

总结一般采用叙述的方式,运用叙述语言,语句概括,不要求展示工作过程,只需归纳工作结果。述职报告则采用夹叙夹议的方式,运用叙述和议论相结合的方式,还辅以适当的说明。回顾工作情况,主要用叙述的表达方式;分析问题、评价成绩时,用议论的表达方式;需要交代某些情况时,用说明的表达方式。

情境训练 >>>

结合自己工作实际(如班干部、学生会、社团等),年终写一份述职报告。

本章自测题

一、简答题

1.计划的写作要求是什么?

2.总结的写作要求是什么?

3.计划与总结的关系如何?

4.述职报告和总结有何区别?

二、阅读分析题

1.指出下列工作计划(节选)在结构上存在的问题。

××区政协文史工作委员会关于继续征集
建国后文史资料的工作计划

201×年,我们要继续高举爱国主义旗帜,在继续挖掘建国前史料的基础上,重点开展征集和选编建国后史料的工作。

一、大力宣传征集建国后文史资料的意义

可以为后来者所借鉴,为研究历史提供资料,为对广大群众,特别是对青年进行国情教育、历史知识教育、爱国主义和社会主义教育提供翔实生动的材料……为此决定:1.年底以前召开政协文史委员会和撰写员座谈会,传达贯彻……2.××××年全会前以"致全体政协委员的一封信"的形式,宣传市文史工作会议精神,继续发动全体政协委员撰写史料,提供线索,推荐知情人。

二、结合我区的实际情况,召开各系统老同志座谈会……

三、物色新的撰写人员,充实扩大撰写队伍……

四、发动文史委员会和撰写员点题点将,推荐撰写员……

五、与撰写史志部门加强联系和协作……

六、撰写建国史料的要求……

七、征集史料的内容……

2.阅读下列工作总结(节选),指出其在结构安排上的特点。

××县××乡人民政府2010年工作总结

今年我乡在党中央的领导下,积极贯彻党的《中共中央关于加强农业和农村工作的决定》的精神,努力深化农村改革,一年来取得了显著成果,开创了我乡工作的新局面。

一

一年来,我们主要抓了如下几项工作:

(一)开展了社会主义教育,增强了社会主义信念

今年我乡按照县委的统一部署,开展了社会主义教育。在全乡15个村中有5个村进驻了县委社教工作队,其他10个村由乡组织力量开展社教活动。通过开展学习"三建设"(建设党的基层组织和村委会领导班子,建设村办企业和农业社会服务体系,建设精神文明阵地)、"一整顿"(整顿社会治安秩序)活动,全乡面貌发生了巨大变化,坚定了广大干部、群众的社会主义信念,加强了基层组织的凝聚力和战斗力,促进生产长足发展,改善了农村的社会治安状况。社教活动以来,全乡有813名青年向党组织递交了入党申请书,一类党支部由5个增加到12个,占基层支部的75%;全体共产党员都增强了为人民服务的观念,发挥了先锋模范作用;全乡干部群众为发展壮大集体经济献计献策1118条,集资215万元,公物还家415件,价值3.5万元,收回拖欠集体的提留款85万元;民事、刑事发案率比去年同期下降了57f%。红山村干部、群众为发展集体经济集资1.1万元,投入义务工2700多个,修筑了1500米长的水渠,引来了青龙河水,栽上了7000棵苹果树,使红山村变成了绿山庄,群众高兴地把这条水渠命名为"社教渠"。青风店村五名承包果园的党员主动提出增加承包金、完善承包合同,在他们的带动下,全村鱼塘、果园等集体设施的承包合同都得到完善,使集体增加收入2.1万元。东山村三名退休干部、教师义务组成民事调解组,走家串户宣传道德和法制,使全村树立起尊老爱幼、邻里和睦的良好社会风尚。

(二)发展乡村工副业,壮大了集体经济

我乡工副业生产基础比较薄弱,在全乡15个村中,没有集体工副业的"空壳村"就有7个,全乡年工副业产值仅有83.5万元。群众感叹地说:"集体经济无实力,社会服务无能力,村级组织无引力,干部说话无气力。"今年,在邓小平南行讲话精神的鼓舞下,我们解放了思想,打开了山门,内引外联,把发展乡村集体工副业作为本乡脱贫致富的基本途径来抓。今年全乡共建起乡、村级工副业17处,消灭了"空壳村",年产值达505.2万元,实现纯收入103.7万元,大大增强了集体经济的实力。红山村利用本地果品资源,集资30万元,与×市幸福食品厂合资兴建果茶厂,所产同楂蜜果茶一举打入国际市场,行销6个国家和地区以及国内11个省市,年获利22.5万元。黄冈村利用本地红薯资源,创办黄冈粉丝厂,年产量达585吨,产品全部销往国外,不但一年便全部回收投资,还赢利20.8万元。一些村还完善了承包合同,调整了承包额过低的承包金,增加了集体收入,调动了群众的积极性。

(三)增加了科技投入,发展了农业生产

今年全乡重点推广了水稻早育稀植。小麦模式栽培、粮菜立体种植薄膜覆盖、果树环剥经控、秸秆氧化养牛等项技术,使农、果、菜、牧各业获得空前丰收。全乡20000亩耕地,平均亩产964.5公斤,亩收入952.4元,初步实现了高产高效。果品产量1000万公斤,收入1010万元,人均500元。牧业由于实行"减猪增牛"的方针,减少了饲料投入,增加了产值和利润,收入突破千万元大关。生产条件较差、水源不足的红山村,仅推广水稻稀植、节水栽培一项,每亩水稻就增产81.5公斤,节支49.2元。青甸村利用丰富的玉米秸秆进行青贮、氨化处理饲养

黄牛,年出栏肉牛 1500 头,收入 300 万元。由于秸秆过腹还田,增加了有机肥,促进了农田增产,玉米亩产从 450 公斤提高到 512 公斤。

(四)狠抓了计划生育,控制了人口增长。(略)

二

一年来,我们在工作中深切体会到:

(一)必须强化改革意识

改革以来,我乡面貌有了很大变化,解决了群众的温饱问题,在这种情况下,我们小富即安,不想有更大的突破,因此与荷花湾等先进乡拉大了距离。今年学习了"三个代表"讲话,经过了社会主义教育,我们思想得到了解放,胆子也大了起来。乡政府组织乡、村主要干部到本县荷花湾、亮甲桥等先进村镇参观,干部眼界大开。在思想解放的基础上,乡政府派人南下广州,北上漠河,内引外联,牵线搭桥,签订了 13 项联合开发的合同或意向书,经过论证确定开发项目后,又发动群众集股投资,不到一个月便集资 300 万元。一年里建起了 17 家村办企业,共中 10 家当年建厂、当年投产、当年获利。青甸村还是×市外贸易公司的肉牛和芦笋生产基地。一年的实践使我们深刻体会到:要深化农村改革,必须先增强改革意识,思想解放一分,则生产猛进一寸。

(二)必须执行科技兴农的方针

今年我乡农业生产得到长足发展,一条重要的经验是坚持了科技兴农的方针,得益于科学技术的进步。我们在科技兴农中采取了三条措施:一是大力开发科技人才。……二是抓住中心环节,推广关键技术。……三是加强科技领导。……庆丰村在 500 亩棉田中套种西瓜、甜瓜,他们请来了省农校高级讲师李凌云作技术指导,李老师科学设计种植样式,引来高产优种,采用薄膜育苗,配方施肥,喷施生长素、增糖素等新技术,使瓜果早 10 天上市,亩产达 4500 公斤,而且个大味甜,每亩瓜收入达 650 多元;棉花也高产优质,亩产皮棉 70.5 公斤,亩收入 500 多元,创全县棉花亩产高效新纪录。群众高兴地说:"邓小平说科技是第一生产力,这真是千真万确。科技这玩意儿,可比我们单单起早贪黑、一味苦干蛮干来劲得多了!"实践使我们深深认识到:要提高土地的产量,必须增加科技含量,向科技要高产、要高效。

(三)必须完善农业社会化服务体系

三

一年来,我们虽然取得了一些成绩,积累了一些经验,但还存在一些不容忽视的问题。主要是:(略)

3.请分析下列总结存在的问题。

××区邮电局 2012 营销工作总结
(摘要)

2012 我局全面落实布局关于邮政营销方面的指标分解计划,全体员工通过征订报刊、吸纳存款、广揽商包(函)和特快专递等渠道,全面提高了邮政服务质量,创造了×××万元的营销利润,取得了社会效益和经济效益双丰收的良好业绩。

现将全年邮政营销情况总结如下:

一、报刊发行方面

为更广泛地拓展发行渠道,我局组织有关人员到区内各企事业单位调查订阅意向,摸清征订情况,对订阅种类及数量较多的单位,派专人上门办理订阅手续,妥收款项,尽最大可能向用户提供便利。截至 2012 年底，已收订报刊×××种，合计订费×××万元。此项收入较去年增加 25％。

（以下具体事例略）

二、吸储存款方面

2012 年，我局柜台营业人员和业务科室人员，在保证正常营业时间和效率的前提下，尽可能多地抽出人力，下到企事业单位和街道广泛宣传邮政储蓄的便利和快捷的特点，力争让储户在家中即能享受到邮政服务。对零散的老弱病残储户，在保证安全和维护储户权益的前提下，代填有关单据；对大额储户，经其同意，局里派专车接送到就近支局（所），并为他们优先办理存款手续。（具体事项略）

经过全员努力，截止到 2012 年底，存款（一年期以上的）余额为××××万元，超额 160％完成年初市局下达给我局的计划。

三、开展商包（函）和特快专递业务方面

随着现代化通信手段的日益普及，信函业务大幅萎缩，但商包（函），特别是商业广告信函数量明显增加，而且发展潜力极大。我们充分利用驻区企业、商家众多的有利条件，广泛深入地宣传邮政商业包裹、信函和特快专递业务，定期上门揽收，当场办理手续，对大宗邮件，免费代为运送至处理中心。（以下具体事例略）

本年度此项业务收入为××万元，比上年增长 30％。

虽然我局取得了较为显著的社会效益和经济效益，但在整个邮政营销生产过程中，也出现了一些较为严重的事件和问题：

出现一次大额保价邮包丢失和三起邮包损毁事件，给邮政信誉造成严重影响。（具体情况介绍略）

个别员工劳动纪律松弛，特别是各支局投递人员的懒散作风一直未能从根本上得以消除，以致多次出现邮件逾限、用户投诉的情况。（具体情况介绍略）

2013 年，我局根据市局下达的计划分解指标要求，并经过职代会讨论通过，在邮政营销方面拟采取以下具体做法并完成相应经济指标，力争经济效益全面超过 2012 年。（以下具体做法略）

三、写作题

1.写一份本学期学习计划。

2.写一份本学期班级工作总结。

第四章

写作日常应用文

学习目标

1. 熟悉经济日用文书的概念、作用和类型
2. 熟悉一般书信的具体写作
3. 了解启事和声明的具体写作
4. 理解证明和介绍信的具体写作
5. 掌握条据、申请书和求职信的具体写作

任务 1 写作申请书

情境设置 >>>

当代大学生积极向上,现在你有一个入党的机会,但竞争很大,请你为自己写一份精美的申请书。

情境链接 >>>

一、申请书的概念

申请书是个人或集体向组织、机关、企事业单位或社会团体表述愿望、提出请求时使用的一种专用书信。

二、申请书的特点

(1)单一性。申请书是一种专用书信,要求一事一议。主题要明确,内容要单纯,即一份申请书只提出一个请求即可。

(2)请求性。申请书是为做好某项工作,解决某个问题或某方面的困难而提出的相应的申请。由此,申请书的语言必须符合请求的特性,语气谦逊平和,简洁明了,申述自己的理由,表明自己的态度要诚恳、有分寸。

（3）规范性。作为专用书信,申请书必须按照书信的格式来行文,符合书信格式的基本规范。

三、申请书的类型

（1）思想政治生活方面的申请。这种政治申请一般是指个人为提高思想、发展事业、搞好专业工作,请求加入某些进步的党派组织、群众团体或学术机构等。如申请加入中国共产党、加入某学科学术研究机构、加入工会、参军等。

（2）工作学习方面的申请。这是下级在工作、生活等方面对上级有所请求时,或个人在工作、学业上希望有更好的发展与提高时所递交的申请。如物资、设备需求的申请书,入学申请书,带职进修申请书,出国留学申请书,调动申请书等。

（3）日常生活方面的申请。这是个人在日常生活中遇到某些问题或困难时,需要个人申请才可以被组织、集体、单位考虑、照顾或着手给予解决而写的申请书。如申请福利性住房、个人申请开业或困难补助申请等。

情境分析 >>>

四、申请书的结构和写法

(一)标题

申请书的标题有两种形式:

1.直接用文种"申请书"作标题;

2.申请事项加文种构成,如"入团申请书"等。标题的字可以稍大,也可以与正文一样。

(二)称谓

称谓即在标题下另起行,顶格加冒号写明接受申请书的组织、机关、团体的名称或有关负责同志的姓名。如"××团支部:"、"系总支部领导同志:"、"××市工商局:"等。

(三)正文

正文包括下面三项内容:

1.申请事项,开篇就要写清向领导、组织提出申请什么,要开门见山、直截了当;

2.申请理由,为什么申请,也就是说明申请书的依据和理由,突出主要理由,条件要充足;

3.申请态度,最后进一步向接受者表明自己的诚恳希望和要求,或表达自己的态度。

正文要从接受申请组织或领导名称下一行空两格处写起,从第二行起再顶格写。如果申请的理由比较多,可从几方面谈。如果申请加入某组织,也可以对该组织的认识过程分几个阶段写。

(四)结语

申请书可以有结语,也可以没有。结语一般是表示敬意的话,如"此致"、"敬礼"等。也可以写表示感谢和希望的话,如"请组织考验"、"请审查"、"望领导批准"、"敬请领导批准"等结语。

（五）落款

正文的右下方,写上申请人姓名或申请部门名称(要盖章),并在下面注明写作日期。

情境完成 >>>

【范文】

入党申请书

尊敬的党组织:

　　我是来自××大学××学院×××班的学生×××,在此我郑重地向党提出申请:我志愿加入中国共产党,拥护党的纲领,遵守党的章程,履行党员义务,执行党的决定,严守党的纪律,保守党的秘密,对党忠诚,积极工作,为共产主义奋斗终生,随时准备为党和人民牺牲一切,永不叛党。

　　自1921年建党至今,我们的党已经走过了90多年光荣的道路。这几十年,中国共产党从小到大、从弱到强、从幼稚到成熟,不断发展壮大。从建党之初的几十名党员,逐步发展到今天这一个拥有六千多万党员的执政党。党的辉煌历史,是中国共产党为民族解放和人民幸福前赴后继、英勇奋斗的历史;是马克思主义普遍原理同中国革命和建设的具体实践相结合的历史;是坚持真理,修正错误,战胜一切困难,不断发展壮大的历史。中国共产党是中国社会特色主义事业的领导核心。在新民主主义革命中,党领导全国各族人民,在马克思列宁主义、毛泽东思想指引下,经过长期的反帝、反封建斗争取得了新民主主义革命的胜利,建立了人民民主专政的中华人民共和国。建国后,党又带领我国人民顺利地进行了社会主义改造,完成了从新民主主义到社会主义的过渡,确立了社会主义制度,社会主义的经济、政治和文化得到了很大的发展。十一届三中全会以来,在中国共产党的领导下,我国生产力迅速发展,综合国力大大增强,人民生活水平大幅提高,取得了举世瞩目的成就。中国的建设实践证明,中国只有在中国共产党的领导下,才能走向繁荣富强。

　　×年×月进入×校学习以后,接触到来自全国各地的同学和朋友,在欣喜之时也感到了深深的压力,因为很多学生跟自己一样也是积极向党组织靠拢,时刻准备着接受组织的考验,并且很多人不论是在学习还是生活等方面都比自己做得更好。因此,我告诫自己要懂得向他人学习,不能够心浮气躁,更不能够气馁,要用自己的实际行动表达自己对党的一片赤诚之心。因此,对待学习,我认真刻苦,在课堂上专心听讲,在课后按时复习,课前及时预习,不留死角地弄懂所学的知识,并深入地去探索自己所学的专业。功夫不负有心人,我的各科成绩在班级均是名列前茅;对待生活,我积极乐观、勤俭节约、乐于助人,与我的舍友以及宿舍老师们相处十分融洽;此外,我还积极参加班级和学院组织的各项活动,认真负责社团活动,并且取得一些小小的成绩。但最主要的是,我时刻把加入中国共产党作为自己的人生目标和动力,时刻提醒自己要谨记党的教诲,先从思想上入党。我还经常作自我批评,发现自己在以下方面还有待改进,如学习上过于死板、处理事情时不够灵活、情绪波动较大。不过我会尽快改正的,同时还请组织给予指导和帮助。

　　今天,我虽然向党组织提出了入党申请,但我深知,在我身上还有许多缺点和不足,因此,我希望党组织从严要求我,以便使我更快进步。在今后的学习工作中,我将坚持认真学习,老实做人,认真学好党的理论和社会主义建设理论,认真学好专业知识;求真务实,踏实干事,"当老实人,讲老实话,做老实事"。要用党员标准严格要求自己,自觉地接受党员和群众的帮助与监督,努力克服自己的缺点和不足,争取早日在思想上进而在组织上入党。请党组织在实践中考验我！

此致

敬礼！

申请人：×××

2012 年 9 月 7 日

情境拓展 >>>

申请书写作的注意事项

一、阐述申请事项和理由必须真实客观，不可夸大，否则容易适得其反；

二、申请书行文要自然流畅、语言简练；

三、申请书应一书一事，切忌一书数事。

情境训练 >>>

假设你是某公司策划部职员，但对销售部向往已久，请你写一份申请书给你的领导，表达你的意愿。

任务 2　写作求职信

情境设置 >>>

假如你即将毕业，一直仰慕裕达国贸总经理助理这一职位，恰逢裕达国贸招聘，请你为自己写一份求职信以谋取此职位。

情境链接 >>>

一、求职信的概念

求职信是求职者本着求职目的向有关单位介绍自身情况、展示实力、求取重视和面试机会的专用书信。求职者包括学校毕业生、下岗待业和拟转岗人员。求职信也叫申请信，有时也称自荐信，在针对具体招聘时也称应聘信。

二、求职信的作用

求职，毫无疑问靠的是实力，是与职位相符的各类条件，但在就业竞争日益激烈、竞争者素质日益提高的情况下，求职资料准备的好坏成了求职能否成功的重要一环。如果求职资料不能很好地反映求职者的实力，效果不突出，就得不到面试机会，也就不会取得求职的成功。在市场经济高度发达的国家，人们工作岗位变动频繁，岗位竞争激烈，求职成为经常的事情，求职资料的运用也很频繁，有专门的求职咨询公司策划求职并撰写求职资料。求职信的作用表现在以下方面。

(一)赢得面试机会

求职信实际上就是求职者的个人广告,目的在于表明自己是某岗位最合适的人选,从而引起招聘者的注意和重视,赢得面试机会。在很多情况下,招聘者会因为看到一封十分出色的求职信而给予申请者面试的机会,相反,一封水平较差、错误明显或制作效果不佳的求职信则可能会使申请者丧失面试机会。所以,求职信的作用不可忽视。

(二)赢得好感

一封效果突出的求职信,会赢得招聘者的好感,这对求职者是有利的。好感本身就是一种契合,契合有时比其他条件更重要。

三、求职信的特点

(一)针对性

求职信是针对具体单位和具体职位而写的,具有强烈的针对性。如果单位不具体,求职诚意和好感就要大打折扣;职位不具体,就无法体现你是最合适的人选。

(二)展示性

求职信就是"推销自己"的广告,要突出展示自己的优势,表明"我是最合适的"态度和条件。如果展示不充分、不突出,就难引起招聘者的注意和重视,也就得不到面试机会。

(三)交流性

求职信表面上看似乎只是自我展示的问题,可实际上是求职者在与招聘者沟通、交流,是求职者在回应招聘者的条件,表达自己的诚意,寻求招聘者的赞同、重视与好感。因为有交流性,求职信在真实展现自我之时,也要以真情动人。

情境分析 >>>

四、求职信的结构与写法

求职信一般由标题、抬头问候语、正文和落款四个部分构成。

(一)标题

求职信的标题直接写为"求职信"。

(二)抬头、问候语

求职信的抬头最好针对具体人,如"尊敬的×××总经理"、"尊敬的×××先生"等,如果不知道具体人员的名字,最好写上单位,如"尊敬的×××公司领导",这样显得尊重、亲近。当然,如果在普通性场合用的求职信,抬头写为"尊敬的领导"、"尊敬的先生/女士"也是可以的。问候语一般为"您好"。

(三)正文

1.开头部分要引起对方注意,主要有以下几种写法。

(1)介绍式,即从自我介绍开始,如"我叫×××,是×××大学×××专业的学生,即将毕业,一直仰慕贵公司,欲在贵公司求取××岗位工作"。

(2)缘起式,用于获悉招聘信息的缘由,如"从《××报》上得知贵公司招聘××人员,我认为我具备充分应聘条件"。

(3)其他式,以比较引人注意的形式开头,如"贵公司想要一位有十年工作经验、业务精熟、认真负责的员工吗?我十分渴望成为贵公司的一员"。

2.中间部分要引起招聘者的兴趣和重视。

中间部分要抓住专业实力和与工作有关的思想品质、性格优势这两方面的核心内容来写,不必面面俱到,但要条理分明、段落清楚。中间部分内容可从以下内容进行选择、组合:①教育背景②工作经历③与人共事的能力④对自己所在领域的热忱⑤对该公司的兴趣⑥以往工作中的职责和成绩⑦与工作有关的思想、品质、性格、态度。

3.结尾部分要促使行动,表明希望得到答复,并在合适的地方说明附件情况和联系电话、电子信箱及通信地址。附件说明和联系方式也可以写在落款之后。

4.致敬语。诸如"此致敬礼"、"谨祝工作顺利、事业兴旺"等。

(四)落款,包括姓名和写作时间

五、求职信写作要求及注意事项

(1)内容要绝对真实。求职信切记不能虚假,不能为了获得面试机会而虚构编造,否则,面试时将会因为不诚实而被淘汰。

(2)要简明精练,不要太长。求职信字数应在200～300字之间,抓住求职岗位的核心条件和优势描述,不能面面俱到,更忌空话、套话。同时注意通俗易懂,如无必要,慎用专业术语,以免影响人事部门人员阅读理解。

(3)段落要短小,结构要完整。每段应在3行以内,多了会影响阅读,并且从标题到落款各部分都要齐全。

(4)态度要端正,语言分寸感要强。对自己的评价要实在,对未来的作用估计要可信,同时不要处处以"我"为中心,诸如"请给我一片施展才华的天空"、"给我一个支点,我能撬起一个地球"之类的话不要说,要自信而不狂傲。总之用语要恰当,把握好分寸。

情境完成 >>>

求职信

尊敬的××总经理:

您好!

我写此信应聘贵公司招聘的经理助理职位。我很高兴地在招聘网站得知贵公司的招聘广告,并一直期望能有机会加盟贵公司。

两年前我毕业于首都经济贸易大学国际贸易专业,在校期间学到了许多专业知识,如国际贸易、国际贸易实务、国际商务谈判、国际贸易法、外经贸英语等课程。毕业后,就职于一家外贸公司,从事市场助理工作,主要是协助经理制订工作计划、一些外联工作以及文件、档案的管理工作。本人具备一定的管理和策划能力,熟悉各种办公软件的操作,英语熟练,略懂日语。我深信可以胜任贵公司经理助理之职。

个人简历及相关材料一并附上,希望您能感到我是该职位的有力竞争者,并希望能尽快收到面试通知,我的联系电话:139×××××××××。

　　感谢您阅读此信并考虑我的应聘要求!

　　此致

敬礼!

您真诚的朋友:王小路
×年×月×日

情境拓展 >>>

　　个人简历的写作

六、简历的含义

　　简历是对一个人经历的简要说明,包括个人资料(姓名、性别、民族、年龄、籍贯、政治面貌、文化程度、校系专业、家庭住址、任职情况)、受教育经历、工作经历、外语程度、论文著作、受奖励情况以及结合自荐目的所写的自我简介。

七、简历的作用

　　简历在求职的过程中具有重要的作用,它是求职路上的铺路石,是开启事业之门的钥匙。一份简历犹如一张个人广告,能够反映出个人的专业特长、基本素质和潜能,使别人从中可以了解你适合在哪些领域从事哪些职业,使你在众多的求职者中脱颖而出。

八、简历的内容和写法

　　简历并没有固定的模式,但它也应当遵循一定的规范。从内容上说,对于社会经历少的大学毕业生,简历一般包括个人基本资料、学历、学业成绩与奖励、社会实践、工作经历、勤工助学、个人特长、兴趣爱好、性格以及文章与论文等项目。

　　(一)个人资料:主要指姓名、性别、出生年月、联系地址与电话,另外也可以加上身高、视力、政治面貌等。一般书写在简历最前面。

　　(二)学历:对于社会经历相对较少的大学毕业生,学历这一部分则成了用人单位了解应聘者的智力、专业能力,以及在竞争者中作横向比较的主要依据。为了体现专业特长,应在学校名称后加上专业名称,如果辅修课程与应聘的职位密切相关,也可附在主修课程之后。为了强调专业特长,可以将与应聘职位相关的课程集中起来,附在专业后面。

　　(三)成绩与奖励:学习成绩优秀并获得奖学金或荣誉称号是学习生涯中的闪光点,这类信息可以很有说服力地表明你的确出类拔萃。

　　(四)社会实践:很多用人单位相当重视学生的社会实践情况,从中可以判断出学生的实际工作能力和社会阅历、社会经验。这一部分的内容书写时一般包括实践单位、具体职务、业绩或收获等。

　　(五)工作经历:越来越多的用人单位渴望招聘到具备较强的应变力、能够同时从事多种不同性质工作的大学毕业生。学校社团的活跃分子、学生干部等具备一定实践工作能力和管理才能的毕业生,颇受用人单位特别是在华外商办事处、综合性的商贸及咨询公司、国家机关等单位的青睐。

（六）勤工助学：勤工助学经历也可写入社会活动中去。尽管有时勤工助学的经历同专职实践相比并不十分突出，但找工作赚学费仍可显示你的意志，给人留下吃苦耐劳、认真负责的好印象。

（七）个人特长：是指你拥有的技能专长，特别是外语及计算机等方面的专长。如果通过了正式的考试、考核，不妨说明获证情况，包括专业外语，大学外语四、六级，第二外语，计算机程序员、高级程序员，律师资格等。此外，如果本人确有其他方面的一技之长，例如音乐、美术、体育等方面，写入简历也许会带给你意外的收获。

（八）文章与论文：毕业论文显示了你的专业能力及专业方向，如果论文在应聘前完成，也可写进简历。如果大学期间有已发表的文章、论文成果，应写进简历，这将是你的简历中一个有力的竞争项目，不要忘记注明刊物名称、出版单位及发表时间。

九、简历的写作要求

1.诚实信用；2.短小精悍；3.重点突出；4.针对性强；5.说明客观；6.表达准确；7.制作规范

【范文】求职信

求职信

尊敬的贵单位负责人：

您好！

真诚地感谢您在繁忙的公务中阅览这份求职材料。这里有一颗热情而赤诚的心希望得到贵单位的了解与支持，只要能得到一个施展自己才华的机会，我就能对贵单位贡献出自己的一份力量。

本人是一名大学应届硕士毕业生。作为经贸学院的管理学毕业生，在校期间学习了大量的经济、社会、管理类相关课程，使自己具备了较为全面的、系统的、深厚的专业理论知识。另外，在读研期间，我还根据所学专业积极参与社会实践。先后参与导师的课题申报、调研、撰写和有关教材的编写工作；曾到昆明卷烟厂等企业进行课题调研；2004年暑期曾参加"南方非耕地资源"课题调研；2004年4月、5月和2005年8月，和省科学研究所合作，分别完成《商业化运作农业科技服务中介创新主体的活动模式分析研究》《云南省与柬埔寨的农业经济技术合作》和《昆曼经济带（云南省部分，农业产业）》三篇论文；2004年和2005年暑期，参加温洛克"农业推广方式中的社会性别分析与调整"项目，前后三次到大理白族自治州弥渡县进行调研；2005年1月参加省社科院的扶贫项目，随其到思茅市江城县黄姜岭村进行"农户基本情况"调研；2005年8月随昆明医学院有关学者到思茅市墨江县龙坝乡进行"新型农村合作医疗"调研；两年多来共记录调研日记4万多字，并撰写了多篇调研报告。同时积极参与院、班级的工作，曾担任研究生班学习委员职务。通过广泛参与社会实践活动，不仅深化了专业理论知识，而且提高了分析问题、解决问题的能力，更主要的是加深了对社会的认识，强化了服务意识、团结协作意识，形成了雷厉风行、勇于创新的工作作风，具备了较强的组织管理能力，我深信这对今后的工作大有裨益。

昨天的成败使我更加成熟，今天的机遇和挑战，我信心百倍，明天的实力和汗水将筑就新的辉煌。请您相信，我会以饱满的工作热情、勤奋务实的工作作风、快速高效的工作效率回报贵单位。

剑鸣匣中，期之以声。非常希望能到贵单位工作。最后，衷心祝愿贵单位事业发达、蒸蒸日上!
　　此致
敬礼!
　　附件:个人简历

求职人:刘××

×年×月×日

个 人 简 历

基本材料					
姓　名		性　别			照片
民　族		婚姻状况			
身份证号码		政治面貌			
出生年月	年　月　日	年　龄			
英语水平		计算机水平			
籍　贯	(邮编:　　　　)				
通信地址	(邮编:　　　　)				
联系方式	手机:　　　　　　　　　　　;电子信箱:				
应聘职位					
希　望　行　业					
工作岗位类型					
教育背景					
2003.9－2006.7	就读院校		所学专业		
	学　历		学　位		
	曾任职务				
	主要课程				
1999.9－2003.7	就读院校		所学专业		
	学　历		学　位		
	曾任职务				
	主要专业课程				

学习情况	
概 述	大学三年的学习生活,使我对学习研究的内涵有了更深层次的了解。研究生的学习研究过程实际上是我们知识体系的拓展和创新思维增强的过程。学习研究中,我认真刻苦,学习态度积极,成绩突出,并十分注重各学科间的相关性和理论与实践的结合。在立足本专业的同时,我还涉猎了很多其他学科的书籍,如系统科学、信息系统论、运筹学等,大大开拓了我的学术事业,建立了属于自己的知识体系与思维模式,具备了较强的独立科研能力,极大地增强了自己的信心,使我以非常饱满的热情踏入社会!
社会实践	
2004 年 3 月至今	在云南农业大学经贸学院"月光舞厅"实习;
2005 年 9 月	随昆明医学院有关学者到思茅市江城县龙坝乡进行"新型农村合作医疗"调研;
2005 年 6 月、7 月	两次到大理白族自治州弥渡县进行调研;
2005 年 3 月—5 月	在云南省省政府政策研究室实习;
2005 年 1 月	随云南省社科院到思茅市江城县黄姜岭村进行"农户基本情况"调研;
2004 年 8 月	参加国际温洛克项目,到大理白族自治州弥渡县德苴乡新和村调研;
2004 年 7 月	在昆明市富民县进行调研;
2004 年 4 月—6 月	教学实习,教授"社会学"课程;
2004 年 1 月—5 月	参与"南方非耕地资源调查"课题的报告撰写;
曾获奖励	
2004—2005	荣获"学习单项奖";
2003—2004	荣获"优秀班级干部";
2001—2002	荣获校二等奖学金、"品德优秀奖";
2000—2001	荣获校二等奖学金、校"三好学生",并在校春季运动会中获"先进个人"称号;
1999—2000	荣获校二等奖学金、"品德优秀奖";
个人特长	
科 研 能 力	(1)参与云南省社科院社区发展研究中心的"南方非耕地资源调查"项目,主要完成论文撰写过程中的相关数据分析,并对分省报告进行了相关的修改; (2)参与国际温洛克"农业推广方式中的社会性别分析与调整"项目,并参与相关报告的撰写; (3)参加 NGO 组织——云南健康与发展研究会,多次到昆明医学院参加多学科、多领域的专家座谈会; (4)参与省社科院的扶贫项目,随其到思茅市江城县黄姜岭村进行"农户基本情况"调研; (5)参加昆明医学院"新型农村合作医疗"项目,到思茅市墨江县龙坝乡进行调研; (6)多次到昆明医学院参加"云南健康与发展促进会"的活动; (7)在《农村经济与科技》2004 年第 12 期上发表《浅析我国社区发展的六大误区》一文; (8)在《云南农村经济》2005 年第 5 期上发表《云南省农业总产值的灰关联度分析》一文。
组织管理能力	有较强的组织管理能力、协调能力,有很好的自学能力,有较强的文字和口头表达能力,擅长人际交往,爱好计算机、写作,喜欢体育运动等。
评价	
自 我 评 价	党组的各项活动使我具有较高的政治素养;踏实勤奋的习惯让我具备了扎实的专业知识;多次参与课题研究使我深化了理论知识,增强了动手操作能力;参与并组织社会实践活动,使我具有较强的组织管理能力和团队意识;执著的精神和不服输的性格使我克服了一个个困难。

情境训练 >>>

请根据自己的专业特长、性格爱好等,向某公司写一份求职信并附上简历。

任务 3　写作条据

情境设置 >>>

人们在日常工作和生活中总要与别人交往,有时需要通过书面形式把临时要告诉别人的某件事写成简单的条子,或把所交的钱物写成书面文字,作为凭据,这种条子和凭据就是日常工作、学习和生活中常用的条据。

情境链接 >>>

一、条据的概念和特点

条指便条,据指单据,合起来称条据,就是单位或个人之间,为了办事方便、手续清楚,在收到、借到、领到、欠到钱物时,出具的凭据。

条据的特点是:常用和简便。

二、条据的分类

条据分为说明性条据和凭证性条据两大类。

(1)说明性条据,是临时用来把某件事告诉别人的条子。如请假条、留言条、托事条等。

(2)凭证性条据,是交接钱物时用来作为凭证的单据。如领条、收条、借条等。

情境分析 >>>

三、说明性条据的写法

第一部分是抬头。第一行顶格书写对方的称呼,后面用冒号。

第二部分是正文。第二行开头空两格开始写。请假条要写明请假的原因、起讫时间,然后写上"请准假"、"请批准"、"特此请假"等字样。留言条要写明何时、何地、何事。托事条要写明何时、何地、以何方式办何事、怎么办。

第三部分是祝颂语。另起一行空两格写"此致",再另起一行顶格写"敬礼",表示对对方的尊重。

第四部分署名。在正文右下方写上自己的名字。

第五部分是日期。在具名的右下方写上年、月、日。

(一)留言条

留言条是有话要告诉对方,但又一时见不到对方时,留给对方的便条。留言条由以下条件促成:1.有重要的事情要告知对方,却又暂时见不到对方;2.在约定的地方等对方,却又因急事要离开。3.确信对方能看到留言。

【例文1】

留　言　条

马××经理:

　　今日登门来访未遇,甚为遗憾。我欲明日下午3点整再次拜访。如您没空,请于明天中午之前打我的手机联系,我的手机号:15800000000。

孙××
×年×月×日

(二)请假条

请假条是因有疾病或要事不能到岗工作或学习时向单位负责人写的请求准假的便条。请假条应在事前交,如实在不能前往,可请别人转交;或系突发事件,事前来不及请假,也要尽快送达,以免因缺岗造成误会。

请假条的结构和写法

1.标题:别的便条可以没有标题,但请假条必须有标题,以便让主送方一眼就能看出行文的目的。

2.称呼:对负责人或责任机构的称呼,要明确单一。

3.事由:或因病,或因事,要表达清楚。

4.请假时间:病假因无法预知痊愈时间,可不写请假时间。但事假应明确请假时间,可以和事由合在一起构成一个自然段。

5.请批语:一般用"特此请假"、"请给予批准"等套语作请批语。

6.署名和日期:最后写上请假者的姓名和日期。

【例文2】

请　假　条

尊敬的张××老师:

　　今天早晨我腹部突然疼痛,需要到医院进行紧急诊治,今天上午不能到学校上课,请予准假,望批准。

　　此致

敬礼!

学生:陈××
×年×月×日

四、凭证性条据的写法

　　凭证性条据在第一行中间写上"领到"、"收到"、"借到"、"暂借"、"售给"等字样,表明条据的性质。有的在这些字样前加上"今"字,表明时间。如属代收或代领,则在前面加个"代"字。

第二行空两格写正文。收条要依次写明交来的钱物的人名或单位名称、钱物的种类、数量及用途或目的;借条要依次写明被借方姓名,所借物品名称、数量,借期、归还的期限。如果所借是钱物,要写明币种、利息等;领条要依次写明领取人名称,领取物品名称、种类、数量、型号等;欠条要依次写明被欠方的姓名、所欠钱物的名称、已归还的数量、仍拖欠的数量、归还剩余的尚拖欠部分的时间。有的还在正文后边写上"此据"二字,以防添加内容。最后在条据的右下方写上单位名称、经手人姓名,并加盖公章(或私章)。在署名的下方写上日期。

五、凭证条据的写作要求

1.使用的条据、单位名称必须是全称。

2.表示钱物的数字一律要大写(如壹、贰、叁、肆、伍、陆、柒、捌、玖、拾、佰、仟、万、亿),以防涂改。数字前不留空白,后面写上量词(元、斤、个等),再在后面加上"整"字和"此据"二字,以防添加。

3.如是欠款条据,一定要写明币种。物品要写明名称、种类、数量和型号。

4.条据一律要用钢笔或毛笔书写在较好的纸张上,以便保存,写成后不能随意涂改,如确需涂改,应在改动的地方加盖公章或私章。签名不能代签,必须当事人签名,并加盖印章或指印。

5.日期要用汉字小写,并写全年、月、日。

6.条据是日常应用文的一类,不管以后从事什么工作都会用到。因此我们必须要学会条据的使用。通过以上的学习,我们知道条据是人们在处理钱、物的过程中,为了手续清楚或作为凭证而写的字据。由于涉及钱、物的处理并具有法律效力,所以条据写作要慎重、规范,条据的交付也以直接面交为好。

(一)借据

借据又称借条,是向个人或单位借用现金或财物时留给出借方的单据,它是一种凭证性文书。借据主要分为两类:个人出具的借据和单位出具的借据。

借据的结构和写法

1.标题,一般写为"借据"或"借条",也可以不写标题,但不写标题的借据有其专门的格式,要在第一行写上"今借到"三字,然后转行继续书写所借物品及归还日期等。

2.正文,借据的正文有三大要素,即出借方名称、所借物品及数量、归还日期,缺一不可。

3.签字盖章及日期,借据要有借方的亲笔签字,否则无效;如借方是单位,则要有经手人的签字,并要加盖公章。另一行写明立据日期。

【例文3】

借　据

今向省歌舞团借到男女演出服装共捌套,大、小锣各壹面,三天后归还。

此据。

省艺术学校张××(经手)盖章
×年×月×日

【例文 4】

借　条

今借到财务科人民币伍拾圆整,作回家探亲用。日后按规定报销,多退少补。

此据。

借款人:李爱兵(签名盖章)
×年×月×日

(二)收据

收据又叫收条,是接受钱款或物品时写给对方表示收到钱物的凭据性应用文。遇到以下情况时,需要开出收条:代替别人收回借出的钱物时;接受本单位或团体交上来的钱物时;个人接受外单位给付的劳务费、讲课费、慰问品、纪念品时。

收据的结构和写法

1.标题,通常以"收条"或"今收到"作为标题。

2.正文,要写明所收钱物的名称和数量。

3.签字和日期,如是自己接受,只签字和写明日期即可;如是代单位签收,要写上单位名称,再以经手人的身份签字。

【例文 5】

代收到

刘晓红同学还给张琼老师的网球拍一副,完好无损。

代收人:李群
×年×月×日

【例文 6】

今收到

新桥大队王庄生产队养鸡专业户王学真同志夫妇共同捐赠的办学经费伍佰元整,生产白品种鸡娃伍拾只。

××农业技术学校(盖章)
经手人:王国锐
×年×月×日

【例文 7】

收　条

今收到××学院××专业李××同学交来的学费伍仟陆佰元整。

经手人:陈××(签名盖章)
×年×月×日

情境拓展 >>>

条据的写作一般要注意以下几点：

1. 文字要简明，一般只写事实，不做条理分析。

2. 数字要清楚，必要时要大写。数字用大写汉字(壹、贰、叁、肆、伍、陆、柒、捌、玖、拾)而不用阿拉伯数字或汉字一、二、三、四、五、六、七、八、九、十，这样可以防止数字被添加或修改。

3. 署名应是亲笔签写的真实姓名。重要的条据签名之后还应盖章或按上指印以示负责。

4. 要写明日期。

5. 不要用铅笔或红墨水书写。

6. 用词准确、书写端正，防止歧义误认。

【例文8】

欠　条

因建设新房购买水泥现金不足，今暂欠××水泥公司材料款叁佰捌拾元整，后天来全部还清。

此据。

王××(签名盖章)
×年×月×日

【例文9】

领　条

今领到校总务处发放的办公物品拖把壹佰伍拾把、铁锹伍拾张和扫把贰佰伍拾把。

××学院经手人：陈××(签名盖章)
×年×月×日

情境训练 >>>

李小海是某公司的营销员，现因公司开拓业务，需要他到上海出差一趟，大概费用需要5000元。李小海来到公司财务科找到王科长，说明情况，欲让财务科支付现金5000元。王科长听明来意，要求他写一张借条。请你代李小海写出该借条。

任务4　写作启事

情境设置 >>>

李××于4月14日乘28路公交汽车时，不慎将一个黑色文件包遗失，包内有本人身份证、驾驶证和介绍信等重要物品。李××非常着急，请你代他写一份寻物启事。

情境链接>>>

一、启事的概念

"启"就是告诉,启事是指组织和个人有某种需要而向社会公开告知并且希望得到配合和帮助的一种诉求性经济应用文。启事是公开的,一般张贴在公共场所或通过报纸杂志、广播电台和电视台向外发布。

二、启事的特点

(1)公开性。通过一定的传媒向社会公众告知事宜,它具有知照性,但没有强制性和约束力。

(2)简明性。启事要求写得简单明了。启事的简明性,除了为读者提供方便外,同时也受版面篇幅限制。

(3)单一性。启事事项要单一,一事一启,不掺杂无关内容,便于公众迅速理解和记忆。

(4)期望性。启事期望得到公众的了解、支持和协助,没有强制读者承担责任和义务。

三、启事的种类

按照启事的内容和使用目的来看,可以将其分为三种类型:

(1)找寻类启事,如寻人启事、寻物启事和招领启事等;

(2)告晓类启事,如开业启事、停业启事、迁址启事、装修启事和改期启事等;

(3)征求类启事,如招商启事、招标启事、招聘启事、征婚启事、征稿启事和征租启事等。

情境分析>>>

四、启事的结构和写法

启事包括标题、正文和落款三个组成部分。

标题有四种写法:一是文种式,如"启事";二是事由和文种式,如"招聘启事"和"寻人启事";三是事由式,如"征婚"和"招租";四是单位名称、事由和文种式,如"中国移动河南分公司招聘启事"。

正文一般有事由、事项和结尾三部分内容。开头写事由,中间写事项,结尾写告启人的希望和要求。

落款包括署名和成文日期,写在正文右下方。署名下一行写日期,一般要求用汉字书写。

五、写作具体要求

(一)标题简短醒目

启事标题一般由事由和文种构成,若事项重要或紧急,可加"重要"或"紧急"字样,标题既揭示事由,又吸引公众。

(二)内容真实周详

作者应将事情真实完整地叙述清楚,以便人们了解实情或者愿意给予帮助。

(三)语言诚恳礼貌

启事一般是想得到别人的响应和帮助的,用语一定要含蓄有礼,显示出诚恳的态度,切忌语气强硬、自吹自擂。

(四)文字简洁明确

启事的写作应考虑到便于记忆和节约费用这一要求。

情境完成 >>>

寻物启事

本人于 4 月 14 日乘 28 路公交汽车时,不慎将一个黑色文件包遗失,包内有本人身份证、驾驶证和介绍信等重要物品。有拾到者请与本人联系,必有重谢。

联系电话:158××××××××

李××

×年×月×日

情境拓展 >>>

【例文 1】 找寻类启事

招领启事

本人于 4 月 14 日乘 28 路公交汽车时,捡到一个黑色文件包,包内有身份证、驾驶证和介绍信等物品。请丢失者速与本人联系。

杨××(手机:135××××××××)

×年×月×日

【例文 2】 告晓类启事

中国国电集团公司迁址启事

中国国电集团公司于 2011 年 10 月 1 日起,由北京市西城区三里河路 5 号中商大厦迁至北京市西城区阜成门北大街 6—8 号办公,邮政编码:100034。公司新址电话、传真为:总机(010)58682000

总经理工作部(010)58683900

......

新电话于 10 月 8 日正式启用,原电话号码过渡使用到 10 月底为止。

因迁址给您带来的不便我公司深表歉意,十分感谢您的大力支持。

总经理工作部

×年×月×日

【例文3】 征求类启事

央视国际网络(CCTV.com)业务合作招商启事

央视国际网络(CCTV.com)是中央电视台互联网站,也是国家重点新闻网站之一。2006年4月28日央视国际网络经过资源整合,重新推出新版,以全新面貌为广大网友提供了更为系统、更为丰富也更为独具特色的网络平台。

改版后的央视国际不仅拥有新闻、体育等专业化的频道,《新闻联播》《焦点访谈》《今日说法》《艺术人生》《同一首歌》《幸运52》等300个上网电视栏目,还成为中央电视台大型节目和大型活动的网络传播的唯一出口,并进一步突出了视频优势。

依托央视强大的品牌资源、内容资源和营销资源,央视国际网络从而也拥有了很高的权威性和公信力。

央视国际网络目前有全球注册用户2000万,并以2万/日的速度增加;每天有300万访问人次,日均网页浏览量3500万,最高点击量超过2.8亿;在全球6000多万家互联网站中排名进入前50强,在全球电视台网站中排名第5位。

央视国际网络(CCTV.com)目前正处于一个新的增长期,现诚征网络广告等各种经营业务的合作伙伴,您的创意想必可通过双赢的合作得以实现。

联系方式:010－8804××××;010－8804××××

注意:咨询电视节目相关信息,请拨打

010－6850××××(中央电视台电视节目信息查询)

010－6850××××(中央电视台总编室值班电话)

央视国际网络市场部

2006年10月10日

情境训练 >>>

一天清晨,你到学校操场跑步锻炼身体。跑步的过程中,你突然发现在操场的看台上放着一个黑色的女式手提包,包中有两本书、钥匙一串和一个红色钱包,并且钱包内还有身份证、银行卡和现金若干。你在此等了半个小时,也不见有人来寻找该提包。失主丢失物品的焦急之心可以想象,为了尽快让提包物归原主,请你撰写一份招领启事。

任务5 写作证明

情境设置 >>>

×同学在×公司顶岗实习了三个月,现实习即将结束,××大学需要该实习单位提供该同学的实习证明。

情境链接 >>>

一、证明的概念

证明是组织和个人用来证明有关人员的身份、学历以及其他情况或某一事项的真实情况而使用的专用书面材料。证明又可以称为证明信。

二、证明的种类

按照证明撰写者的不同,可以将其分为组织证明和个人证明两种类型。组织证明是以组织的名义出具的,主要用来说明该人与组织的关系及该人的基本情况;个人证明是以个人名义出具再由所在组织签署意见,主要用来证明某件事项的真实情况。

情境分析 >>>

三、证明的结构和写法

证明包括标题、称呼、正文和落款四个部分。

(一)标题

标题主要有两种写法:一是文种式,如"证明";二是事由和文种式,如"关于×××同志××情况的证明"。

(二)称呼

称呼要顶格写上需要证明的单位名称,后面加写冒号。

(三)正文

正文是证明的核心部分,应另起一行空两格撰写被证明的全部内容,语言要翔实准确、简明扼要。通常正文最后要以"特此证明"为结束语。

(四)落款

包括署名和日期,写在正文右下方,署名后一般还要求加盖印章。

四、证明写作的具体要求

(一)实事求是

证明的材料必须客观真实、绝对可靠,经得起时间的检验。

(二)书写准确

证明要求用语准确、令人信服,切忌进行修改。

(三)保留存根

证明写作过程中一定要注意相关材料的保存,以备调查之用。

情境完成 >>>

实习证明

××大学：

　　兹有_____学校_____专业_____同学于_____年_____月_____日至_____年_____月_____日在_____实习。

　　该同学的实习职位是_____。

　　该学生实习期间态度积极,工作认真负责,遇到不懂的地方,虚心主动地向富有经验的前辈请教,并且善于思考,能够做到举一反三。对于别人提出的工作建议,虚心听取,并付诸实践。在时间非常紧迫的情况下,任劳任怨,加时加班完成任务。更为重要的是,该生注重理论联系实际,能够将在学校所学的知识灵活应用到具体的工作中去,保质保量出色地完成相关工作任务。

　　同时,该学生严格遵守我公司的各项规章制度。实习时间服从实习安排,完成实习任务,尊敬实习单位人员并能与公司同事和睦相处,与其共同工作的员工都对该学生的表现予以肯定。

　　特此证明。

（实习单位盖章）
×年×月×日

情境拓展 >>>

【例文1】

收入证明

××银行：

　　兹证明×××先生(女士)是我单位职工,工作年限××年,在我单位工作×年,职务为××,岗位为××,工作性质为(正式制____;合同制____;临时制____;其他____),职称为××,该员工是否有违规违纪行为(有____;无____)。

　　其身份证号码为:××××××××××××。

　　其平均月收入为人民币(大写)××元。

填表人签字:张××
证明单位(盖公章)
×年×月×日

【例文2】

婚姻状况证明

北京市_____公证处：

　　兹证明我单位_____,男(女),一九_____年_____月_____日出生,至一九_____年_____月_____日止,从未登记结婚(包括事实婚姻)。

单位填写人签名:
单位组织(或人事、保卫部门)章
×年×月×日

【例文 3】

工作证明

××公司：

　　兹有我单位＿＿＿＿＿＿（同志）（身份证号：＿＿＿＿＿＿）在＿＿＿＿＿＿部门,从事＿＿＿＿＿＿工作已有＿＿＿＿＿＿年,特此证明。

单位名称（加盖单位公章）
×年×月×日

【例文 4】

组织关系证明

　　＿＿＿＿＿＿同志是中共正式党员,组织关系在＿＿＿＿＿＿（××单位或××区××街××社区）。

　　特此证明。

证明单位：（盖章）
×年×月×日

【例文 5】

××师范学院党员转移组织关系证明

学院党委组织部：

　　我党总支＿＿＿＿＿＿党支部＿＿＿＿＿＿同志（男/女）,＿＿＿＿＿＿岁,＿＿＿＿＿＿族,系中共（预备/正式）党员,身份证号码＿＿＿＿＿＿＿＿＿＿。因＿＿＿＿＿＿,其本人申请将组织关系转到＿＿＿＿＿＿＿＿＿＿,情况属实,请转接组织关系。该同志党费已交到＿＿＿＿＿＿年＿＿＿＿＿＿月。

　　特此证明。

证明单位：（盖章）
×年×月×日

情境训练 >>>

　　小王是一名市场营销专业的大三学生,他想利用寒暑假的时间到学校所在某家公司打工,锻炼一下自己的实践能力,顺便挣一些生活费。快放暑假的时候,他到该公司进行了咨询,公司非常希望他到该公司进行实习,小王听后非常高兴。临走,公司要求小王来工作时,要带所在学校给他出具的一个身份证明,这可难坏了小王。请你帮助小李完成学校给他出具的身份证明。

任务6 写作介绍信

情境设置 >>>

现有×校×专业×级学生××,拟到××公司实习,实习单位需要该校出具介绍信。

情境链接 >>>

一、介绍信的概念

介绍信是国家党政机关、企事业单位和社会组织团体,为了联系工作、熟悉情况、交流经验、参加会议以及其他活动,给自身单位人员外出时所出具的具有固定格式的书面信函。其具有介绍作用,同时具有一定的证明作用,是办事双方相互接洽的凭证和依据。

二、介绍信的种类

按照介绍信的书面表现形式,可以将其分为三种:第一种是有国家统一格式,印刷成册并有存根;第二种是有国家统一格式,印刷成册但没有存根;第三种是无国家统一格式的,可手写亦可印刷。

情境分析 >>>

三、介绍信的结构和写法

介绍信由标题、称呼、正文、落款和有效日期五个部分组成。

(1)标题,常冠以"介绍信"字样。

(2)称谓,是要顶格写明接受对象的单位、组织或有关领导。单位和组织必须写全称或规范化简称;有关领导应该写明职务。

(3)正文,是介绍信的核心部分,应写明被介绍者的姓名、身份和随行人数,还要介绍接洽的具体事项和要求。最后要用"此致"、"敬礼"作为结束语。

(4)落款,包括署名和日期,写在正文右下方,单位署名后一般还要求加盖公章。有存根联的,还要在存根和介绍信之间的骑缝线上加盖印章。

(5)有效日期,是指介绍信的使用时间有多长。有效日期都比较短,一般不超过三个月。

四、介绍信写作的具体要求

(一)内容事项要准确清楚

一份介绍信一般只能阐述一件事情,要求一事一文。

(二)有效期限要适度

时间不能太短也不能太长。时间太短不能起到介绍信的作用,时间太长容易使介绍信被冒用。

(三)不允许进行涂改

涂改会影响介绍信的可信度,并且容易引起争议。

情境完成 >>>

实习介绍信

(请在此处填写实习单位名称):

现有我校_____专业_____级学生_____(学号_____,拟于_____年_____月毕业)到贵公司实习。

请予接洽。

××大学(盖章)

×年×月×日

情境拓展 >>>

【例文1】

介绍信

××政介字( )号

兹介绍_____、_____等_____名同志(系_____),前往贵处联系_____事宜,敬请接洽并予以协助。

此致

敬礼!

××县人民政府(章)

×年×月×日

【例文2】

介绍信

××字第××号:

兹介绍_____等同志_____人,前往你处联系,请于接洽并给予协助。

此致

敬礼!

(有效期××天)

(公章)

×年×月×日

【例文3】

党组织关系介绍信

党员介绍信存根	第 号 _____同志系中共(预备/正式)党员,组织关系由_____去_____。 　　　　　　　　　　　　　　　　　　　　　　年 月 日	第一联

—————————————（加盖骑缝章）—————————————

中国共产党党员组织关系介绍信回执联

第 号 　　_____： 　　_____同志(男/女),_____岁,_____族,系中共(预备/正式)党员,身份证号码_____,由_____去_____,请转接组织关系。该同志党费已交到_____年___月。 (有效期 天) 　　　　　　　　　　　　　　　　　　　　　　(盖章) 　　　　　　　　　　　　　　　　　　　　　　年 月 日 党员联系电话或其他联系方式： 党员原所在基层党委通信地址： 联系电话： 传真： 邮编：	第二联

中国共产党党员组织关系介绍信回执联

_____： 　　_____同志的党员组织关系已转达我处,特此回复。 　　　　　　　　　　　　　　　　　　　　　　(盖章) 　　　　　　　　　　　　　　　　　　　　　　年 月 日   经办人： 联系电话：

　　注：回执联由接收党员组织关系的基层党委在接收党员后一个月内邮寄或传真至党员原所在基层党委。

情境训练 >>>

　　××公司派林明等3位同志前往重庆重型机械厂联系购买Z—502型大型起重机事宜，请以公司名义为此写一封介绍信。

本章自测题

一、简答题

1.求职信写作中应该注意什么？

2.启事的种类有哪些？

3.凭证式条据在写作时的注意事项。

4.证明写作的注意事项。

5.介绍信写作的注意事项。

二、阅读分析题（分析下列求职信内容或句子存在的主要问题）

1.尊敬的先生、女士：

您好！

感谢您在百忙之中抽空一览我的求职材料。您求才若渴的眼睛与我求知若遇的心也许在这一瞬间就能碰撞出耀眼的火花。因为我始终相信，机会转瞬即逝，只有抓住它，机会才会成为机遇。

四年全面系统的专业知识学习，使我不仅对财税金融、证券保险等经济领域产生了浓厚的兴趣，还努力把所学运用于各种应用知识，能熟练使用计算机、英语，并具有初步日语听说能力。

谦虚谨慎，乐观真诚，吃苦耐劳，是我的性格特征，精力充沛，适应性强，富有开拓进取精神。这一切都有助于我勤奋工作，在事业上有所建树。

我也许不是最好的，但一定是最真的。凭我对财税金融的热爱，对事业执著的追求，必不辜负您的期望。

若能成为你们中的一员，对我而言，荣幸之至。

您的选择就是我的机遇。相信我们都能得到满意的结果。

最后，衷心祝愿贵单位事业蒸蒸日上、前途无量。

　　　　　　　　　　　　　　　　　　　　　　　　　　　　　　　　×××

　　　　　　　　　　　　　　　　　　　　　　　　　　　　×××年×月×日

2.从踏进校门起，我始终是一名品学兼优的学生。这不仅使我有着扎实的知识基础，也使我树立起了正确的人生观、价值观和道德观；同时，在学校工作中多次担任不同的职务，锻炼出了我良好的组织协调能力和人际交往能力，使我成为一个正直、自信、团结、上进而又办事高效的人。……数年风雨兼程，铸就了果断与稳重、勇敢与沉着的我，尽管苦读钻研、实践探索、跋涉坎坷、奋斗艰辛，然而，我无悔追求。一次又一次地付出，一次又一次地挑战，也有了一份沉甸甸的收获。"征途漫漫"中从不轻言放弃，执著的我用智慧谱写了生命最辉煌的篇章。

3. 我是一名经历过坎坷,品尝过酸甜苦辣的××体育学院 2008 级体育系本科毕业生,然而这正好锻炼了我作为贵单位备选人员所必须具有的信心、勇气、成熟和内涵。

我的过去,是一种准备、蓄积和熔炼。

我的未来,希望能在您的领导下奋斗、拼搏和奉献!

此刻,在您招兵选将之时,我不想仅是锦上添花,坐享其成,我只想勇敢地拼闯,去奋斗、去丰富人生!

曾记得,搞学习、抓训练、当裁判、为人师、搞管理、从实践……大学几年的锻炼、磨砺,使我自信、自尊、自强、自立,我希冀走出变幻,用永不停息的追求与探索完善自己。

良禽择木而栖,士为知己者"容"。

伯乐慧眼识宝马,毛遂荐成报王君。

像曾经的您一样,正视可能的逆流,等待智慧和胆识的决断!

我相信,当您浩大的棋局上有一过河卒子冲锋陷阵时,您会欣慰!

4. "宝剑锋从磨砺出,梅花香自苦寒来。"在四年的大学生活中,我有着丰富的蓄积:为人正直,治学严谨,做事踏实……反复地学习、积累、酝酿和沉淀,造就了一个自信、乐观、干练的我。

艰苦的学习和生活环境,使我养成了勤俭节约、艰苦朴素的生活作风,更铸造了我坦诚、自信、坚强的性格。大学期间,我关心国际、国内时事,了解社会动态,我更严于律己。我热爱生活和工作,热爱祖国的教育事业,并愿为之献出自己的一切。

我对自己充满信心。我已具备了作为一名跨世纪人才所应有的良好素质,加之我讲究效率、吃苦耐劳、兢兢业业、谦虚好学的工作态度,我坚信自己有决心也有能力胜任贵单位提供的工作。

我,性格活泼,诚实待人,善于处理人际关系,在同学中人缘佳。同时,思想成熟,纪律性强,时刻以高标准严要求约束自己的言行。

您作为贵单位的领导,一定在极力物色精明强干、朝气蓬勃并且踏实忠诚的部下,而我正是这样的人选。

请相信,我是您真正的选择!

5. 感谢您在百忙之中抽出时间打开这封自荐信,也非常希望您能耐心地读完它,不要错过一名优秀的人才。

6. 您作为贵单位的领导,一定在极力物色精明强干、朝气蓬勃并且踏实忠诚的部下,而我正是这样的人选。

7. 请相信,我是您真正的选择!

8. 本人谨以诚挚的心情应聘贵单位,盼望得到贵单位的尊重、考虑和录用。

9. 期望您能于××××年××月×日之前给我一个答复,不胜感激!

10. 现在已有多家单位有意接收我,如贵单位录用,请从速答复。

第五章

经济报告文书

学习目标

1. 了解各类经济报告文书的概念、作用和类型
2. 了解经济活动分析报告、审计报告、上市公司经营状况报告的写作格式和内容
3. 理解各类经济报告文书的写作要求
4. 熟练运用所学知识写作市场调查报告和可行性研究报告

任务1 撰写经济活动分析报告

情境设置 >>>

如今是经济高速发展的信息时代,纷繁复杂的经济信息充斥着我们的生活,甚至左右着我们的未来。作为领导,工作繁忙,无暇顾及经济信息涉及的每一个细节;作为一般群众,由于知识和条件的限制,也无法了解经济信息所蕴含的更深层次的内容。于是,经济报告文书便有了用武之地,它是领导科学决策的好帮手,也是一般群众搏击经济大潮不可或缺的工具。

某市以科学发展观为统领,积极贯彻落实市委、市政府各项工作部署,经济总体运行较好,呈平稳增长的发展态势。请你查阅资料,撰写《2012×年×市前三季度经济运行情况分析》。

情境链接 >>>

经济报告文书是一种重要的公务文书,应用范围相当广泛。它可以为党的方针、政策的制定和修改提供有价值的第一手材料,为领导机关掌握情况、研究问题、进行科学决策提供依据,是企业发现问题、总结经验、把握市场趋势的重要工具,还可以引导人们正确看待社会,了解市场,作出正确的抉择。

一、经济报告文书的概念

经济报告文书是在经济活动中向上级或群众就调查、观察的结果提出详细书面材料的一种实用文体。

通过定期编制经济报告文书,可以将日常经济活动资料集中起来,进行归类、整理,全面、概括地反映某一部门、某一市场或某一项目的经济活动全貌,向使用者传递其经济活动状况的有用信息,满足经济活动资料使用者的需要。

二、经济报告文书的作用

(一)借助经济报告文书,管理者可以充分了解经济信息

管理者借助经济报告文书,通过对经济活动情况多方面的回顾,了解事实,避免决策片面。经济报告文书中的信息,包括数据、问题、建议、工作进展汇报等,是由下属经过收集、整理、归纳、总结而来,管理者在作任何决策之前,可以通过经济报告文书全方位掌握信息,提高管理决策的全面性与可行性。

(二)运用经济报告文书,能锻炼和考察下属工作能力

作为领导,工作一般都比较繁忙,对经济工作的每个细节不可能有时间全面了解,也不可能对每一个员工的工作情况了如指掌。领导可以要求下属写出经济报告文书,以了解其做了哪些工作,结果如何,是否达到要求。让他们撰写经济报告文书,一方面可以自然而然地提高其自我约束力,另一方面可以帮助他们扩大思维广度与深度,锻炼归纳总结能力。根据报告总结的完整性、分析深度可以看出来下属工作是否用心、工作能力如何。

(三)经济报告文书是上下级沟通的桥梁

管理者基于经济报告文书和与下属讨论问题、沟通有的放矢,能快速解决实际问题。下属感受到领导的重视,报告中反映的问题能够及时得到解决,工作会更有干劲,加速个人的成长。

三、经济报告文书的类型

经济报告文书从内容上来看,可以分为以下 7 种类型:经济活动分析报告、市场调查报告、市场预测报告、可行性研究报告、财务分析报告、审计报告和上市公司经营状况报告等。

四、经济活动分析报告概述

(一)经济活动分析报告的概念

经济活动分析报告是以经济政策和经济理论为指导,以各种经济核算资料和调查研究情况为基础,运用科学的方法,对企业的经济活动进行分析研究而得出的书面报告。

经济活动分析报告是以指标、数据为核心,以数量的增减为依据,采用具体分析的方法,对已经发生过的经济过程进行剖析,从中探讨经济规律,评价成败得失,总结经验教训,寻找改进方法。

(二)经济活动分析报告的作用

1. 可以为经济管理部门了解有关经济活动情况提供方便,使他们能及时、准确地作出决

策,有效地引导和规范经济活动。

2.可以帮助企业了解生产经营情况,使他们能及时肯定成绩、发现问题,进而改善管理,提高经济效益。

3.可以为财政、金融、税务、工商等管理部门以及经济科学研究人员提供信息资料,使他们能够了解企业经济活动情况,以便加强管理和深化研究。

(三)经济活动分析报告的分类

经济活动分析报告种类很多,可以从不同角度进行划分。

1.按经济部门、经济活动领域的不同,可分为工业经济分析报告、服务业经济活动分析报告、农业经济活动分析报告等。

2.按分析对象、业务内容的不同,可分为财务状况分析报告、成本分析报告、设备情况分析报告、产品质量分析报告、产品销售分析报告、库存情况分析报告、市场动态分析报告、商品流转情况分析报告、税务执行情况分析报告、资金运用情况分析报告等。

3.按分析涉及范围大小、内容详略的不同,可分为综合分析报告、专题分析报告、简要分析报告等。

(四)经济活动分析报告的特点

1.分析性

分析性是经济活动分析报告的主要特点。为综合地反映出一个时期以来的经济、金融形势,或企业的经营活动情况,经济活动分析报告不仅要将各种数据进行定量、定性、定时的分析,而且还要从不同的侧面和角度对宏观和微观的、全面和局部的、有利和不利的因素进行深入的分析和比较说明。

2.说明性

为了揭示经济活动的变化规律,为企业工作者提供管理的依据,报告中必须对所涉及的经济现象、特征、指标、数据等进行详细的说明。

3.目的性

写经济分析报告的最终目的在于准确地指出经济活动存在的得失,从中寻找提高企业经济效益的最佳途径,使经济活动沿着正确的方向发展。

情境分析 >>>

经济活动分析报告的具体写作

五、经济活动分析报告的格式

1.文章式

这种写法,与一般文章体式近似,包括标题、正文、落款三部分。

(1)标题

常见的是"分析对象＋分析时限＋分析内容＋文种",如"××企业2009年空调质量分析报告";也可以只标明分析内容和文种,如"资金拆借的货币政策操作分析";还可以用标题直接显示论点,如"××电视机质量问题亟待解决"。

（2）正文

一般采取导语、主体、结语的结构形式。导语用来叙述基本情况、阐明分析的意义和目的。基本情况包括经济指标完成情况、存在问题等。主体部分是文章的核心,要从不同角度对有关数据进行分析、运算、推导,剖析经济活动中的各种因素,寻找经济活动的规律与经验。结语部分通常是在分析的基础上提出意见、建议和措施。

（3）落款

此部分要写明报告单位的名称或报告人的姓名,重要的还要签字、加盖公章。最后署明报告日期。

2.表格式

表格式与文章式的区别主要在于正文的形式不同。有些企业或经济管理部门,设计了固定的表格应用于定期或常见的经济活动分析。表格式既能填写数字,又可以反映一些变化因素及其影响,还可以设有文字分析栏目,用以说明分析的内容。表格式可以使经济活动分析规范化,但也有格式死板、不易灵活发挥的局限性。

六、经济活动分析报告的写作要求

1.充分占有和选用材料

经济活动分析报告的材料,主要是统计核算、计划指标等数据,也包括一些非数据的事实和情况。材料是分析的依据,是产生正确观点的基础。材料是否真实、充分以及选用得是否恰当,决定着文章的质量。

2.恰当使用各种分析方法

撰写经济活动分析报告,要精通相关业务,掌握多种分析方法,诸如比较分析法、因素分析法、平衡分析法、相关分析法、动态分析法等,要根据需要适当采用。

3.要注意有的放矢

经济活动分析的目的是为了寻找经济活动的有效方法和途径,使下一步的经济活动获得好的效益。要针对现实,提出具体实在、切实可行的对策,不能空发议论。

情境完成 >>>

【范文】

例文5.1【经济活动分析报告】

2012×年×市前三季度经济运行情况分析

今年以来,全市以科学发展观为统领,积极贯彻落实市委、市政府各项工作部署,经济总体运行较好,呈平稳增长的发展态势。

一、从主要指标看,前三季度保持较好增幅

工业。1～9月份累计完成工业增加值85.30亿元,同比增长14.82%。工业品产销率为98.82%,比上月提高0.35个百分点。工业品出口交货值21.08亿元,同比增长35.87%。全市规模以上工业实现新产品产值7.16亿元,增长36.2%。

投资。1~9月份,全市累计完成固定资产投资135.68亿元,同比增长45.5%。房地产开发累计完成投资16.18亿元,增长46.7%,其中住宅开发投资12.45亿元,增长82.7%,占开发投资总量的76.9%。

消费。1~9月份,全市实现社会消费品零售总额112.87亿元,同比增长14.8%。限额以上批发零售贸易业增势强劲,1~9月份实现零售额18.03亿元,增长19.3%,高山限额下企业6.3个百分点。1~8月份全市出口总值13375万美元,比上年同期增长31.4%。

财政。1~9月份,全市一般预算收入完成34.18亿元,比上年增收4.50亿元,为全年预算的81.2%,比上年增长15.2%。其中:中央收入13.41亿元,为全年预算的70.3%,比上年增长2.8%;地方一般预算收入完成18.48亿元,为全年预算的85.5%,比上年增长22.4%。

居民收入。前三季度城镇居民人均可支配收入为7088元,同比增长10.76%。农民人均期内现金收入为1868元,同比增长17.47%。

二、从增长结构看,农业、工业、投资调整取得进展

从农业生产看。在保持总量增长的同时,结构调整取得进展。种植业中经济作物比重上升。1~3季度全市农林牧渔业总产值为96.7亿元,同比增长6.0%。蔬菜产值占种植业产值比重上升1.9%。渔业产值占农林牧渔业产值的比重上升了0.5%。

从工业规模上看。制造业快速发展,比重提高。1~9月份纺织服装制造业增加值比上年增长95.8%,医药制造、通用设备制造业增加值比上年同期增长34.11%和30.71%。这些产业在工业中比重均有所上升。民营工业发展迅速比重提高。在规模以上工业企业中,股份制企业、外商及港澳台、私营经济的增加值分别增长23.82%、25.41%和30.42%,大大高于规模工业的平均增速。

从投资结构看,二产投资比重明显提高,第二产业投资占投资的比重为43.1%,同比上升了4.2%,其中,制造业提高4.8%。1~9月份制造业投资达到50.07亿元,同比增长66.9%。增幅比全部投资高21.4%。

三、从增长环境看,物价、金融、内外市场保持基本稳定

价格基本稳定。今年以来,全市居民消费价格涨势平稳,涨幅维持在1%左右。9月份居民消费价格指数为101.19%,比一、二季度都有所降低。从结构看,与百姓生活密切相关的粮食、住、用品类价格均有所上升,副食、衣着、交通和通信的价格均有一定程度的降低。

金融运行正常。9月末,全市金融机构各项存款余额492.11亿元,比年初增加65.10亿元,比上月末增加6.51亿元,其中居民储蓄存款余额343.44亿元,比年初增加44.40亿元。各项贷款余额309.16亿元,比年初增加24.17亿元,比上月末增加6.10亿元。

内外市场较为活跃。今年以来,我市城乡消费市场保持活跃。各月全市实现社会消费品零售额增幅均保持在14%以上,有的月增幅超过15%。1~9月份城市居民人均消费性支出4243元,增长15.42%;外部需求持续旺盛。据海关统计,1~8月份全市出口总值13375万美元,比上年同期增长31.4%。

四、从区域发展看,县域经济快于宜城板块

八县(市)规模以上工业实现增加值39.28亿元,增长23.18%,高于全市平均增幅8.4%,占全市规模以上工业增加值的46.0%,比上年提高1.7%。县域固定资产投资达92.4亿元,占全市的68.1%,增长66.6%,增幅高于全市平均增幅21.1%;八县(市)财政收入为

16.00 亿元,同比增长 33.5%,增幅比全市高 18.3%。

宜城板块石油加工业所占比重大,经济容易受到安庆石化影响而产生波动。2012 年以来,国际原油价格的强烈震动,安庆石化减产、检修,再加上城区部分列入翻番企业未能完成序时目标任务,1~9 月份城区规模工业增加值同比仅增长 8.3%,比县域规模以上工业增速低了 14.9 个百分点。由于受工业企业效益下滑的影响,财政收入比全市平均增幅低 12.5%。2012 年以来,宜城板块的固定资产投资比全市平均增幅低 30%,比县域平均增幅低 42 个百分点。与第一方阵中的马鞍山、芜湖、铜陵三市相比差距在不断拉大。

五、从工业效益看,整体不高,石油加工亏损较大

从全市规模以上工业企业效益状况看。工业企业的亏损面和亏损额都在不断增加。1~8 月份全市工业亏损企业数 137 个,同比增加了 23 个;亏损企业亏损额 14.12 亿元,增长 3.03 倍。其中,石油加工行业受市场政策性因素影响,是第一大亏损行业。

综合判断,我市的经济发展虽然存在一些不利因素,但经济增长内在动力依然较强,支撑我市经济发展的有利因素不少,县域及园区经济发展势头良好,全年将保持平稳发展的势头,主要经济指标可望达到年初确定的目标任务,只是宜城板块与三年翻番的目标相比可能有一定的差距。

建议:

一、加强工业生产的调度。针对我市工业结构中石化所占份额大、波动大的实际情况,由于市场因素,安庆石化今年 1~9 月份仅增长 4.7%,导致全市工业 2012 年以来增长速度一直徘徊在 14% 左右,整个面上工业"以丰补歉"的任务压力较大。因此,要努力加大工业生产的调度,帮助企业解决发展中的困难,大战四季度,力争超产超收,确保全年工业计划目标的实现。

二、狠抓固定资产投资不松劲。今年以来,固定资产投资保持了较好的增长势头,但从第三季度开始新开工项目与上半年比有趋缓之势,且项目不大,9 月份各县增长幅度均有小幅回落,要实现全年力争 200 亿的目标,还要紧抓不放,加快项目实施进度,增加开工项目数量。

三、稳定政策,拓宽渠道,确保农民增产增收。当前要认真做好秋粮田间管理等工作,力保秋季丰产丰收;继续落实各项支农惠农政策,稳定市场粮价,抑制农资价格过快上涨。要进一步拓宽农民增收渠道,加强对劳务输出的组织引导,进一步扩大农民外出务工规模,努力提高农民务工收入。同时,为反映农民收入真实情况,还要统一县领导思想,如实客观上报,防止与实际脱离。

四、城区所在地统计工作还要进一步加强。城区所在地统计工作从四月份已开始启动试行,初见成效,但基础不牢,网络不全,请各区政府领导更加予以重视支持,加强基础网络建设,做好统计协调工作,从而及时掌握区域经济的全面情况,做好工作调度。

——本文引自 www.zhaofanwen.com

【范文评析】

这篇范文能做到:1.充分占有并恰当使用材料。2.运用科学的分析方法,揭示经济活动的规律。3.注意分析问题,并在此基础上解决问题,提出具体可行的建议。4.结构严谨,重点突出,文字简明,数据准确。

情境拓展 >>>

完整、系统、准确的数据资料和实地调查的材料相结合,运用科学的分析方法,进行中肯的评价,提出切实的建议,是写好经济活动分析报告的关键。

(一)要充分占有并恰当使用材料

真实、准确的材料是判断情况、分析原因、总结经验教训、提出对策的依据。因此,经济活动分析报告的写作,首先要充分占有材料,包括各种核算资料、统计资料、计划指标、调查收集到的实际情况等。在此基础上,要进行分析研究,即对各种材料去粗取精、去伪存真,使其系统化,并提炼出观点,写作时再根据主题的需要,恰当地运用收集到并处理过的材料来说明观点、阐述主题。

(二)要运用科学的分析方法,揭示经济活动的规律

经济活动分析是一门科学,写经济活动分析报告时必须掌握并运用科学的分析方法,使写出的分析报告具有严密的科学性,从而正确地指导经济活动。

经济活动分析的方法很多,如调查分析法,比较分析法,比率分析法,差额计算法,平衡分析法,因素分析法,量、本、利分析法,回归分析法,相关分析法,线性规划法,投入产出分析法,动态分析法和分类分析法,等等。下面着重介绍比较分析法和因素分析法。

1. 比较分析法

比较分析法又称对比分析法或指标分析法,简称比较法或对比法,是最常用、最基本的一种经济活动分析方法,这种分析方法是将两个或两个以上具有可比性的数据加以对比,从而揭示出彼此的联系和差异,暴露问题,为进一步查明原因、提出对策提供依据。在具体对比分析过程中,通常从以下几个方面来进行:

比计划,即实际指标与计划指标对比。通过这种对比,可以看出计划完成情况,显示问题所在,为进一步寻找其中的原因提供依据。

比历史,即分析期实际指标与前期(上期或上年同期)实际指标对比,也可以与历史最高水平线最低水平对比。通过这种对比,可以反映经济活动的发展动态,考察企业生产经营的改进情况。此外,某些经济指标不规定计划指标,必须进行历史对比,以便查明在提高产品质量方面取得的成果。

比先进,即分析期实际指标与先进指标对比,可以与本地或国内不同地区的同行业先进指标对比,也可以与国外同行业先进指标对比,在企业内部还可与先进车间、班组或先进个人的指标对比。通过这种对比,可以发现存在的问题、差距,从而采取相应措施,借鉴先进的成功经验。

2. 因素分析法

在经济活动分析中,通过比较分析法揭示出了此事物与彼事物的差异,这种差异的形成,必然是多种因素共同作用的结果。因此,因素分析法就是用来分析研究经济指标变动中各个因素的影响程度,从中找出影响最大的因素,从而采取相应对策,克服不利因素,促进经济的发展。在进行因素分析时,要注意抓住主要问题的主要因素作重点分析。不能面面俱到，贪大求全。在分析时，既要重视对客观因素的分析，也要重视对主观因素的分析，不能"见物不见人"，并注意捕捉带有一定倾向性的因素，要有发展的眼光。如工业企业产品质量的下降，可能是由这些因素造成的：机器设备的老化、原材料质量不过关、质检制度的放松、工人质量意识的下降、老工人退休而大量新工人上岗后技术不熟练等。在分析时要从这些因素中找出哪些是主要的，哪些是次要的；哪些是主观的，哪些是客观的；哪些是已经存在的，哪些是可能会出现的，等等，从而根据这种分析采取相应的措施，以尽快提高产品的质量。

（三）要注意分析问题，并在此基础上解决问题，提出具体可行的建议

写经济活动分析报告，不是单纯地提出问题、分析问题，还要在分析、评价的基础上提出切实可行的对策，以指导经济工作或为经济决策提供参考。提出对策不能空发议论，泛泛而谈，而要具体实在，有理有据，切实可行。

（四）结构严谨，重点突出，文字简明，数据准确

经济活动分析报告的篇幅一般较长，因此写作时一定要服从主题需要。例如，全面分析报告要在系统分析的基础上抓住关键问题来考核经济活动的结果；专题分析报告则针对工作中的薄弱环节、突出问题或根据中心工作的需要，一事一题，不散不乱；简要分析报告往往是抓住几个主要指标或一两个重点问题进行分析。不论是哪种类型的经济活动分析报告，在材料使用上，要用最适用、最典型、最有代表性的材料来说明问题；在结构安排上要严谨周密，层次分明，重点突出；在文字表述上要简洁明了，文约意丰；在数据运用上要准确无误，必要时可制成图表。

情境训练 >>>

学习以下经济活动分析报告：

中国人民银行为什么要实行稳健货币政策

1997年亚洲金融危机以后，我国经济增长放慢，投资和消费增长趋缓，出口大幅回落，市场有效需求不足，物价连续负增长，出现通货紧缩趋势。针对这种状况，国务院审时度势，及时采取扩大内需的方针，实行积极的财政政策和稳健的货币政策。在市场经济较为发达的国家，在宏观经济出现通货紧缩或通货紧缩趋势时，一般是同时采用积极（扩张）的财政政策和货币政策。为什么我国提出实行"积极的"财政政策的同时，却又提出实行"稳健的"货币政策呢？

一是我国货币供应存量偏多。1978—1999年，我国国内生产总值（GDP）年均增长9.7%，零售物价年均上涨6.2%，广义货币（M2）年均增长23.6%，贷款年均增长20.6%，广义货币年均增长比经济增长与物价上涨之和高出7.7个百分点。由于货币供应量多年高速增长，广义货币量（M2）与国内生产总值（GDP）现价的比值呈连续上升趋势。M2与GDP之比，1998年为1.31，1999年为1.46，2000年为1.52，其比例之高居世界各国前列。M2主要是由银行贷款创造的，M2与GDP比率过高，说明多年来信用过分集中于银行，容易积累金融风险；同时，在货币供应量增长明显偏快的情况下，将增加中长期通货膨胀压力。在多年积累的货币存量过多的情况下，如果再过分扩张货币供给，就会进一步扩大潜在的金融风险和通货膨胀压力，不利于宏观金融稳健运行。

二是企业特别是国有企业负债率过高，贷款有效需求不足。企业负债率过高和资本结

构单一是我国经济发展中的一个突出问题。20世纪80年代初,我国国有企业资产负债率为25%左右,企业承受贷款能力较强,加上银行统一管理流动资金,导致贷款多年大幅度增长。到90年代中后期,国有工业企业账面资产负债率为65%左右,如剔除账面无效资产,实际负债率在80%以上,少数行业出现资不抵债。另外,近年新开工的一些技改项目资本金普遍不足,资产负债率也较高。负债率过高使企业承受贷款的能力和抗御市场风险的能力较弱。在这种情况下,如果采取过分扩张的货币政策,盲目增加贷款,势必增加新的呆坏账,加大化解金融风险的压力。

三是我国经济的主要问题是经济结构失衡,而不是货币供应不足。结构问题的实质是市场机制还不够完善,重复建设问题突出。解决结构问题应深化经济和金融体制改革。单靠扩大货币供应事倍功半,还可能增加新的矛盾。

四是积极的财政政策,本身包括了对货币政策的大力支持。1998年,中央在提出实施积极的财政政策时,银行资金比较宽松,但由于市场有效贷款需求不足,贷不出去。财政增发国债,由银行购买,本身是运用银行资金,就是发挥货币政策的作用;同时由于国债资金作为资本金投入基础设施项目,又为银行增加贷款创造了条件。

实行稳健的货币政策,不是收缩货币供应,而是适当增加货币供应。稳健的货币政策主要包含四个方面的内容。

1.灵活运用货币政策工具,保持货币供应量适度增长

1998年以来,实行稳健的货币政策在防范和化解金融风险、提高贷款质量的前提下,适当扩大货币供应量。为此,1998年1月,中国人民银行取消了对商业银行的贷款限额控制,商业银行按信贷原则自主增加贷款;1998年和1999年先后两次下调法定存款准备金率共7个百分点,按1999年末存款余额计算,相应增加金融机构可用资金近8000亿元,为商业银行增加贷款、购买国债和政策性金融债,支持积极的财政政策创造了条件;1996年5月以来连续8次降息,存款利率平均累计下调5.98个百分点,贷款利率平均累计下调6.92个百分点,降息累计减少企业净利息支出近3000亿元。降息提高了企业效益,支持了资本市场发展,降低了国债发行成本,对启动投资、促进消费,对抑制通货紧缩趋势发挥了重要作用。1998年5月恢复公开市场操作,扩大基础货币投放,增加商业银行资金实力,促进贷款投放,适当扩大货币供应量,起到了重要作用。另外,还对商业银行定期进行窗口指导,及时传导货币政策意图。

2.及时调整信贷政策,引导贷款投向,促进经济结构调整

1998年以来,对信贷政策进行了一系列调整,主要包括:调整基础设施贷款政策,鼓励和督促商业银行发放国债资金项目配套贷款;调整个人消费信贷政策,特别是个人住房贷款政策;调整农村信贷政策,推行适合我国农村实际的小额农户信用贷款制度;调整出口信贷政策,支持出口企业扩大出口;调整对中小企业特别是高新技术企业的贷款政策,提高商业银行增加对中小企业贷款的积极性;进一步沟通和完善货币市场与资本市场的联系,支持资本市场的发展;调整对非生产部门的信贷政策,开办助学贷款,开办学生公寓、医院等贷款新项目。

3.执行金融稳定工作计划,发挥货币政策保金融稳定的作用

根据党中央、国务院的决策,人民银行认真执行金融稳定工作计划,发挥货币政策保稳定的作用,主要包括:向金融资产管理公司发放再贷款,支持其从国有独资商业银行收购不良资产,支持债转股;为确保少数严重资不抵债中小金融机构顺利退出市场,确保居民存款

支付,确保金融和社会稳定,按照有关政策规定,根据从严掌握的原则,适当给予再贷款支持;支持和配合财政部发行 2700 亿元特别国债,补充国有独资商业银行资本金,提高其资本充足率,等等。

4.在发展货币市场的基础上,积极推进货币政策工具改革,基本实现了货币政策直接调控向间接调控的转变

1998 年底全国银行间同业拆借成交量为 1978 亿元,2001 年达到了 8082 亿元,较 1998 年增长了 3 倍;1997 年债券回购市场交易量为 307 亿元,到 2001 年已达到了 40133 亿元,增长近 130 倍;1997 年商业银行承兑票据余额和贴现余额分别为 1335 亿元和 581 亿元,2001 年分别为 5112 亿元和 2795 亿元,分别增长了 2.8 倍和 3.8 倍。几年来,公开市场业务操作力度明显加大,对基础货币吞吐、货币市场利率的影响显著增强。1998 年公开市场业务累计交易量为 2827 亿元,2001 年达到 16781 亿元,交易量增长了 4.9 倍。

近年稳健货币政策实施效果实践证明,实行稳健的货币政策符合我国国情,是一项正确的宏观决策。

1.保证了货币供应量和贷款增长与经济发展基本相适应

1998—2001 年广义货币(M2)分别增长 15.4%、14.7%、14%、14.4%(后两年含股民保证金存款),分别比同期国内生产总值与消费物价之和(GDP+CPI)高 8.4、9、5.6、6.4 个百分点;金融机构贷款分别增加 11491 亿元、10846 亿元、13346 亿元、12913 亿元。四年来,根据物价涨幅、经济增长和货币流通速度等因素,广义货币供应量 M2 的预期调控目标为年均增长 14%~15%,实际执行结果都在调控目标之内。货币、信贷的平稳增长,有力地支持了经济持续快速发展。

2.信贷结构发生积极变化,促进了经济结构调整

一是商业银行发放国债资金项目配套贷款增长较快。四年共发放基建贷款和技改贷款 1 万多亿元,有力地支持了国债项目建设。二是农村信贷结构得到调整。1998—2001 年四年中,中央银行对农村信用社再贷款限额累计增加 812 亿元。2001 年农村信用社新增贷款 1395 亿元,同比多增 90 亿元,其中农业贷款新增 803 亿元,占 57.6%,是近年来占比最高的一年。三是个人消费信贷得到迅速发展。1998—2001 年,个人住房投资分别增加 3614、4010、4902 和 6226 亿元,与此同时,个人住房贷款分别增加 294、905、1952 和 2282 亿元,到 2001 年末商业银行的住房贷款余额达到 5598 亿元。个人住房贷款在拉动投资、扩大内需方面发挥了重要作用。四是在货币信贷政策的引导下,信贷结构发生积极变化。几年来,以中小企业为主体的非国有经济贷款份额继续上升,据人民银行调查统计,2000 年末对非国有经济贷款余额达 4.8 万亿元,占全部贷款余额的 48%,比 1996 年末上升 9 个百分点。

3.金融监管得到加强,贷款质量有所提高,为执行稳健的货币政策创造了良好条件

根据党中央、国务院的决策,人民银行采取多种措施切实化解金融风险,多年积累的金融风险得到逐步化解,金融市场秩序明显好转,为执行稳健的货币政策创造了条件。2001 年,国有独资商业银行不良贷款余额和比例首次出现双下降,分别下降 907 亿元和 3.81 个百分点;股份制商业银行和农村信用社不良贷款比例分别下降 3.42 和 4.93 个百分点,实现了年初确定的降低 2~3 个百分点的目标。金融资产管理公司已处置不良资产 1707 亿元,收回现金 357.7 亿元,现金回收率达到 21%。

4.国际收支状况良好,人民币汇率保持稳定,本外币政策的协调,维护了内外部经济的双重平衡

四年来,我国国际收支状况良好,除1998年外,经常账户和资本账户保持持续双顺差。到2001年末,国家外汇储备余额达2121.7亿美元,比1997年末增加723.7亿美元。2001年当年国家外汇储备增加465.9亿美元,创历年外汇储备增加额最高纪录。2001年末,人民币汇率为1美元兑8.2766元人民币,继续保持稳定。

经过几年努力,我国经济保持了高增长、低通胀的良好态势。1998—2001年,GDP分别增长7.8%、7.1%、8.0%、7.3%,消费物价分别上涨－0.8%、－1.4%、0.4%、0.7%。稳健的货币政策获得广泛的国际赞誉,货币政策和经济形势都是历史上最好的时期之一。

今年货币政策目标和主要措施:在2001年11月召开的中央经济工作会议上,总书记指出,要继续实行稳健的货币政策,进一步加大金融对经济发展的支持力度。朱镕基总理要求,要更好地发挥稳健货币政策的作用,调整和优化信贷结构,大力改善金融服务。贯彻中央的指示精神,2002年中国人民银行将继续适当增加货币供应量,加强信贷政策引导,督促商业银行改进服务,扩大贷款营销,疏通货币政策传导机制,进一步加大金融对经济发展的支持力度。

2002年货币信贷预期调控目标为:广义货币供应量M2和狭义货币供应量M1分别增长13%左右,现金M0投放不超过1500亿元,全部金融机构贷款增加13000亿元左右。

一是综合运用多种货币政策工具,保持货币供应量的适度增长。继续加大公开市场操作力度,保证基础货币的总体适度,并引导货币市场利率水平。协调好本外币利率政策,充分发挥利率杠杆的作用。进一步扩大对中小企业贷款利率浮动幅度,由目前的上浮30%扩大到50%。适当增加对中小金融机构再贷款,加强再贷款管理。健全有关货币政策的信息收集、分析、咨询、决策和监测系统,更好地发挥人民银行货币政策委员会的作用。进一步规范货币市场和资本市场的关系,完善有关管理办法,在防范金融风险的前提下,积极支持资本市场健康发展。

二是发挥信贷政策的窗口指导作用,引导贷款投向,促进经济结构调整。督促商业银行、政策性银行支持国债投资的基建、技改项目和农业结构调整,改进对中小企业特别是科技型中小企业的金融服务,尽量满足产品有市场、有效益、有信用企业的流动资金贷款需求。促进农村金融机构改进服务,增加对农户贷款、"公司＋农户"的农产品加工和流通等龙头企业的贷款,支持小城镇建设。支持农村信用社发放农户小额信用贷款,同时必须坚持农户自主申请、自主使用、自主还贷和农村信用社按贷款原则自主审查、发放和回收贷款的原则。通过"定学校、定范围、定额度、定银行",建立银行、学校和借款学生三者之间稳定的关系,促进国家助学贷款的大幅度增加。稳步发展个人住房消费贷款和汽车消费贷款,严禁发放个人无指定用途消费贷款。加强对小企业的信贷政策指导,会同有关部门规范发展小企业贷款担保机构,优化小企业的信贷环境。继续落实推进西部大开发的各项金融措施,促进区域经济协调发展。

三是促进国有独资商业银行深化改革,增强贷款营销观念,疏通货币政策传导机制。督促和引导商业银行特别是国有商业银行,按照"固定资产贷款审批权集中、流动资金贷款审批权下放"的原则,调整和完善授权授信制度,增强分支行对市场的反应能力。逐步改变目前自上而下、层层下达贷款规模的做法,依据当地信贷合理需求,按季自下而上编制,自上而下审定以资金来源和运用、成本和利润为主要内容的业务经营计划,理顺内部资金往来利

率,促使分支机构合理和充分运用资金。各商业银行要增强市场营销观念,深入企业、深入市场,培养和选拔客户,拓展信贷市场;完善贷款责任约束和激励机制,考核贷款的发放和收回,调动信贷工作人员营销贷款的积极性。

四是加强调查研究,及时沟通和传递有关货币信贷执行情况的信息。人民银行各分支行要加强对货币信贷执行情况的调查研究,认真剖析存在的问题,督促当地商业银行分支机构及时编制和认真执行业务经营计划。落实货币信贷责任制,相对固定时间、固定人员、固定内容,加强与地方政府的沟通协调,及时了解对人民银行工作的意见和建议,加强宣传,引导舆论,促进货币政策的贯彻和落实。加强地方政府对中央银行专项借款的管理,严格监督到期本息的归还。

任务 2　撰写市场调查报告

情境设置 >>>

为了深入了解本市居民家庭在酒类市场及餐饮市场的消费情况,特进行调查。调查由本市某大学承担,调查时间是 2012 年 7 月至 8 月,调查方式为问卷式访问调查,本次调查选取的样本总数是 2000 户。各项调查工作结束后,该大学将调查内容予以总结,请完成一份市场调研报告。

情境链接 >>>

一、市场调查报告概述

(一)市场调查的概念

市场调查报告是市场调查人员以书面形式,反映市场调查内容及工作过程,并提供调查结论和建议的报告。

市场调查报告是市场调查研究成果的集中体现,其撰写得好坏将直接影响到整个市场调查研究工作的成果质量。一份好的市场调查报告,能给企业的市场经营活动起到有效的导向作用,能为企业的决策提供客观依据。

(二)市场调查报告的分类

市场调查报告可以从不同角度进行分类:

1.按其所涉及内容含量的多少,可以分为综合性市场调查报告和专题性市场调查报告。

2.按调查对象的不同,可以分为市场供求情况的市场调查报告、关于产品情况的市场调查报告、关于消费者情况的市场调查报告、关于销售情况的市场调查报告,以及有关市场竞争情况的市场调查报告。

3.按表述手法的不同,可分为陈述型市场调查报告和分析型市场调查报告。

情 境 分 析 >>>

二、市场调查报告的具体写作

(一)市场调查报告的一般格式

从严格意义上说,市场调查报告没有固定不变的格式。不同的市场调查报告写作,主要依据调查的目的、内容、结果以及主要用途来决定。但一般来说,各种市场调查报告在结构上都包括标题、导言、主体和结尾四个部分。

1.标题

市场调查报告的标题即市场调查的题目。标题必须准确揭示调查报告的主题思想。标题要简单明了、高度概括、文题相符。如"××市居民住宅消费需求调查报告"、"关于化妆品市场调查报告"、"××产品滞销的调查报告"等,这些标题都很简明,能吸引人。

2.导言

导言是市场调查报告的开头部分,一般说明市场调查的目的和意义,介绍市场调查工作基本概况,包括市场调查的时间、地点、内容和对象以及采用的调查方法、方式。这是比较常见的写法。也有调查报告在导言中先写调查的结论是什么,或直接提出问题等,这种写法能增强读者阅读报告的兴趣。

3.主体

这是市场调查报告中的主要内容,是表现调查报告主题的重要部分。这一部分的写作直接决定调查报告的质量高低和作用大小。主体部分要客观、全面地阐述市场调查所获得的材料和数据,用它们来说明有关问题,得出有关结论;对有些问题、现象要做深入分析、评论等。总之,主体部分要善于运用材料来表现调查的主题。

4.结尾

主要是形成市场调查的基本结论,也就是对市场调查的结果做一个小结。有的调查报告还要提出对策措施,供有关决策者参考。

有的市场调查报告还有附录。附录的内容一般是有关调查的统计图表、相关材料出处、参考文献等。

(二)市场调查报告的基本要求

1.调查报告力求客观真实、实事求是

调查报告必须符合客观实际,引用的材料、数据必须是真实可靠的。要反对弄虚作假,或迎合上级的意图,挑他们喜欢的材料撰写。总之,要用事实来说话。

2.调查报告要做到调查资料和观点相统一

市场调查报告是以调查资料为依据的,即调查报告中所有观点、结论都有大量的调查资料作为支援。在撰写过程中,要善用资料说明观点,用观点概括资料,二者相互统一。切忌调查资料与观点相分离。

3.调查报告要突出市场调查的目的

撰写市场调查报告,必须目的明确、有的放矢,任何市场调查都是为了解决某一问题,或者为了说明某一问题。市场调查报告必须围绕市场调查上述的目的来进行论述。

4.调查报告的语言要简明、准确、易懂

调查报告是给人看的,无论是厂长、经理,还是其他一般的读者,他们大多不喜欢冗长、乏味、呆板的语言,也不精通调查的专业术语。因此,撰写调查报告语言要力求简单、准确、通俗易懂。

市场调查报告写作的一般程序是:确定标题,拟定写作提纲,取舍选择调查资料,撰写调查报告初稿,最后修改定稿。

(三)市场调查报告的写作要领

1.要做好市场调查研究前期工作

写作前,要根据确定的调查目的,进行深入细致的市场调查,掌握充分的材料和数据,并运用科学的方法,进行分析研究判断,为写作市场调查报告打下良好的基础。

2.要实事求是,尊重客观事实

写作市场调查报告一定要从实际出发,实事求是地反映出市场的真实情况,一是一,二是二,不夸大、不缩小,要用真实、可靠、典型的材料反映市场的本来面貌。

3.要中心突出,条理清楚

运用多种方式进行市场调查,得到的材料往往是大量而庞杂的,要善于根据主旨的需要对材料进行严格的鉴别和筛选,将材料归类,并分清材料的主次轻重,按照一定的条理,将有价值的材料组织到文章中去。

情境完成 >>>

【范文】

例文 5.2【市场调查报告】

××市居民家庭饮食消费状况调查报告

为了深入了解本市居民家庭在酒类市场及餐饮市场的消费情况,特进行此次调查。调查由本市某大学承担,调查时间是 2012 年 7 月至 8 月,调查方式为问卷式访问调查,本次调查选取的样本总数是 2000 户。各项调查工作结束后,该大学将调查内容予以总结,其调查报告如下:

一、调查对象的基本情况

(一)样品类属情况。在有效样本户中,工人 320 户,占总数比例 18.2%;农民 130 户,占总数比例 7.4%;教师 200 户,占总数比例 11.4%;机关干部 190 户,占总数比例 10.8%;个体户 220 户,占总数比例 12.5%;经理 150 户,占总数比例 8.52%;科研人员 50 户,占总数比例 2.84%;待业户 90 户,占总数比例 5.1%;医生 20 户,占总数比例 1.14%;其他 260 户,占总数比例 14.77%。

(二)家庭收入情况。本次调查结果显示,从本市总的消费水平来看,相当一部分居民还达不到小康水平,大部分人的月均收入在 1000 元左右,样本中只有约 2.3% 的消费者在

2000元以上。因此,可以初步得出结论,本市总的消费水平较低,商家在定价的时候要特别慎重。

二、专门调查部分

(一)酒类产品的消费情况

1. 白酒比红酒消费量大

分析其原因,一是白酒除了顾客自己消费以外,用于送礼的较多,而红酒主要用于自己消费;二是商家做的广告也多数是白酒广告,红酒的广告很少。这直接导致白酒的市场大于红酒的市场。

2. 白酒消费多元化

(1)从买白酒的用途来看,约52.84%的消费者用来自己消费,约27.84%的消费者用来送礼,其余的是随机性很大的消费者。

买酒用于自己消费的消费者,选择的价格大部分在20元以下,其中10元以下的约占26.7%,10~20元的占22.73%;从品牌上来说,稻花香、洋河、汤沟酒相对看好,尤其是汤沟酒,约占18.75%,这也许跟消费者的地方情结有关。从红酒的消费情况来看,大部分价格也都集中在10~20元之间,其中,10元以下的占10.23%,价格档次越高,购买相对越低;从品牌上来说,以花果山、张裕、山楂酒为主。

送礼者所购买的白酒其价格大部分选择在80~150元(约28.4%),约有15.34%的消费者选择150元以上。这样,生产厂商的定价和包装就有了依据,定价要合理,又要有好的包装,才能增大销售量。从品牌的选择来看,约有21.59%的消费者选择来看,10.795%的消费者选择茅台。另外对红酒的调查显示,约有10.2%的消费者选择40~80元的价位,选择80元以上的约5.11%。总之,从以上的消费情况来看,消费者的消费水平基本上决定了酒类市场的规模。

(2)购买因素比较鲜明,调查资料显示,消费者关注的因素依次为价格、品牌、质量、包装、广告、酒精度。这样就可以得出结论,生产厂商的合理定价是十分重要的,创名牌、求质量、巧包装、做好广告也很重要。

(3)顾客调查表明,经常换品牌的消费者占样本总数的32.95%,偶尔换的占43.75%,对新品牌的酒持喜欢态度的占样本总数的32.39%,持无所谓态度的占52.27%,明确表示不喜欢的占3.4%。可以看出,一旦某个品牌在消费者心目中形成,是很难改变的,因此,厂商应在树立企业形象、争创名牌上狠下工夫,这对企业的发展十分重要。

(4)动因分析。主要在于消费者自己的选择,其次是广告宣传,然后是亲友介绍,最后才是营业员推荐。不难发现,怎样吸引消费者的注意力,对于企业来说是关键,怎样做好广告宣传,消费者的口碑如何建立,将直接影响酒类市场的规模。而对于商家来说,营业员的素质也应重视,因为其对酒类产品的销售有着一定的影响作用。

(二)饮食类产品的消费情况

本次调查主要针对一些饮食消费场所和消费者比较喜欢的饮食进行,调查表明,消费有以下几个重要特点:

1. 消费者认为最好的酒店不是最佳选择,而最常去的酒店往往又不是最好的酒店,消费者最常去的酒店大部分是中档的,这与本市居民的消费水平是相适应的,现将几个主要酒店比较如下:

　　泰福大酒店是大家最看好的,约有 31.82% 的消费者选择它,其次是望海楼和明珠大酒店,都是 10.23%,然后是锦花宾馆。调查中我们发现,云天宾馆虽然说是比较好的,但由于这个宾馆的特殊性,只有举办大型会议时使用,或者是贵宾、政府政要才可以进入,所以调查中作为普通消费者的调查对象很少会选择云天宾馆。

　　2.消费者大多选择在自己工作或住所的周围,有一定的区域性。虽然在酒店的选择上有很大的随机性,但也并非绝对如此,例如,长城酒楼、淮扬酒楼也有一定的远距离消费者惠顾。

　　3.消费者追求时尚消费,如对手抓龙虾、糖醋排骨、糖醋里脊、宫保鸡丁的消费比较多,特别是手抓龙虾,在调查样本总数中约占 26.14%,以绝对优势占领餐饮类市场。

　　4.近年来,海鲜与火锅成为市民饮食市场的两个亮点,市场潜力很大,目前的消费量也很大。调查显示,表示喜欢海鲜的占样本总数的 60.8%,喜欢火锅的约占 51.14%,在对季节的调查中,喜欢在夏季吃火锅的约有 81.83%,在冬天的约为 36.93%,火锅不但在冬季有很大的市场,在夏季也有较大的市场潜力。目前,本市的火锅店和海鲜馆遍布街头,形成居民消费的一大景观和特色。

三、结论和建议

(一)结论

　　1.本市的居民消费水平还不算太高,属于中等消费水平,平均收入在 1000 元左右,相当一部分居民还没有达到小康水平。

　　2.居民在酒类产品消费上主要是用于自己消费,并且以白酒居多,红酒的消费比较少,用于个人消费的酒品,无论是白酒还是红酒,品牌以家乡酒为主。

　　3.消费者在买酒时多注重酒的价格、质量、包装和宣传,也有相当一部分消费者持无所谓的态度。对新牌子的酒认知度较高。

　　4.对酒店的消费,主要集中在中档消费水平上,火锅和海鲜的消费潜力较大,并且已经有相当大的消费市场。

(二)建议

　　1.商家在组织货品时要根据市场的变化制定相应的营销策略。

　　2.对消费者较多选择本地酒的情况,政府和商家应采取积极措施引导消费者的消费,实现城市消费的良性循环。

　　3.由于海鲜和火锅消费的增长,导致城市化管理的混乱,政府应加强管理力度,对市场进行科学引导,促进城市文明建设。

　　市场调查报告,是在对调查得到的资料进行分析整理、筛选加工的基础上,记述和反映市场调查成果,并提出作者看法和意见的书面报告。

　　市场调查报告是市场调查工作的最终成果,也是市场调研过程中最重要的一环。许多管理者并不一定涉足市场调研过程,但他们将利用调查报告进行业务决策。一份好的调查报告,能对企业的市场策划活动提供有效的导向作用,同时,对于各部门管理者了解情况、分析问题、制定决策、编制计划以及控制、协调、监督等各方面都能起到积极的作用。如果调查报告写得拙劣不堪,再好的调查资料也会黯然失色,甚至可能导致市场活动的失败。

——本文引自 www.hu1982.com

【范文评析】

　　这篇范文能做到:1.充分占有并恰当使用材料。2.运用科学的分析方法,揭示经济活动的规律。3.注意分析问题,并在此基础上解决问题,提出具体可行的建议。 4.结构严谨,重点突出,文字简明,数据准确。

情境拓展 >>>

三、市场调查报告的格式与写法

市场调查报告的内容结构一般由如下几部分组成:

(一)市场调查报告的标题

标题是市场调查报告的题目,一般有两种构成形式:

公文式标题,即由调查对象和内容、文种名称组成,例如"关于 2002 年全省农村服装销售情况的调查报告"。值得注意的是,实践中常将市场调查报告简化为"调查",也是可以的。

文章式标题,即用概括的语言形式直接交代调查的内容或主题,例如"全省城镇居民潜在购买力动向"。实践中,这种类型市场调查报告的标题多采用双题(正副题)的结构形式,更为引人注目,富有吸引力。例如,"竞争在今天,希望在明天——全国洗衣机用户问卷调查分析报告"、"市场在哪里——天津地区三峰轻型客车用户调查"等。

(二)市场调查报告的引言

引言又称导语,是市场调查报告正文的前置部分,要写得简明扼要、精练概括。一般应交代出调查的目的、时间、地点、对象与范围、方法等与调查者自身相关的情况,也可概括市场调查报告的基本观点或结论,以便使读者对全文内容、意义等获得初步了解。然后用一过渡句承上启下,引出主体部分。例如,一篇题为《关于全市 2002 年电暖器市场的调查》的市场调查报告,其引言部分写为:"××市北方调查策划事务所受××委托,于 2003 年 3 月至4 月在国内部分省市进行了一次电暖器市场调查。现将调查研究情况汇报如下。"用简要的文字交代出了调查的主体身份,调查的时间、对象和范围等要素,并用一过渡句开启下文,写得合乎规范。这部分文字务求精要,切忌啰唆芜杂;视具体情况,有时亦可省略这一部分,以使行文更趋简洁。

(三)市场调查报告的主体

这部分是市场调查报告的核心,也是写作的重点和难点所在。它要完整、准确、具体地说明调查的基本情况,进行科学合理的分析预测,在此基础上提出有针对性的对策和建议。具体包括以下三方面内容:

情况介绍:市场调查报告的情况介绍,即对调查所获得的基本情况进行介绍,是全文的基础和主要内容,要用叙述和说明相结合的手法,将调查对象的历史和现实情况包括市场占有情况,生产与消费的关系,产品、产量及价格情况等表述清楚。在具体写法上,既可按问题的性质将其归结为几类,采用设立小标题或者撮要显旨的形式,也可以时间为序,或者列示数字、图表或图像等加以说明。无论如何,都要力求做到准确和具体,富有条理性,以便为下文进行分析和提出建议提供坚实充分的依据。

分析预测:市场调查报告的分析预测,即在对调查所获基本情况进行分析的基础上对市场发展趋势作出预测,它直接影响到有关部门和企业领导的决策行为,因而必须着力写好。

要采用议论的手法,对调查所获得的资料条分缕析,进行科学的研究和推断,并据以形成符合事物发展变化规律的结论性意见。用语要富于论断性和针对性,做到析理入微。言简意明,切忌脱离调查所获资料随意发挥,去唱"信天游"。

营销建议:这层内容是市场调查报告写作目的和宗旨的体现,要在上文调查情况和分析预测的基础上,提出具体的建议和措施,供决策者参考。要注意建议的针对性和可行性,能够切实解决问题。

情境训练 >>>

益康乳业股份有限公司成立于 2005 年,是一家致力于科研、生产与销售的综合保健品企业,企业坐落在"风筝之都"潍坊。公司本着诚信经营原则,研究开发出一系列保健产品,但因产品与竞争对手产品同质性太强,所以无法与大乳品厂商抗衡,在市场竞争中处于不利地位。经公司科研人员不懈努力,最近成功研制出中国首批保健类保健品,填补了市场空白。该产品具有营养加保健作用,为众多消费者提供了最佳选择。为提高产品知名度,增加产品销售,请同学们为该公司做一份保健品市场促销调查,并写一份《××市保健品市场促销调查报告》。

任务3 撰写市场预测报告

情境设置 >>>

请根据自己的校园生活的具体情形,写一份学校新生报到后生活日用品市场预测报告。

情境链接 >>>

一、市场预测报告概述

(一)市场预测报告的含义

市场预测报告就是依据已掌握的有关市场的信息和资料,通过科学的方法分析进行研究,从而预测未来发展趋势的一种预见性报告。

市场预测报告是在市场调查的基础上,综合调查的材料,用科学的方法估计和预测未来市场的趋势,从而为有关部门和企业提供信息,以改善经营管理,促使产销对路,提高经济效益。市场预测报告实际上是调查报告的一种特殊形式。

(二)市场预测报告的分类

1.按预测的范围来分,可归纳为如下两类:

(1)宏观市场预测报告。宏观市场预测报告是对大范围或整体现象的未来所作的综合预测,常指有关国民经济乃至世界范围内的各种全局性的、整体性的、综合性的经济问题的报告。

（2）微观市场预测报告。微观市场预测报告是某一部门或某一经济实体对特定市场商品供需变化情况、新产品开发前景等分析研究的预测报告。

2.按预测的时间分,可归纳为如下三类:

（1）长期预测报告。是指超过五年期限的经济前景的预测报告。

（2）中期预测报告。是指对二年至五年时间内经济发展前景的预测报告。

（3）短期预测。是指对一年内经济发展情况的预测报告。

3.按预测的方法分,可归纳为如下两类:

（1）定量预测报告。定量预测报告包括数字预测法预测报告和经济计量法预测报告。数字预测法预测报告,是采用对某一产品（商品）已有的大量数据进行分析研究,用统计数字表达,从中找出产品（商品）的发展趋势而写成的报告。经济计量法预测报告,是根据各种因素的制约关系用数学方法加以预测而写成的报告。

（2）定性预测报告。定性预测报告是对影响需求量的各种因素,如质量、价格、消费者、销售点等进行调查、分析研究,在此基础上预测市场的需求量而写成的报告。

（三）市场预测报告的特点

1.预见性

市场预测报告的性质就是对市场未来的发展趋势作出预见性的判断,它是在深入分析市场既往历史和现状的基础上的合理判断,目的是将市场需求的不确定性极小化,使预测结果和未来的实际情况的偏差概率达到最小化。

2.科学性

市场预测报告在内容上必须占据充分翔实的资料,并运用科学的预测理论和预测方法,以周密的调查研究为基础,充分搜集各种真实可靠的数据资料,才能找出预测对象的客观运行规律,得出合乎实际的结论,从而有效地指导人们的实践。

3.针对性

市场预测的内容十分广泛,每一次市场调查和预测,只能针对某一具体的经济活动或某一产品的发展前景,因此,市场预测报告的针对性很强。选定的预测对象愈明确,市场预测报告的现实指导意义就愈大。

情境分析 >>>

二、市场预测报告的具体写作

（一）市场预测报告的格式和内容

1.标题

市场预测报告的标题一般由预测、预测展望,组成标题构成,标题要简明、醒目。

2.前言

这一部分要求以简短扼要的文字,说明预测的主旨,或概括介绍全文的主要内容,也可以将预测的结果先提到这个部分来写,以引起读者的注意。

3.正文

市场预测报告的正文是市场预测报告的主体部分,一般包括现状、预测、建议三个部分:

(1)现状部分,预测的特点就是根据过去和现在预测未来。所以,写市场预测报告,首先要从收集到的材料中选择有代表性的资料、数据来说明经济活动的历史和现状,为进行预测分析提供依据。

(2)预测部分,利用资料数据进行科学的定性分析和定量分析,从而预测经济活动的趋势和规律,是市场预测报告的重点所在。这个部分应该在调查研究或科学实验取得资料数据的基础上,对材料进行认真分析研究,再经过判断推理,从中找出发展变化的规律。

(3)建议部分,为适应经济活动未来的发展变化,为领导决策提供有价值的、值得参考的建议,是写市场预测报告的目的。因此,这个部分必须根据预测分析的结果,提出切合实际的具体建议。

4.结尾

结尾是归纳预测结论,提出展望,鼓舞人心,也可以照应而言或重申观点,以加深认识。

(二)撰写注意事项

1.市场预测报告,要求能运用资料数据,准确说明现状,分解资料数据,科学推断未来。

2.依据分析预测,提供可行建议。

情 境 完 成 >>>

【例文5.3】【经济预测报告】

2004—2005 年世界经济形势分析与预测(摘要)

报告指出,2004 年全球经济呈现出强劲的增长势头,经济增长率高于 20 世纪 90 年代高速增长时期的平均水平,创造了过去 20 年来的最高纪录。报告同时指出,受周期发展的制约和一系列不确定性因素的影响,2005 年全球经济增长将会明显放缓,但仍能保持适中的速度,预计在 4.3% 左右。

一、主要发达国家经济的增长趋势

报告显示,2004 年美日欧三大经济体的增长速度普遍提高,美日经济增长势头强劲,欧元区经济增长率相对较低。2004 年美日欧三大经济体增长率分别可达到 4.3%、4.5% 和 2.0%。其中,日本经济承接上年度经济增长的势头,多年来增长速度第一次有可能接近美国。

就经济增长的贡献因素来看,美日欧之间存在明显的差异。美国经济增长的动力主要来自于消费和投资,但受就业市场的影响,第二季度消费需求增长缓慢,对增长的贡献度大幅下降。由于贸易收支状况的持续恶化,净出口对经济增长的贡献一直为负。日本经济在继续依赖外需拉动的同时,消费开始成为增长的重要动力,政府支出的作用逐渐淡出。

报告预测,2005 年三大经济体的基本增长态势不会发生根本性变化,只是要比 2004 年的增长率有所降低。根据多数国际组织的预测,美国的增长率为 3.4%~3.5%,日本的增长率为 2.2%~2.3%,欧元区的增长率为 1.9%~2.2%。其中,下调幅度最明显的是日本,相反,欧元区经济基本上能够继续维持 2004 年的增长水平。

二、主要发展中国家与转轨国家经济的增长趋势

报告指出,2004 年主要发展中国家经济均呈现出强劲的增长势头。东亚地区经济作为一个整体将继续成为全球经济增长率最高的地区;印度的增长率虽然有所放慢,但在发展中国家大国中仍然位居前列,仅次于中国和俄罗斯,其连续稳定的高增长正在令世界所瞩目。根据不久前修正过的数字,按照财政年度计算,2003 年财政年度印度的经济增长率为 10.4%,首次超过中国成为全球第一。俄罗斯经济已经连续实现第六年的增长,并且内需增加已逐渐成为经济增长的主要推动力量。居民消费对经济增长的贡献度从 2003 年的 3.9 个百分点上升到 2004 年上半年的 4.7 个百分点。南美洲的巴西已经摆脱阿根廷金融危机所带来的负面影响,从上年度的负增长进入中速增长阶段。南非作为非洲经济的领头羊,创造了过去 50 年来连续 5 年增长的新纪录。

主要发展中国家与转轨国家经济的高速增长得益于以下几种因素:第一,发达国家复苏进程的加快,对绝大多数发展中国家经济产生了巨大的拉动作用。尤其是东亚地区经济,许多国家 2004 年上半年出口增长率超过了 20%。第二,世界初级产品价格上升改善了发展中国家的贸易条件,增加了外汇收入。此外,世界石油价格上升给墨西哥、俄罗斯等石油出口国带来了巨大的收益。第三,世界主要货币的汇率基本上保持了稳定,为发展中国家进出口贸易和国内货币政策创造了较好的外部环境。第四,全球外国直接投资在经历了 2002—2003 年低位徘徊之后开始明显回升,其主要推动力就是对发展中国家的投资增加。外国直接投资总额将从 2003 年的 1476 亿美元增加到 2004 年的 1669 亿美元,其中对非洲地区的投资从 136 亿美元增加到 144 亿美元,对中东欧地区的投资从 515 亿美元增加到 532 亿美元,对独联体国家的投资从 38 亿美元增加到 57 亿美元,对东亚地区的投资从 528 亿美元增加到 798 亿美元。

报告预测,2005 年多数发展中国家经济都将会随全球经济增长速度的放缓而有所放慢,但印度、俄罗斯、中国、东盟等经济体仍将会保持较高的增长速度。

三、影响全球经济增长的不确定因素

报告指出,2004—2005 年全球经济将会保持较高的增长速度,但仍有许多不确定因素可能会危及经济的持续增长。如石油价格上涨、美国的"双赤字"以及发达国家的房地产泡沫风险等。

(一)世界石油价格上涨风险

截止到 2004 年 10 月 18 日,世界原油价格已经冲破 55 美元/桶,比年初的 32 美元/桶上涨了 70%左右。过去 5 个月期间 OPEC 的日产量已经增加了 350 万桶,美国也决定动用战略石油储备,但石油价格仍然在不断攀升。对此,我们的一个基本判断是,目前的油价上涨在很大程度上是市场投机的结果,但这种投机的背后是世界石油供求的不稳定性。虽然石油供给的基本格局没有发生根本性变化,但受非经济因素的冲击,全球石油供给方与需求方的合作关系被破坏,降低了市场对稳定石油供给的信心。因此,短期内石油供给的稳定性将取决于美国的中东政策和国际石油需求的变化。

从需求方面来看,全球经济复苏,美国等发达国家大量增加库存直接拉动了石油需求的增长。而中国、印度等发展中大国的高速经济增长,加上对外部能源的依存度不断上升,客观上助长了这种趋势。

从供给方面看,短期内,伊拉克战争后伊国内政局的不稳定性、俄罗斯政府对尤科斯公

司的处理方式以及其他国家特别是委内瑞拉、尼日利亚发生的政局动荡和工会运动都制约着供给的正常增加。在这种形势下,各大石油公司和产油国出于安全和规避风险的考虑而采取的审慎投资态度,不利于供给增加。全球剩余生产能力已由 20 世纪 70 年代的 4% 左右降到目前的 1% 左右,达到历史最低点。据国际能源署测算,每年对世界石油资源勘探开发的投资需要 2100 亿美元,由于大公司和产油国担心价格回落造成的巨大损失,实际投资缺口每年为 15% 左右。

但就目前而言,世界石油供大于求的基本格局没有发生变化。根据美国能源情报署的估计,2004 年前两个季度全球原油需求分别为 8197 万桶/天和 8006 万桶/天,同比增长 191 万桶/天和 314 万桶/天;全球原油供给量前两个季度分别为 8234 万桶/天和 8151 万桶/天,同比增长 362 万桶/天和 319 万桶/天。预计 2004 年全年需求和供给的增长率分别为 2.8% 和 3.4%。世界原油市场仍然是供略大于求。

在全球石油供求基本保持平衡的格局下,石油价格的高涨很大程度上是市场投机的结果。针对 1997—1998 年世界石油价格暴跌(达到 12 美元/桶,最低曾经出现 9 美元/桶),美国运用其在国际石油体系中的霸权成功地进行了干预:"收买"了石油输出国组织前三大生产国沙特阿拉伯、伊朗和委内瑞拉,使它们倾向于扩大各自的产量和市场份额;促使各国支持石油输出国组织所希望的 22~28 美元的价格。这一进展几乎受到普遍欢迎。代表供需双方的两大国际石油组织——石油输出国组织和国际能源署携手监督供需关系,迅速且有效地重建了市场的稳定局面,将价格稳定在希望的价格区间内。但随后发生的政治事件(特别是"9·11"事件、阿富汗战争和伊拉克战争)却摧毁了上述协议的基础。虽然伊拉克每日 200 万桶石油出口几近消失是原因之一,但更重要的是,自从沙特公民卷入"9·11"恐怖袭击,及后来美国公司被排除在沙特巨大的天然气储量开发合同之外,沙特和美国之间强有力的关系遭到了破坏。在石油供求问题上,石油输出国组织与国际能源署之间出现意见不合,并出现公开的相互侮辱,取代了以往的井然有序状态。无组织的市场不可避免地出现混乱,导致最近价格的投机性飞涨。

报告认为,如果我们认定对石油供求不稳定性所做的投机是最重要的因素,那么目前的油价上涨趋势将不可能持久。虽然短期内油价也可能维持在高位,甚至继续创出新高,但中期内油价回落是不可避免的。

(二)美国"双赤字"的风险

"双赤字"本身并不是新问题,历史上里根执政时期就出现过,但最终以 1985 年"广场协议"美元大幅贬值得到了解决。布什政府执政以来,财政状况从盈余转化为赤字,贸易状况持续恶化。2004 财政年度美国财政赤字预计为 4220 亿美元,财政赤字/GDP 为 3.6%;贸易赤字/GDP 的水平连续创造新纪录,2004 年预计为 5.5%。

"双赤字"的根源是美国国内的储蓄率不足和由此所引发的投资缺口(储蓄与国内投资的差额)扩大。个人储蓄/个人可支配收入已经降到危险的水平,只有 1.5%,不仅低于 20 世纪 90 年代的平均水平,而且也低于 7.2% 的长期平均水平。2000 年美国的投资缺口大约为 -2.5%,到 2004 年第二季度已经上升到 -6%。

(三)房地产市场的泡沫风险

自 20 世纪 90 年代中期以来,主要发达国家的房产价格连续攀升,甚至在 2001—2002 年的经济衰退期间也没有停止。以美国为例,1995—2003 年房屋实际价格已经上升了

36％,远高于 20 世纪 70 年代和 80 年代两次高涨阶段的上升幅度(分别为 13％和 17％)。截止到 2003 年第三季度,居民持有的房屋不动产总价值达 14.6 万亿美元,占居民总资产的 28％,相当于当年 GDP 的 130％。

目前的房地产市场的持续繁荣很大程度上是低利率促成的结果。以往房地产市场周期发展的历史表明,房屋价格的下跌都是和利率的提高联系在一起的。因此,在房地产市场已经处于高位很久的情况下,发达国家中央银行的货币政策将面临两难困境:为抑制通货膨胀而采取的加息行为有可能会触发房地产市场的暴跌。今后一段时期内,能否通过稳健的货币政策使房地产市场实现"软着陆"是对包括美联储在内的各国中央银行的一项严峻的考验。

四、国际金融市场的发展趋势

报告指出,国际金融领域 2004 年呈现出相对平稳的态势。世界主要货币之间的汇率波动幅度不大;国际资本流动出现恢复性增长;世界股票市场处于泡沫经济崩溃后的稳定状态;主要发达国家开始提高利率,全球经济将脱离过去三年的低利率时期。

到 2004 年 10 月中旬,美元的名义有效汇率(effective exchange rate)(相对 7 种货币)基本维持在年初的水平,只是在上半年有过小幅上升;欧元的名义有效汇率(相对 12 种货币)比年初略有下降;日元的名义有效汇率(相对 15 种货币)比年初有一定幅度的下降,从 90 点下降到 10 月 14 日的 87.8。

在经历了 2003 年恢复性增长之后,世界主要股票市场基本上是原地踏步。和年初相比,除了日本 Topix 指数略有上涨外,美国的 SP500 和欧盟的 Euro－Stoxx 都没有明显的变化。

受全球经济复苏进程加快的推动,发达国家已基本上摆脱了通货紧缩的威胁,进而各国中央银行开始关注通货膨胀的风险。在主要发达国家中,除日本外(它尚未完全摆脱通货紧缩),多数国家在 2004 年都提高了利率。这标志着连续三年的低利率时期已经宣告结束。美联储迄今已经连续三次提高利率,从 1％上调到了目前的 1.75％。考虑到石油价格上涨的风险和房地产市场的接受能力,美联储一直在试探性地加息。在正常状态下,4％的利率被认为才是可持续的。市场预期到 2005 年底美联储才有可能提高到这一水平,但这要取决于油价上涨对美国经济的影响和房地产市场的反应。在美国连续提高利率的同时,欧洲中央银行没有做出同步的调整,这一方面是因为欧元区的通货膨胀压力还在可控制的范围内,另一方面也是经济复苏乏力的结果。日本仍然在维持多年来的零利率政策,至少在消费物价指数变为正数之前不会改变这一政策。

五、全球区域经济合作的新进展

报告指出,过去十年来,全球区域经济合作一直在保持高速发展。2004 年有两个突破性的进展。一是欧盟第一轮东扩正式完成;二是美洲自由贸易区(FTAA)的谈判有可能在年内结束。如果后者顺利完成的话,将标志着大西洋两岸区域经济合作和经济竞争进入了一个新的阶段。

报告分析,中东欧 10 国加入欧盟在 2004 年 6 月 30 日正式完成,从此欧盟由 15 国扩大到了 25 国。虽然就区域内贸易规模而言,这次东扩并没有太大的影响,但就增加的国家而言,这是欧盟历史上最大的一次扩张,作为一个更大的经济体,欧盟在国际事务中的影响力会有明显的提高。据估算,欧盟东扩使欧洲地区原有的区域贸易协定有 60 项要停止运行。鉴于欧洲地区的区域贸易协定数量已经达到了极限,今后欧盟的每一次东扩都将意味着已有区域贸易协定数量的减少。

　　美洲自由贸易区的谈判已经进行了多年。按规划2004年年底前将完成整个谈判程序。由于参加者涵盖除古巴以外的所有34个美洲国家,各方对待协议的内容存在很大分歧,在2003年年底的美洲国家首脑会议上达成了一种被称作"自助餐"式的框架协议,即成员国根据自身的情况可以有选择地执行相关条款。这就为整个谈判顺利进行奠定了基础。

　　2004年大西洋两岸的区域经济合作同时取得突破性进展并非是一种时间上的巧合。从20世纪80年代中期以来,两岸的区域经济合作进程有着惊人的时间对应。其背后的真正动机反映了一个基本的趋势:大国之间的竞争日益转化为区域经济合作组织之间的竞争。这为东亚地区的合作提出了新的压力和挑战。

　　六、世界经济与中国经济的互动关系

　　报告指出,多年来,中国经济高速发展,与世界经济的融合步伐加快,在我国受世界经济影响越来越大的同时,外部世界也越来越感觉到中国经济的巨大影响力。因此,中国经济与世界经济正在进入一个新型的互动阶段。

　　在经济增长层面,中国经济增长对全球经济增长的贡献度在扩大。据估算,1999~2003年间全球经济增长部分的三分之一是由中国经济完成的。在众多国际机构对2004~2005年世界经济增长前景进行预测时都把中国经济能否实现"软着陆"作为一项主要因素。

　　在市场价格层面,中国经济的影响同样受到了国际社会的关注。中国的进出口贸易规模已经进入世界前三位,这将不可避免地在很多领域会影响到市场的供求关系与价格。报告指出,国际社会中某些对中国怀有敌意的人以此为借口宣传"中国威胁论",是我们不能接受的。只要求中国经济增长来推动全球经济增长,而不允许中国从世界市场获得所需的能源和原材料,这是缺乏常识的。但我们也必须意识到,正如我国的经济增长对全球经济增长有着巨大的贡献一样,我们对外部能源、原材料和市场的需求增加也会改变原有的供求关系。这是毋庸讳言的。我们需要学会适应和应对这些挑战。

—— 本文引自 www.lunwennet.com

情境训练 >>>

　　请根据自己的校园生活的具体情形,写一份学校新生报到后生活日用品市场预测报告。

任务4　撰写可行性研究报告

情境设置 >>>

　　请同学们结合自己校园生活的情况,结合爱迪尔珠宝店校园连锁的条件,撰写《爱迪尔珠宝店落户我校可行性的报告》。

情境链接 >>>

一、可行性研究报告概念

可行性研究报告,简称可研报告,是在制订生产、基建、科研计划的前期,通过全面的调查研究,分析论证某个建设或改造工程、某种科学研究、某项商务活动是否切实可行而提出的一种书面材料。

可行性研究报告主要是通过对项目的主要内容和配套条件,如市场需求、资源供应、建设规模、工艺路线、设备选型、环境影响、资金筹措、盈利能力等,从技术、经济、工程等方面进行调查研究和分析比较,并对项目建成以后可能取得的财务、经济效益及社会影响进行预测,从而提出该项目是否值得投资和如何进行建设的咨询意见,为项目决策提供依据的一种综合性分析方法。可行性研究具有预见性、公正性、可靠性、科学性的特点。

一般来说,可行性研究是以市场供需为立足点,以资源投入为限度,以科学方法为手段,以一系列评价指标为结果。它通常处理两方面的问题:一是确定项目在技术上能否实施,二是如何才能取得最佳效益。

可研报告的用途可分为审批性可研报告和决策性可研报告。审批性可研报告主要是项目立项时向政府审批部门申报的书面材料。根据国家投资体制改革要求,我国大部分地区的企业投资类项目采取项目备案制和项目核准制(编制项目申请报告),政府性项目使用财政资金的编制可研报告。

二、可行性研究报告分类

按不同标准可研报告中涉及项目,可行性研究报告可以细分为:

1.用于企业融资、对外招商合作的可行性研究报告。此类研究报告通常要求市场分析准确、投资方案合理,并提供竞争分析、营销计划、管理方案、技术研发等实际运作方案。

2.用于国家发展和改革委(以前的计委)立项的可行性研究报告。此文件是根据《中华人民共和国行政许可法》和《国务院对确需保留的行政审批项目设定行政许可的决定》而编写,是大型基础设施项目立项的基础文件,发改委根据可行性研究报告进行核准、备案或批复,决定某个项目是否实施。另外医药企业在申请相关证书时也需要编写可行性研究报告。

3.用于银行贷款的可行性研究报告。商业银行在前进行风险评估时,需要项目方出具详细的可行性研究报告,对于国家开发银行等国内银行,该报告由甲级资格单位出具,通常不需要再组织专家评审,部分银行的贷款可行性研究报告不需要资格,但要求融资方案合理,分析正确,信息全面。另外在申请国家的相关政策支持资金、工商注册时往往也需要编写可行性研究报告,该文件类似用于银行贷款的可研报告。

4.用于申请进口设备免税。主要用于进口设备免税用的可行性研究报告,申请办理中外合资企业、内资企业项目确认书的项目需要提供项目可行性研究报告。

5.用于境外投资项目核准的可行性研究报告。企业在实施走出去战略,对国外矿产资源和其他产业投资时,需要编写可行性研究报告报给国家发展和改革委或省发改委,需要申请中国进出口银行境外投资重点项目信贷支持时,也需要可行性研究报告。

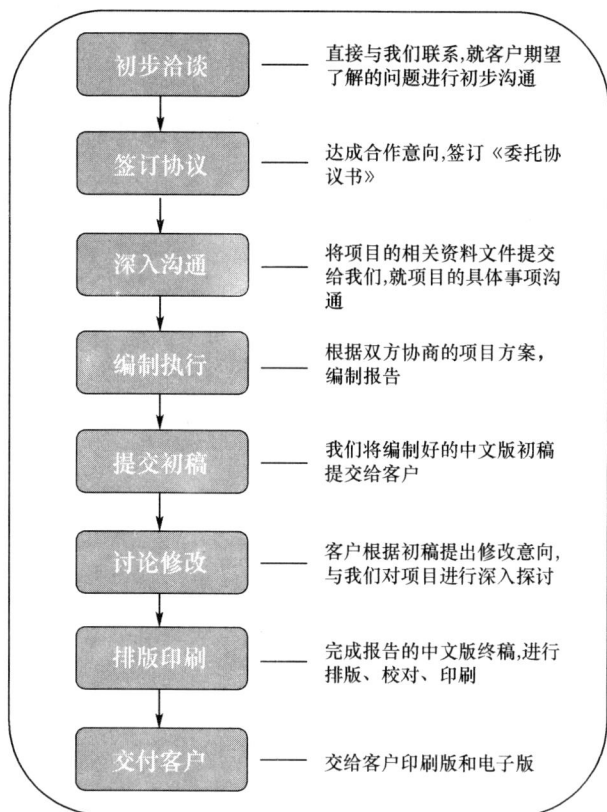

初步洽谈	—— 直接与我们联系,就客户期望了解的问题进行初步沟通
签订协议	—— 达成合作意向,签订《委托协议书》
深入沟通	—— 将项目的相关资料文件提交给我们,就项目的具体事项沟通
编制执行	—— 根据双方协商的项目方案,编制报告
提交初稿	—— 我们将编制好的中文版初稿提交给客户
讨论修改	—— 客户根据初稿提出修改意向,与我们对项目进行深入探讨
排版印刷	—— 完成报告的中文版终稿,进行排版、校对、印刷
交付客户	—— 交给客户印刷版和电子版

在上述五种可行性研究报告中,2、3、4准入门槛最高,需要编写单位拥有工程咨询资格,该资格由国家发展和改革委员会颁发,分为甲级、乙级、丙级三个等级,其中甲级资质最高,全国具备工程咨询甲级资质的单位有几十家,且其资质分布在不同的行业当中,最有实力的机构能够同时承揽二十几个甚至更多行业的甲级资质项目,例如北京华经纵横。

三、项目可行性研究报告主要内容

各类可行性研究内容侧重点差异较大,但一般应包括以下内容:

投资必要性。主要根据市场调查及预测的结果,以及有关的产业政策等因素,论证项目投资建设的必要性。

技术的可行性。主要从事项目实施的技术角度,合理设计技术方案,并进行比选和评价。

财务可行性。主要从项目及投资者的角度,设计合理财务方案,从企业理财的角度进行资本预算,评价项目的财务盈利能力,进行投资决策,并从融资主体(企业)的角度评价股东投资收益、现金流量计划及债务清偿能力。

组织可行性。制订合理的项目实施进度计划,设计合理的组织机构,选择经验丰富的管理人员,建立良好的协作关系,制订合适的培训计划等,保证项目顺利执行。

经济可行性。主要是从资源配置的角度衡量项目的价值,评价项目在实现区域经济发展目标、有效配置经济资源、增加供应、创造就业、改善环境、提高人民生活等方面的效益。

社会可行性。主要分析项目对社会的影响,包括政治体制、方针政策、经济结构、法律道德、宗教民族、妇女儿童及社会稳定性等。

风险因素及对策。主要是对项目的市场风险、技术风险、财务风险、组织风险、法律风险、经济及社会风险等因素进行评价,制定规避风险的对策,为项目全过程的风险管理提供依据。

一般可行性研究报告的主要内容和要求如下:

(一)基本情况:中外合资经营企业名称、法定地址、宗旨、经营范围和规模;合营各方名称、注册国家、法定地址和法定代表人姓名、职务、国籍;企业总投资、注册资本股本额(自有资金额、合营各方出资比例、出资方式、股本交纳期限);合营期限、合营方利润分配及亏损分担比例;项目建议书的审批文件;可行性研究报告的负责人名单;可行性研究报告的概况、结论、问题和建议。

(二)产品生产安排及其依据。要说明国内外市场需求情况和市场预测的情况,以及国内外目前已有的和在建的生产装备能力。

(三)物料供应安排(包括能源和交通运输)及其依据。

(四)项目地址选择及其依据。

(五)技术装备和工艺过程的选择及其依据(包括国内外设备分批交货的安排)。

(六)生产组织安排(包括职工总数、构成、来源和经营管理)及其依据。

(七)环境污染治理和劳动安全保护、卫生设施及其依据。

(八)建设方式、建设进度安排及其依据。

(九)资金筹措及其依据(包括厂房、设备入股计算的依据)。

(十)外汇收支安排及其依据。

(十一)综合分析(包括经济、技术、财务和法律方面的分析)。要采用动态法和风险法(或敏感度分析法)等方法分析项目效益和外汇收支等情况。

(十二)必要的附件。如合营各方的营业执照副本;法定代表人证明书;合营各方的资产、经营情况资料;上级主管部门的意见。

四、可行性研究报告用途

可行性研究是确定建设项目前具有决定性意义的工作,是在投资决策之前,对拟建项目进行全面技术经济分析论证的科学方法。在投资管理中,可行性研究是指对拟建项目有关的自然、社会、经济、技术等进行调研、分析比较,以及预测建成后的社会经济效益。

可行性研究报告通过对项目的市场需求、资源供应、建设规模、工艺路线、设备选型、环境影响、资金筹措、盈利能力等方面的研究调查,在行业专家研究经验的基础上对项目经济效益及社会效益进行科学预测,从而为客户提供全面、客观、可靠的项目投资价值评估及项目建设进程等咨询意见。

情境完成 >>>

【例文5.4】【可行性研究报告】

青蛙养殖可行性报告

一、项目背景

青蛙又名田鸡,其肉质细嫩、脂肪少、糖分低、蛋白质含量高,具有清热解毒、消肿止痛的功效。同时有"农田卫士"之称,属于国家二级保护动物。随着生态农业和绿色食品业的发展,人们对蛙类产品需求量越来越大。由于野生蛙销路好、价格高,导致有人大量捕捉、收购野生蛙类,加工、出口野生蛙类制品等,加上大量施用剧毒农药,造成许多地方野外蛙数量急剧减少,严重影响了生态系统平衡。

二、市场前景

为了更好地保护野生青蛙资源,维持生态平衡和良好的农田环境,国家及很多的地方都出台了保护野生青蛙的法律、法规及规定,并制定了对非法猎捕野生青蛙的处罚条款,增加了禁止非法捕杀、买卖野生青蛙条款。但由于人们对野生青蛙的一味追求,吃青蛙的人越来越多,就四川成都市场而言,每天要消化6吨以上的青蛙,市场需求量很大,受这种利益的驱使,各地捕杀、出售青蛙的现象仍屡禁不止,每天有大量的野生青蛙被捕杀,严重破坏了生态平衡。

为了既可满足人们生活的需要,又可以保护野生青蛙资源,人们开始着手人工繁殖、养殖野生青蛙。但现有的野生青蛙繁育养殖技术仍然存在着单位面积产量不高、养殖成商品蛙周期长、养殖成本高、不宜大面积推广、难形成规模养殖等问题,造成人工养殖困难,野生青蛙资源仍然受到严重的破坏。

为此,四川省绵竹市宏远养殖场提出了一种养殖成本低、效益高、周期短、易大面积推广的人工养殖野生青蛙技术,这样不仅可以满足了市场的需要,又改善了人们的生活水平,保护了野生青蛙资源,维持了生态平衡环境。市场前景广阔,经济效益、社会效益和生态效益显著。

三、技术优势

1.技术非常全面,包括种蛙选择、产卵、乳化、蝌蚪饲养、幼蛙驯养、商品蛙养殖等全过程。

2.配套技术完善,通过我们十多年的养殖研究,摸索了一整套的昆虫规模化养殖技术,包括蝇蛆、蚯蚓、黄粉虫等养殖新技术,解决青蛙的大量饵料,为成功养蛙营造了优越条件。

3.宏远养殖场在人工养殖野生青蛙上做好很大程度上的配套设施研究,包括怎样合理修建生态蛙池、配套水源处理系统,完善整个养殖配套设施,既要投资少,又要省时省力。

4.野生青蛙有冬眠期,生长周期长,该技术有效地避开了野生青蛙的冬眠期,从而使野生青蛙的养殖周期大大缩短,从产卵到商品蛙周期仅6个月。

5.改变传统养殖模式,节约土地资源,有效地提高单位养殖面积的产量,每平方米可养殖野生青蛙50～100只,产量6～15斤。

四、效益分析

1.资金需求及用途

计划生产规模100亩,按年产商品蛙300万只计算,总投资200万元:固定资金150万元,包括修建种蛙池、繁育池、成蛙池、饵料生产基地等,流动资金需要50万元。

2.生产成本。商品蛙按0.1斤/只计算,养殖成本约0.5元/只。

3.经济效益。

A.工厂化集约养殖,按年产商品蛙300万只计算,商品蛙0.1斤/只,产商品蛙150吨:

按市场价每公斤30元计算,销售收入=3万元/吨×150吨=450万元,

纯利=销售收入450万元−养殖成本0.5元/只×300万只=300万元。

注明:每只青蛙0.5元生产成本包括了饵料生产成本、人工费用等。

B.同时,发展周边的农户稻田养殖青蛙,按每公斤20元的价格回收:

每户平均1亩,放养3000只,每亩产青蛙150公斤,农户每亩销售收入＝150公斤×20元/公斤＝3000元,农户每亩纯收入＝销售收入3000元－养殖成本约0.3元/只×3000只900元＝2100元;

同时公司回收农户商品蛙按市场价销售,每亩可获得的市场差利＝150公斤×10元/公斤＝1500元。

4.效益指标。投资回收期为1年。

5.社会、生态效益。

可以有效地控制滥捕青蛙,从而保护野生青蛙资源,维持生态平衡和良好的农田环境,提高农产品质量,同时可为人们提供集食、补、药于一体的野生蛙类产品,满足市场需求,改善了人们的生活水平。

规模性发展农户稻田养殖野生青蛙,降低农田用药,提高农产品质量,这样既保护了农田生态资源,又增加了农民的收入,带领农民奔小康。

五、风险

1.技术风险

从1995年开始从事野生青蛙繁育、养殖技术的研究,总结出了一套完整的成功养殖模式,养殖成功率99%以上,养殖风险基本为零。

2.生产风险

运用成功的技术,养殖中不会有大批量的死亡现象,就算有少量死亡,每只生产成本也不超过0.5元,不会受到严重的经济损失。

3.市场风险

由于野生青蛙属于国家二级保护动物,养殖蛙需要在当地林业局办证后方可上市销售,不会有一哄而上的养殖热潮,不会形成市场的价格战,跟传统养殖具有实质的差异,没有市场风险。

4.政策风险

野生青蛙的人工繁育、养殖有利于环境保护和维持生态平衡,国家将鼓励支持个人或企业人工驯养野生动物,但必须具备野生青蛙繁育养殖的技术能力,应到当地相关部门办理生产许可证。

情境拓展 >>>

可行性研究报告范本格式与写法
(GB8567——88)

1 引言。

1.1 编写目的　说明编写本可行性研究报告的目的,指出预期的读者。

1.2 背景　说明:

A.所建议开发的软件系统的名称;

B.本项目的任务提出者、开发者、用户及实现该软件的计算中心或计算机网络;

C.该软件系统同其他系统或其他机构的基本的相互来往关系。

1.3 定义　列出本文件中用到的专门术语的定义和外文首字母组词的原词组。

1.4 参考资料 列出用得着的参考资料,如:

A.本项目的经核准的计划任务书或合同、上级机关的批文;

B.属于本项目的其他已发表的文件;

C.本文件中各处引用的文件、资料,包括所需用到的软件开发标准。

列出这些文件资料的标题、文件编号、发表日期和出版单位,说明能够得到这些文件资料的来源。

2 可行性研究的前提 说明对所建议的开发项目进行可行性研究的前提,如要求、目标、假定、限制等。

2.1 要求 说明对所建议开发的软件的基本要求,如:

A.功能;

B.性能;

C.输出如报告、文件或数据,对每项输出要说明其特征,如用途、产生频度、接口以及分发对象;

D.输入说明系统的输入,包括数据的来源、类型、数量、数据的组织以及提供的频度;

E.处理流程和数据流程用图表的方式表示出最基本的数据流程和处理流程,并辅之以叙述;

F.在安全与保密方面的要求;

G.同本系统相连接的其他系统;

H.完成期限。

2.2 目标 说明所建议系统的主要开发目标,如:

A.人力与设备费用的减少;

B.处理速度的提高;

C.控制精度或生产能力的提高;

D.管理信息服务的改进;

E.自动决策系统的改进;

F.人员利用率的改进。

2.3 条件、假定和限制 说明对这项开发中给出的条件、假定和所受到的限制,如:

A.所建议系统的运行寿命的最小值;

B.进行系统方案选择比较的时间;

C.经费、投资方面的来源和限制;

D.法律和政策方面的限制;

E.硬件、软件、运行环境和开发环境方面的条件和限制;

F.可利用的信息和资源;

G.系统投入使用的最晚时间。

2.4 进行可行性研究的方法 说明这项可行性研究将是如何进行的,所建议的系统将是如何评价的。摘要说明所使用的基本方法和策略,如调查、加权、确定模型、建立基准点或仿真等。

2.5 评价尺度 说明对系统进行评价时所使用的主要尺度,如费用的多少、各项功能的优先次序、开发时间的长短及使用中的难易程度。

3 对现有系统的分析 这里的现有系统是指当前实际使用的系统,这个系统可能是计算机系统,也可能是一个机械系统甚至是一个人工系统。

分析现有系统的目的是为了进一步阐明建议中的开发新系统或修改现有系统的必要性。

3.1 处理流程和数据流程 说明现有系统的基本的处理流程和数据流程。此流程可用图表即流程图的形式表示,并加以叙述。

3.2 工作负荷 列出现有系统所承担的工作及工作量。

3.3 费用开支 列出由于运行现有系统所引起的费用开支,如人力、设备、空间、支持性服务、材料等项开支以及开支总额。

3.4 人员 列出为了现有系统的运行和维护所需要的人员的专业技术类别和数量。

3.5 设备 列出现有系统所使用的各种设备。

3.6 局限性 列出本系统的主要的局限性,例如,处理时间赶不上需要,响应不及时,数据存储能力不足,处理功能不够等。并且要说明,为什么对现有系统的改进性维护已经不能解决问题。

4 所建议的系统 本项目将用来说明所建议系统的目标和要求将如何被满足。

4.1 对所建议系统的说明 概括地说明所建议系统,并说明在第 2 章中列出的那些要求将如何得到满足,说明所使用的基本方法及理论根据。

4.2 处理流程和数据流程 给出所建议系统的处理流程和数据流程。

4.3 改进之处 按 2.2 条中列出的目标,逐项说明所建议系统相对于现存系统具有的改进。

4.4 影响 说明在建立所建议系统时,预期将带来的影响,包括:

4.4.1 对设备的影响 说明新提出的设备要求及对现存系统中尚可使用的设备须作出的修改。

4.4.2 对软件的影响 说明为了使现存的应用软件和支持软件能够同所建议系统相适应,而需要对这些软件所进行的修改和补充。

4.4.3 对用户单位机构的影响 说明为了建立和运行所建议系统,对用户单位机构、人员的数量和技术水平等方面的全部要求。

4.4.4 对系统运行过程的影响 说明所建议系统对运行过程的影响,如:

A.用户的操作规程;

B.运行中心的操作规程;

C.运行中心与用户之间的关系;

D.源数据的处理;

E.数据进入系统的过程;

F. 对数据保存的要求,对数据存储、恢复的处理;

G.输出报告的处理过程、存储媒体和调度方法;

H.系统失效的后果及恢复的处理办法。

4.4.5 对开发的影响 说明对开发的影响,如:

A.为了支持所建议系统的开发,用户需进行的工作;

B.为了建立一个数据库所要求的数据资源;

C.为了开发和测验所建议系统而需要的计算机资源;

D. 所涉及的保密与安全问题。

4.4.6 对地点和设施的影响 说明对建筑物改造的要求及对环境设施的要求。

4.4.7 对经费开支的影响 扼要说明为了所建议系统的开发,设计和维持运行而需要的各项经费开支。

4.5 局限性 说明所建议系统尚存在的局限性以及这些问题未能消除的原因。

4.6 技术条件方面的可行性 本节应说明技术条件方面的可行性,如:

A. 在当前的限制条件下,该系统的功能目标能否达到;

B. 利用现有的技术,该系统的功能能否实现;

C. 对开发人员的数量和质量的要求并说明这些要求能否满足;

D. 在规定的期限内,本系统的开发能否完成。

5 可选择的其他系统方案 扼要说明曾考虑过的每一种可选择的系统方案,包括需开发的和可从国内国外直接购买的,如果没有供选择的系统方案可考虑,则说明这一点。

5.1 可选择的系统方案1 参照第4章的提纲,说明可选择的系统方案1,并说明它未被选中的理由。

5.2 可选择的系统方案2 按类似5.1条的方式说明第二个乃至第n个可选择的系统方案。

……

6 投资及效益分析。

6.1 支出 对于所选择的方案,说明所需的费用。如果已有一个现存系统,则包括该系统继续运行期间所需的费用。

6.1.1 基本建设投资 包括采购、开发和安装下列各项所需的费用,例如,

房屋和设施;ADP 设备;数据通讯设备;环境保护设备;安全与保密设备;ADP 操作系统的和应用的软件;数据库管理软件。

6.1.2 其他一次性支出 包括下列各项所需的费用,例如:

A. 研究(需求的研究和设计的研究);

B. 开发计划与测量基准的研究;

C. 数据库的建立;

D. ADP 软件的转换;

E. 检查费用和技术管理性费用;

F. 培训费、差旅费以及开发安装人员所需要的一次性支出;

G. 人员的退休及调动费用等。

6.1.3 非一次性支出 列出在该系统生命期内按月或按季或按年支出的用于运行和维护的费用,包括:

A. 设备的租金和维护费用;

B. 软件的租金和维护费用;

C. 数据通讯方面的租金和维护费用;

D. 人员的工资、奖金;

E. 房屋、空间的使用开支;

F. 公用设施方面的开支;

G. 保密安全方面的开支;

H. 其他经常性的支出等。

6.2 收益　对于所选择的方案,说明能够带来的收益,这里所说的收益,表现为开支费用的减少或避免、差错的减少、灵活性的增加、动作速度的提高和管理计划方面的改进等,包括:

6.2.1 一次性收益　说明能够用人民币数目表示的一次性收益,可按数据处理、用户、管理和支持等项分类叙述,如:

A. 开支的缩减包括改进了的系统的运行所引起的开支缩减,如资源要求的减少,运行效率的改进,数据进入、存贮和恢复技术的改进,系统性能的可监控,软件的转换和优化,数据压缩技术的采用,处理的集中化/分布化等;

B. 价值的增升包括由于一个应用系统的使用价值的增升所引起的收益,如资源利用的改进,管理和运行效率的改进以及出错率的减少等;

C. 其他如从多余设备出售回收的收入等。

6.2.2 非一次性收益　说明在整个系统生命期内由于运行所建议系统而导致的按月的、按年的能用人民币数目表示的收益,包括开支的减少和避免。

6.2.3 不可定量的收益　逐项列出无法直接用人民币表示的收益,如服务的改进,由操作失误引起的风险的减少,信息掌握情况的改进,组织机构给外界形象的改善等。有些不可捉摸的收益只能大概估计或进行极值估计(按最好和最差情况估计)。

6.3 收益/投资比　求出整个系统生命期的收益/投资比值。

6.4 投资回收周期　求出收益的累计数开始超过支出的累计数的时间。

6.5 敏感性分析　所谓敏感性分析,是指一些关键性因素如系统生命期长度、系统的工作负荷量、工作负荷的类型与这些不同类型之间的合理搭配、处理速度要求、设备和软件的配置等变化时,对开支和收益的影响最灵敏的范围的估计。在敏感性分析的基础上作出的选择当然会比单一选择的结果要好一些。

7. 社会因素方面的可行性　本项目用来说明对社会因素方面的可行性分析的结果,包括:

7.1 法律方面的可行性　法律方面的可行性问题很多,如合同责任、侵犯专利权、侵犯版权等方面的陷阱,软件人员通常是不熟悉的,有可能陷入,务必要注意研究。

7.2 使用方面的可行性　例如从用户单位的行政管理、工作制度等方面来看,是否能够使用该软件系统;从用户单位的工作人员的素质来看,是否能满足使用该软件系统的要求等等,都是要考虑的。

8 结论　在进行可行性研究报告的编制时,必须有一个研究的结论。结论可以是:

A. 可以立即开始进行;

B. 需要推迟到某些条件(例如资金、人力、设备等)落实之后才能开始进行;

C. 需要对开发目标进行某些修改之后才能开始进行;

D. 不能进行或不必进行(例如因技术不成熟、经济上不合算等)。

情境训练 >>>

上网查找资料,了解爱迪尔珠宝店校园营销政策,请同学们结合自己校园生活的情况,结合爱迪尔珠宝店校园连锁的条件,完成《爱迪尔珠宝店落户我校可行性的报告》。

本章自测题

一、简答题

1. 简述经济活动分析报告的类型与作用。

2. 如何才能写出一份好的市场调查报告?

3. 简述市场预测报告的格式和内容。

4. 财务分析报告的内容一般有哪些?如何写好财务分析报告?

二、写作题

1. 我们要成立学生创业公司,大家首先考虑的就是公司的名称,公司的经营方向,有没有发展前景,经营的产品在学校的消费程度如何,大家会不约而同地想到去调研。我们来看看这个项目的一个文种市场调查报告应怎样完成。

针对创业公司产品项目,确定该产品项目的市场调查目的、调查内容和调查方法、调查对象,拟定调查问卷。对调查所得数据进行统计整理、讨论分析。

(1)针对公司产品的市场需求情况进行问卷设计与调查;

(2)对调查所得数据进行整理分析,写出市场调查报告。

2. 某高校位于市区繁华地段,下属经济管理学院市场营销专业在学校临街门面房拟开办实训商店,如果你是市场营销专业的学生,而且想承租其中一个柜台,试确定要出售的商品,并拟定可行性研究报告。

3. 请根据下面资料,拟写一份中国信息产业预测报告。

2009年10月12日,在第九届高交会的部长论坛上,中国信息产业部副部长娄勤俭表示,我国目前正大力推进农村通信普及,预计到2010年,全国电话用户的总数将达到10亿户,其中固定电话用户将超过4亿户,移动电话超过6亿户,全国互联网用户将突破2亿。

论坛上,娄勤俭回顾了我国信息产业的发展情况:2006年信息产业增加值达到了1.52万亿元,占GDP的比重达到了7.5%;今年1~9月份电子信息产业实现销售收入达到了3.6万亿元,增长了18%;通信业的收入达到了5800亿元,增长4.6%;信息网络实现了跨越式的发展,固定电话网和移动电话网的规模持续保持了世界的第一位;固定电话的用户数达到了3.73亿户,移动电话户达到了5.23亿户,互联网用户数已经达到了1.72亿户,全球40%的手机、40%的计算机、45%的彩电都在华生产。

在未来信息产业的发展方面,娄勤俭称要积极推动互联网的应用:在十一五规划中要保障广大农村的通信,为实现村村通电话、人人享受通信权提供坚实的保证,在2010年中国电话用户的总数将达到10亿户,其中固定电话用户将超过4亿户,移动电话超过6亿户,全国互联网用户将突破2亿。

娄勤俭称,中国广大的农村还比较落后,缩小差距的压力是很大的,我们要继续实施村村通电话的工程,力争实现全国村村通电话,加强信息技术在农村中的推广和应用,配合和办好国内的网站,实现农村信息化建设,区域协调发展,提高国民经济和社会信息化水平。

第六章

经济协约文书

学习目标

1. 熟悉各种经济协约文书的概念、作用和类型
2. 了解意向书的基本写作
3. 领会经济合同的基本写作
4. 掌握招标书和投标书的基本写作

当今社会,经济活动是最为广泛、最为活跃的社会活动。在形形色色的经济活动中,催生了各种各样的商品交换关系。商品交换关系,有的可以即时完成,有的则需要一定时间才能结清。后者就需要立下一个凭证,以约束当事人的经济行为,以利于更好地实现共同的目标。为达成经济协作,经济协约文书应运而生,并成为我们生活中的重要工具。它是社会各企事业单位、机关或团体以及个人在经济活动中处理矛盾和事务时所使用的,具有相对固定或惯用格式的实用文体。

任务1　制作招标书

情境设置 >>>

根据《××经济特区政府采购条例》和《××网上政府采购管理暂行办法》的有关规定,××市政府采购中心就本工程进行公开招标。欢迎符合资格的投标人参加投标。

1. 项目编号:SZCG2005014289

2. 项目名称:多功能厅及注册大厅修缮、装饰工程

3. 项目概况:

(1)工程地点:××市;

(2)承包方式:包工包料;

(3)工程规模及特征:修缮装饰工程;

(4)工期要求:45个日历天;

(5)资金来源:财政性资金100%;

请你详细拟就一份招标书。

情境链接 >>>

一、招标书概述

(一)招标书的概念

招标书,又叫招标通告、招标公告、招标启事、招标邀请书。它是招标者为邀请有关符合条件的单位投标,将业务项目、项目标准及要求条件等写成的文书。

招标书是招标过程中介绍情况、指导工作,履行一定程序所使用的一种实用性文书。它提供全面情况,便于投票方根据招标书提供情况做好准备工作,同时指导招标工作开展。它一般通过大众传媒公开,因此也称招标广告,具有广告性。它是吸引竞争者加入的一种文书,具有相当的竞争性。它要求在短时间内获得结果,因此,又具有时间的紧迫性。

(二)招标书的种类

招标书可以从不同的角度对其进行分类:

1.按方式划分

(1)公开招标书

公开招标书是一种无限竞争的招标方式,它是招标单位在一定范围内(如国内、省内)通过报纸或者专门刊物刊登的招标公告。

(2)邀请招标书

邀请招标书是一种有限招标方式。招标单位根据具体业务项目的不同要求,直接书面通知(邀请)若干有能力的、合适的单位前来投标。经过一定程序后,再对中标或者落标单位发出中标通知书或者落标通知书。

(3)议标书

议标书是对于某些技术复杂或者工期紧迫的工程(或者项目),在征得有关主管部门同意后,直接通知少数有承担能力的单位协商确定工期、造价的一种形式。

2.按对象划分

(1)生产经营性招标书

如企业承包招标书、工程招标书、大宗商品交易招标书。

(2)科研技术招标书

如科研课题招标书、技术转让或技术引进招标书。

(3)生活招标书

如换房招标书。

3.按阶段划分

(1)全过程招标书

(2)阶段式招标书

4.按范围划分

(1)国际招标书

（2）国内招标书

（3）行业（或者系统内）招标书

5. 按时间划分

（1）长期招标书

（2）短期招标书

6. 按发布者划分

（1）单独招标书

（2）联合招标书

情境分析 >>>

二、招标书的具体写作

（一）招标书的基本格式

招标书是由招标者对外公布标准和条件，提出价格，招人承包或承购的经济活动中的一种书面材料。它一般由标题、正文和结尾三个部分组成。

1. 标题

写在第一行的中间。常见写法有五种：

（1）招标单位名称＋标的物＋文种，这是比较完整、规范的标题形式。例如："××公司建筑安装工程招标书"。

（2）招标单位名称＋文种。例如："中华人民共和国福建投资企业公司招标公告"。

（3）标的物＋文种。例如："建筑安装工程招标书"。

（4）只写文种，但这种写法一般用于本单位内部，对外是不规范的。如"招标书"、"招标公告"和"招标通告"。

（5）广告性标题。如"谁来承包×××工厂"。

2. 正文

招标书的正文一般应依次写明以下内容：

（1）引言

引言是招标书的开头，要概括写明招标单位的基本情况、招标目的和依据、招标项目名称和招标范围等。

（2）招标项目

招标项目是招标书的重点和核心，要具体、准确地写明招标方式（公开招标、内部招标、邀请招标）、招标范围、招标程序、招标内容的具体要求，双方签订合同的原则、招标过程中的权利和义务、组织领导和其他注意事项等内容。

（3）招标方法

招标方法要写明招标程序、投标截止时间，发送招标文件的方式、地点和日期，开标方式、地点和日期等。

3.结尾

招标书的结尾,应签具招标单位的名称、地址、电话、电报挂号等,以便投票者参与。

(二)招标书写作注意事项

1.周密严谨

招标书不但是一种"广告",而且也是签订合同的依据。因而,是一种具有法律效应的文件。这里的周密与严谨,一是指内容,二是指措辞。

2.简洁清晰

招标书没有必要长篇大论,只要把所要讲的内容简要介绍,突出重点即可,切忌没完没了地胡乱罗列、堆砌。

3.注意礼貌

这时涉及的是交易贸易活动,要遵守平等、诚恳的原则,切忌盛气凌人,更反对低声下气。

情境完成 >>>

【例文 6.1】 【国际招标书】

中华人民共和国

中国技术进出口总公司国际招标公司

山西孝柳铁路第二期工程招标通告

（第 TCBA－891006 号标、第 TCBA－891007 号标）

1.中华人民共和国政府已经从亚洲开发银行(以下简称"亚行")得到了一笔以各种货币支付的,用于孝柳铁路第二期工程(以下简称"项目")的贷款,并打算将其中部分贷款以人民币支付本次招标所要达成的合同项下的合理费用,为此发出本招标通告。

2.中国技术进出口总公司国际招标公司(以下简称"国际招标公司")受山西省孝柳铁路工程建设总指挥部(以下简称"业主")的委托,兹邀请感兴趣的投标商对本项目的站前工程所需的部分材料以及站后工程进行投标。

3.本次招标范围

第 TCBA－891006 号招标文件(站前工程所需的部分材料):

第一包:钢筋混凝土梁……………………155 孔

第二包:预应力钢筋混凝土轨枕…78307 根

第 TCBA－891007 号招标文件(站后工程)

第一包:房屋建筑(含暖通)

第二包:电力设施

第三包:客货运设施

第四包:给水排水

4.经亚行同意,上述材料和工程采用国内竞争件招标方式采购,来自本国(或其他合格亚行成员国)的投标商可选择上述招标文件中的任意一包或几包进行投标。

5.感兴趣的投标商可以从1989年10月9日起,每天上午8:30—11:00(星期天和节假日除外),到国际招标公司105房间购买招标文件。招标文件TCBA－891006号,每份售价人民币400元;TCBA—891007号每份售价人民币1000元,招标文件售出不退。

6.对TCBA－891006号的投标书必须于1989年11月5日10:00前、对TCBA－891007号的投标书必须于1990年1月5日10:00前送抵下列地址:

山西太原市旱西关街四号三桥大厦209室(业主在太原的办公室)

电话:343286(直线)、345885转201

在规定的截止日期和时间以后交来的及未递交投标保证金的投标书恕不接受。

TCBA—891006号标的公开开标定于1989年11月5日14:30在太原三桥大厦801室、TCBA—891007号标的公开开标定于1990年1月5日14:30在太原三桥大厦801室进行。届时,投标商可派代表参加。

7.TCBA—891007号标的标前会及现场考察定于1989年11月1日至3日在山西吕梁地区离石县举行,不按时参加的投标商,国际招标公司和业主概不负责。

业主地址:山西吕梁地区离石县和平路

电话:3811、3066

中国技术进出口总公司国际招标公司第一业务部

中国北京海淀区苏州街万寿寺甲3号

电话:8314690 电报:8907(国内)

TECHTENDERBEYUING(国外)电传:22075

CTCTC CN

传真:83126G

例文6.2 【工程招标书】

建筑安装工程招标书

为了提高建筑安装工程的建设速度,提高经济效益,经_____(建设主管部门)批准,_____(建设单位)对_____建筑安装工程的全部工程(或单位工程,专业工程)进行招标(公开招标由建设单位在地区或全国性报纸上刊登招标广告,邀请招标由建设单位向有能力承担该项工程的若干施工单位发出招标书,指定招标由建设项目主管部门或提请基本建设主管部门向本地区所属的几个施工企业发出指令性招标书)。

一、招标工程的准备条件

本工程的以下招标条件已经具备:

1.本工程已列入国家(或部、委、或省、市、自治区)年度计划;

2.已有经国家批准的设计单位出的施工图和概算;

3.建设用地已经征用,障碍物全部拆迁;现场施工的水、电、路和通信条件已经落实;

4.资金、材料、设备分配计划和协作配套条件均已分别落实,能够保证供应,使拟建工程能在预定的建设工期内连续施工;

5.已有当地建设主管部门颁发的建筑许可证;

6.本工程的标底已报建设主管部门和建设银行复核。

二、工程内容,范围,工程量,工期,地质勘察单位和工程设计单位:

三、工程可供使用的场地,水,电,道路等情况:

_____。

四、工程质量等级,技术要求,对工程材料和投标单位的特殊要求,工程验收标准:

_____。

五、工程供料方式和主要材料价格,工程价款结算办法:

_____。

六、组织投标单位进行工程现场勘察,说明和招标文件交底的时间,地点:

_____。

七、报名,投标日期,招标文件发送方式:

报名日期:_____年_____月_____日;

投标期限:_____年_____月_____日起至_____年_____月_____日止。

招标文件发送方式:

_____。

八、开标、评标时间及方式,中标依据和通知:

开标时间:_____年_____月_____日(发出招标文件至开标日期,一般不得超过两个月)。

评标结束时间:_____年_____月_____日(从开标之日起至评标结束,一般不得超过一个月)。

开标、评标方式:建设单位邀请建设主管部门,建设银行和公证处(或工商行政管理部门)参加公开开标,审查证书,采取集体评议方式进行评标、定标工作。

中标依据及通知:本工程评定中标单位的依据是工程质量优良,工期适当,标价合理,社会信誉好,最低标价的投报单位不一定中标。所有投标企业的标价都高于标底时,如属标底计算错误,应按实予以调整;如标底无误,通过评标剔除不合理的部分,确定合理标价和中标企业。评定结束后五日内,招标单位通过邮寄(或专人送达)方式将中标通知书送发给中标单位,并与中标单位在一月(最多不超过两月)内与中标单位签订_____建筑安装工程承包合同。

九、其他:

_____。

本招标方承诺,本招标书一经发出,不得改变原定招标文件内容,否则,将赔偿由此给投标单位造成的损失。投标单位按照招标文件的要求,自费参加投标准备工作和投标,投标书(标函)应按规定的格式填写,字迹必须清楚,必须加盖单位和代表人的印鉴。投标书必须密封,不得逾期寄达。投标书一经发出,不得以任何理由要求收回或更改。

在招标过程中发生争议,如双方自行协商不成,由负责招标管理工作的部门调解仲裁,对仲裁不服,可诉诸法院。

建设单位(即招标单位):_____

地址:_____

联系人:_____

电话:_____

×年×月×日

情境拓展 >>>

三、招标书编制原则 ▪ ▪ ▪

原则一：遵守法律法规

招标文件是一份具有法律效力的文件，接到采购项目委托以后，首先要考虑该项目是否有可行性论证报告、是否通过国家相关管理部门的批准、资金来源是否已落实等。

招标文件的内容应符合国内法律法规、国际惯例、行业规范等。这就要求政府采购从业人员不仅要具有精湛的专业知识、良好的职业素养，还要有一定的法律法规知识，如合同条款不得和《合同法》相抵触。如有的招标文件中要求必须有本省的某行业领域资格证书，限制外地供应商竞争的规定，就与我国法律相背离。

原则二：反映采购人需求

招标代理机构面对的是采购单位对自己的项目了解程度差异非常大，再加上采购项目门类繁多，招标代理机构编制招标文件前就要对采购单位状况、项目复杂情况、具体要求等所有需求有一个真实全面的了解。

在编招标文件时应该考虑的都要考虑到，即使当时不能确定具体要求，也应把考虑到的要求提出来。想到了但不能确定的，也应该把想到了的提出来，让投标者根据自己的经验来建议。

殊不知，有时一个细微疏漏，就可能造成被动局面，比如，只注意设备的技术性能而忽略其整体几何尺寸，最后设备可能进不了厂房的门，进了门可能又没有适合的面积来安装调试；考虑报价要求时可能对设备报价都提出了要求，偏偏把分项报价忽略了，这都会给实际工作带来困难。

原则三：公正合理

公正是指公正、平等对待使用单位和供应商。招标文件是具有法律效力的文件，双方都要遵守，都要承担义务。

合理是指采购人提出技术要求、商务条件必须依据充分并切合实际。技术要求根据可行性报告、技术经济分析确立，不能盲目提高标准、提高设备精度等，否则会多花不必要的钱。合理的特殊要求，可在招标文件中列出，但这些条款不应过于苛刻，更不允许将风险全部转嫁给中标方。由于项目的特殊要求需要提供出合同条款，如支付方式、售后服务、质量保证、主保险费及投标企业资格文件等，这部分要求的提出也要合理。验收方式和标准应采用我国通用的标准，或我国承认的国外标准、欧洲标准等。

原则四：公平竞争

公平竞争是指招标文件不能存有歧视性条款。只有公平才能吸引真正感兴趣、有竞争力的投标厂商。招标文件不能含有歧视性条款，政府采购监管部门对招标工作的监管最重要的任务之一就是审查招标文件中是否存有歧视性条款。当然技术规格要求制定得过低，看似扩大了竞争面，实则给评标带来了很大困难，评标的正确性很难体现，最后选择的结果可能还是带有倾向性。

为了减少招标文件的倾向性，首先根据通过使用要求和使用目的确定货物档次，建议采用同档次产品开展市场调查进行比较，或向有水平的行业专家咨询，找出各匹配产品质量、性能、价格等差异所在。多分析、多观察，制定一些必须满足的基本指标，既要满足采购人的要求，又要保证有足够的供应商参与竞争。招标文件应载明配套的评标因素或方法，尽量做到科学合理，这样会使招标更加公开，人为因素相对减少，会使潜在的投标人更感兴趣。招标文件成型后，最好组织有关专家审定、把关。这些都是保证招标是否公平、公正的关键环节。

原则五：科学规范

以最规范的文字，把采购的目的、要求、进度、服务等描述得简捷有序、准确明了，使有兴趣参加投标的所有投标人都能清楚地知道需要提供什么样的货物、服务才能满足采购需求。不允许使用"大概"、"大约"等无法确定的语句，不要委婉描述，不要字句堆砌，表达上的含混不清会造成理解上的差异。不要把在某一部分说清楚了的事，又在另外章节中复述，弄不好，可能产生矛盾，让投标人无所适从。如对设备的软件问题，也应根据需要合理提示，以防在签约时出现价格问题。

原则六：维护政府、企业利益

招标文件编制要注意维护采购单位的秘密，如给公安系统招网络设备就要考虑安全问题。不得损害国家利益和社会公众利益，如噪音污染必须达标，为了维护国家安全，给广电部门招宽带网项目时就要注意这个问题。总之考虑要尽量细致、全面，执行起来就越顺当。招标项目门类繁多，只有多积累、多调查、多思索、多积累经验，才能深入浅出，编出一份合乎规范的招标文件来。

情境训练 >>>

晨光苑住宅小区铝合金门窗工程招标公告

连云港晨光置业有限责任公司新建晨光苑住宅小区铝合金门窗工程项目，现拟招标确定施工单位，诚邀合格承包商参加本次竞标活动，公告如下：

一、项目概况

1.项目名称：晨光苑住宅小区铝合金门窗工程

2.主要内容及标段划分：晨光苑住宅小区门窗制作与安装。其中1～3号楼为第一标段、5～7号楼为第二标段、8～10号楼为第三标段。详见工程量清单。

3.工期要求：与主体工程同步交付，其中1～3号楼、5～7号楼2013年5月至2013年9月，8～10号楼2013年5月至2013年12月。

4.项目地点：连云港市晨光路2号

二、资质要求

投标人具有独立法人资格和建设行政主管部门核发的金属门窗工程专业承包三级及以上资质和铝合金门窗登记备案证。近两年至少两个单项金额200万元以上类似工程业绩。

三、招标文件发售信息

时间：2013年5月10日9:00—16:00

地点：连云港市晨光路2号厚德楼521室

售价：每份人民币300元，售后不退

四、投标及开标时间及地点

时间：2013年5月14日9:00时

地点:连云港市晨光路2号厚德楼406会议室

五、联系事项

1.招标联系人:姜老师　　　　冯老师

2.联系电话:0518—×××5071　　×××5081

连云港晨光置业有限责任公司
二〇一三年五月八日

分析该招标书的写作特特点。

任务 2　　制作投标书

情境设置 >>>

请你就任务6.1情景训练的招标书,拟定一份投标书。

情境链接 >>>

一、投标书概述

(一)投标书的概念

投标书是投标人按照招标书提出的条件和要求,向招标人提出承包某业务项目的愿望时使用的文书。

它要求密封后邮寄或派专人送到招标单位,故又称标函。它是投标单位在充分领会招标文件,进行现场实地考察和调查的基础上所编制的投标文书,是对招标公告提出的要求的响应和承诺,并同时提出具体的标价及有关事项来竞争中标。

投标单位因为参与公平竞争而拥有获得新的市场的机会;而投标单位为了在竞争中取胜,就必须努力改善经营策略,不断提高管理水平,进行技术改造和革新,以达到招标公告规定的标准和条件,进而提高企业的经济效益,增强企业的综合素质。

(二)投标书的分类

1.按投标的使用对象分

(1)生产经营性投标书

如:工程投标书、承包投标书、产品销售投标书、劳务投标书。

(2)技术投标书

如:科研课题投标书(或科研课题申请书)、技术引进或转让投标书等。

(3)生活投标书

如:换房投标书。

2.按形式分

(1)全员投标书

(2)合伙投标书

(3)个人投标书

3.按性质分

(1)租赁企业投标书

(2)承包企业投标书

(3)大宗商品交易投标书

(4)聘任经营投标书

4.按时间分

(1)长期投标书

(2)短期投标书

5.按范围分

(1)内部投标书与外部投标书

(2)国际投标书与国内投标书

情境分析 >>>

二、投标书的具体写作

(一)投标书的写作格式

投标书有表格式、说明式和综合式等写法。一般由以下几个部分组成:

1.标题

标题有三种形式:

(1)一般由投标方的名称、投标项目和文种组成。如"××公司承包××学院新校区工程投标书"。

(2)由投标方的名称与文种两部分组成。如"××建筑工程公司投标书"。

(3)用文种直接作标题,这也是用得较多的一种形式。如"投标书",也有写作"投标申请书"、"标书"或"标函"的。

2.招标单位名称

招标单位名称,即投标书的主送机关。要顶格书写招标单位的全称,与书信的称谓和写法相同。

3.正文

投标书的正文有的只需用简洁的文字直接表明态度,写明保证事项即可。有的也可根据需要介绍一下本单位的情况,或者写明其他应标条件及要求招标单位提供的配合条件等。必要时也可附上标价明细表。正文可分为前言、主体和结尾三部分。

(1)前言

前言又称引言,简明扼要地说明投标方的名称,投标的方针、目标以及中标后的承诺等内容,开宗明义,提纲挈领。

(2)主体

主体是投标书的核心部分,要依照招标书的要求,认真细致地写好以下三方面的内容。

第一,投标的具体指标。不同类型标的的投标项目,需要写明的指标是不同的,若为大宗货物贸易投标,要写明投标方对应租行的责任义务所做出的承诺;若为建筑工程项目投标,要写明工程的总报价及对价格组成的分析,计划开工和竣工日期,主要材料指标,施工组织和进度安排,保证达到的工程质量标准,以及拟派出的项目负责人与主要技术人员的简历、业绩和拟用于完成招标项目的机械设备等;若为承包企业投标,要写明生产指标、税金指标、费用率、利润率、周转资金等项经济指标。

第二,完成指标的措施。要写明实现指标、完成任务的技术组织措施,这是具体指标和任务完成的保障。

第三,投标书的有效期限。投标方将按招标文件的要求交纳银行担保书和履约保证金。

(3)结尾

通常以提出建议结束,即对招标单位提出予以支持和配合的要求等,也可说明对招标单位不一定接受最低价和可能接受任何投标书表示理解。

4.附件

投标书一般都有附件。以建筑工程投标书为例,附件包括工程量清单或单位工程主要部分的标价明细表、单位工程的主要材料、设备标价明细表,重要的大型工程还要附上保证书。

5.落款

投标书要写明投标单位的名称、地址、电话、电报挂号、传真、邮编等,以便招标单位进行联系,表格式投标书一般是由招标单位编制的,投标方只需按要求填具即可。

许多投标书都有封面,在封面上要填写招标单位名称、招标项目名称、投标单位名称和负责人姓名或法人代表姓名,在封面的右下角写明标书的投送日期。

(二)投标书的写作要求

1.情况要了解清楚

起草投标书前一定要了解清楚各方面的情况:一是全面了解招标公告的内容,特别是其所提供的招标项目的有关情况,如招标范围、规定、招标方式等。二是全面了解招标项目的市场情况,要对招标项目进行周密的调查研究和准确分析,掌握市场信息,做到知己知彼。成本核算要合理,报价要适当,这样既能展示自身的竞争能力,又能在中标后获得一定的经济效益。

2.自我介绍要实在

投标者对自身条件和能力的介绍要实事求是,不虚夸,不溢美。投标书中提出的措施、办法要切实可行。

3.内容表述要规范

投标书的内容关系到中标机会,要注意与招标书相对应,对招标条件和要求做出明确的回答和说明,数字要精确,单价、合计、总报价均应仔细核对,投标书的体式也要完整无缺

4.要堵塞漏洞

要防止投标书中出现漏洞,比如未密封或未加盖公章,或负责人未盖印章,或保证完成的时间与招标的规定不符等问题,看似细枝末节,但若不注意,就可能成为无效投标书。

5.要遵守法律法规

投标者不得相互串通投标报价,不得与招标者串通投标,也不得以低于成本的报价竞标。

情境完成 >>>

【例文6.3】【承包投标书】

××市××人民医院生活超市经营投标书

根据××市××人民医院院区内生活超市招标的要求,我符合承包经营的条件,决定对此进行投标。具体说明如下:

一、综合说明

我自2004年涉足商界,多年来我坚持守法经营,各种证照齐全,市场运转状况良好,具有较强的经营实力和经营优势,目前在广电南路与金明路郑州实验高考补习学校门口经营超市一个,超市与多数厂家建立了稳固的供货关系,确保了进货渠道正规、商品质量可靠。在超市的发展过程中,根据超市的发展需要,我与周边生活社区及学校、公司加强联系,超市得到了良性发展,商品质量受到了广大师生和顾客的好评。因此,我具有在经营超市、为市民服务的丰富经验,有能力做好医院超市的经营管理工作,能够较好地满足医院领导员工和广大病人及其家属的需求。

二、投标范围:生活超市

租赁费:3000/月或36000/年(大写叁千元/月或叁万陆千元/年)

三、经营保证

我们将严格按照医院对超市经营管理工作的要求,树立"一切为了医院员工和病人及其家属"的经营理念,建立健全各项管理制度,制定并严格遵循超市工作实施细则、经营方针和管理措施,把医院超市办成领导满意、病人满意、病人家属满意的文明窗口。

1.坚持遵纪守法,严格按照医院超市的经营条件标准和《食品卫生法》,办理办全营业执照、卫生许可证等各种证件,定期审核,并随时接受医院和各部门的监督检查。

2.严格按照规定的超市经营范围进行经营,把好进货关,做到进货渠道公开、商品价格公开,坚决杜绝"三无"商品。按照薄利多销的原则,确保价廉物美、卫生,保证顾客的身体健康。

3.充分发挥超市"窗口"作用,广泛听取和征求顾客的意见和建议,坚持"顾客就是上帝"的服务原则,努力使超市成为宣传医院、服务患者及其家属的阵地,积极为医院的精神文明建设做贡献。

4.积极与院方合作,坚决履行承包合同,保证按时交纳各项费用,确保超市正常运转。

投标人:×××

电话:××××××

×年×月×日

【例文 6.4】【大宗商品交易投标书】

投标书

致：××大学

根据贵校财招××××投标邀请,签字代表_____(全名、职务)经正式授权并代表投标方_____(投标方名称、地址)提交下述文件正本一份和副本五份。

(1)投标书、开标报价表。

(2)投标资格证明文件:营业执照、税务登记证"二证"加盖单位印章的复印件、产品代理协议复印件或厂商授权书。

(3)提供该厂家产品北京地区高校五个以上的大型网络工程案例(其中必须有"211"学校),并提供用户在本年度提供的反馈证明原件。

(4)自主产品及证明。

(5)相关部门颁发的荣誉证书的复印件。

(6)公司员工构成情况:提供本项目项目经理及主要技术人员的相关学历证明、网络工程师或安装资格认证等的复印件。

(7)产品厂商 ISO9000 系列认证证书。

(8)投标方认为有必要提出的合理化建议。

(9)出具投标单位基本情况和经营情况报告:中介机构审核后的 2001、2002 年两年的审计报告、资产负债表、损益表。

(10)服务承诺及对本项目的优惠条款。

(11)供应商资格声明。

(12)由_____(银行名称)出具的投标保证金汇票(或现金支票、现金),金额为_____。

据此函,签字代表宣布同意如下:

(1)所附报价表中投标总价为_____(注明币种),即_____(文字表述)。

(2)投标方将按招标文件的规定履行合同责任和义务。

(3)投标方同意提供按贵方可能要求的与投标有关的一切数据或资料,理解贵方不一定要接受最低价的投标。

(4)与本投标有关的一切正式通信地址:

地址：　　　　　　　　　　　　邮政编码：

电话：　　　　　　　　　　　　传　真：

投标方代表名称、职务：

投标方名称：

(公章)：

日期：　　年　月　日

全权代表签字：

情境拓展 >>>

三、经济标设计关键

企业能否入围,决定于经济标,其中的问题有:

(1)工程量的差异:建筑装饰变化多,经常出现定额中没有的项目,如异形装饰,定额以外的项目工程量有高低之差,怎样既能体现设计意图又要降低成本。

(2)材料的价差:材料在整个造价中占到40%~50%,按照设计要求选用同一品种材料价差很大,对工程造价影响较大。

(3)取费高低:国家现在是指导费率,企业管理水平不同费用也不同。

(4)利润高低:企业在投标中有的承诺让利,企业结合工程情况取利有高有低,例如有的企业由于淡季或业主还有后续工程而让利,投标中要做到知己知彼,确定利润率。

情境训练 >>>

需按下列顺序装订投标文件

一、投标书封面格式

投 标 书

项 目 名 称:

投 标 单 位:

投标单位全权代表:

投标单位: (公章)

年   月   日

二、投标书格式

投 标 书

致:深圳市方正正系统有限公司(招标方)

根据贵方为 _____ 项目招标采购货物及服务的投标文件 _____(招标编号),全权代表 _____(全名)_____ (职务)经投标方正式授权并代表依据中华人民共和国法律在 _____(注册地址)注册的投标方 _____(投标方名称)提交下述文件正本一份和副本一式 _____ 份。

(1)开标一览表

(2)投标价格表

（3）货物简要说明一览表

（4）按投标须知要求提供的全部文件

（5）资格证明文件

（6）其他：＿＿＿＿＿＿＿＿＿＿＿＿

投标方、全权代表宣布同意如下：

（1）按照招标文件中的一切内容，提供符合要求的设计和家具产品。

（2）投标方将按招标文件的规定、要求及投标方文件的每一项要求或承诺，按期、按质、按量履行合同责任和义务。

（3）投标方已详细审查全部招标文件，包括修改文件（如需要修改）以及全部参考资料和有关附件，我们完全理解并同意这些内容。投标方同意提供按照贵方可能要求的与其投标有关的一切数据或资料，并保证提供的投标文件均真实、完整，不存在任何虚假事项，投标方完全理解不一定要接受最低价格的投标或受到的任何投标，并自行承担与投标及相关过程中涉及的全部费用、风险、损失。

（4）投标自开标日期有效期为六十个自然日。

（5）与本投标有关的一切正式往来通信请寄：

地址：＿＿＿＿＿＿＿＿＿＿＿＿＿＿＿＿　邮编：＿＿＿＿＿＿＿＿

电话：＿＿＿＿＿＿＿＿＿＿＿＿＿＿＿＿　传真：＿＿＿＿＿＿＿＿

投标方全权代表姓名、职务：＿＿＿＿＿＿＿＿＿＿＿＿＿＿

投标方名称（公章）：＿＿＿＿＿＿＿＿＿＿＿

法定代表人签字：＿＿＿＿＿＿＿＿＿＿＿

日期：＿＿＿＿年＿＿＿＿月＿＿＿＿日

全权代表签字：＿＿＿＿＿＿＿＿＿＿＿

三、开标一览表

开标一览表

（设备招标样式）

招标编号：＿＿＿＿＿＿＿

	名称	主要技术参数或说明	数量	单位
设备价				

	名称	费用（元）	备注
其他费用			

除上述列明费用外,无其他任何再需要支出费用。

投标单位(盖章):＿＿＿＿＿＿＿＿＿＿

授权代表签字:＿＿＿＿＿＿＿＿＿＿

年 月 日

四、企业法人营业执照复印件

企业法人营业执照复印件,实行许可制度的,还应提供生产许可证复印件。

五、投标企业资格报告

(1)投标方投标时,应填写和提交规定的文件以及提供其他有关资料。

(2)对所附表格中要求的资料和询问应作出肯定的回答。

(3)资格文件的签字人应保证他所作的声明以及回答一切问题的真实性和准确性。

(4)投标方提供的资格文件将由投标方和买方使用,并据此进行评价和判断,确定投标方的资格和能力。

(5)招标方对投标方提交的文件将予以保密,但不退还。

(6)全部文件应以中文书写,正本 1 份,副本 7 份,按投标须知进行封装。

(7)附相关格式:

(格式1)

制造厂商授权函

致(招标方)＿＿＿＿＿＿＿＿＿＿＿＿:

为响应贵方＿＿＿＿＿＿年＿＿＿＿月＿＿＿＿日第＿＿＿＿号招标书,下述制造厂商兹授权投标方＿＿＿＿＿＿＿＿＿＿＿＿及下面签字人＿＿＿＿＿＿＿＿＿＿＿＿参加投标,提供货物需求一览表中规定的＿＿＿＿＿＿＿＿＿＿(货物品目号和名称),提交下述文件并证明全部说明是真实的和正确的。

(1)由制造厂商提供的＿＿＿＿＿＿＿＿＿＿(货物品目号和名称)参加投标。授权书 1 份正本,1 份副本。签字人代表该制造厂商并受其约束。

(2)制造厂商的资格声明,有 1 份正本,＿＿＿＿＿份副本。

下述签字人在证书中证明本资格文件中的内容是真实的和正确的,同时附上我方银行＿＿＿＿＿＿(银行名称)出具的资信证明。

制造厂商:＿＿＿＿＿＿＿＿＿＿＿＿(盖章)

授权签署本资格文件人:＿＿＿＿＿＿＿

名 称:＿＿＿＿＿＿＿＿＿＿＿ 签字:＿＿＿＿＿＿＿＿＿＿＿

地 址:＿＿＿＿＿＿＿＿＿＿＿ 打印姓名:＿＿＿＿＿＿＿＿＿

电 话:＿＿＿＿＿＿＿＿＿＿＿ 职务:＿＿＿＿＿＿＿＿＿＿＿

传 真:＿＿＿＿＿＿＿＿＿＿＿ 电话:＿＿＿＿＿＿＿＿＿＿＿

邮 编:＿＿＿＿＿＿＿＿＿＿＿

（格式2）

制造厂商资格声明

1.名称及概况

(1)制造厂商名称：＿＿＿＿＿＿＿＿＿＿＿＿＿

(2)制造厂商注册地址：＿＿＿＿＿＿＿＿＿＿＿＿＿

　　传真/电话：＿＿＿＿＿＿＿＿＿＿＿＿＿

(3)注册日期：＿＿＿＿＿＿＿＿＿＿＿

(4)实收资产：＿＿＿＿＿＿＿＿＿＿＿

(5)近期资产负债表(到＿＿＿＿年＿＿＿＿月＿＿＿＿日止)

a.固定资产：＿＿＿＿＿＿＿＿＿＿＿＿＿＿＿＿＿＿＿＿＿＿

b.流动资金：＿＿＿＿＿＿＿＿＿＿＿＿＿＿＿＿＿＿＿＿＿＿

c.长期负债：＿＿＿＿＿＿＿＿＿＿＿＿＿＿＿＿＿＿＿＿＿＿

d.短期负债：＿＿＿＿＿＿＿＿＿＿＿＿＿＿＿＿＿＿＿＿＿＿

e.净值：＿＿＿＿＿＿＿＿＿＿＿＿＿＿＿＿＿＿＿＿＿＿＿＿

(6)主要负责人姓名：＿＿＿＿＿＿＿＿＿＿＿＿＿

2.(1)关于制造投标货物的设施及其他情况：

工厂名称和地址：＿＿＿＿＿＿＿＿＿＿＿＿＿＿＿＿＿＿＿＿＿

年生产力：＿＿＿＿＿＿＿＿＿＿＿＿＿＿＿＿＿＿＿＿＿＿＿＿

职工人数/其中工厂技术人员数：＿＿＿＿＿＿＿＿＿＿＿＿＿＿＿

(2)制造厂商不生产而需从其他制造厂商购买的主要零部件：

制造厂商名称和地址：＿＿＿＿＿＿＿＿＿＿＿＿＿＿＿＿＿＿＿

3.制造厂商生产投标货物的经历(包括项目业主、额定能力、初始商业运行日期等)：

4.近三年该货物在国内外主要用户的名称和地址：

名称、地址：＿＿＿＿＿＿＿＿＿＿＿＿＿＿＿＿＿＿＿＿＿＿＿

销售项目：＿＿＿＿＿＿＿＿＿＿＿＿＿＿＿＿＿＿＿＿＿＿＿＿

(1)出口销售

(2)国内销售

5.近三年的年营业额：

年份＿＿＿＿＿＿出口＿＿＿＿＿＿＿＿国内＿＿＿＿＿＿＿＿总额＿＿＿＿＿＿＿＿

6.易损件供应商的名称和地址：

部件名称＿＿＿＿＿＿＿＿＿＿＿＿＿＿供应商＿＿＿＿＿＿＿＿

7.有关开户银行的名称和地址：＿＿＿＿＿＿＿＿＿＿＿＿＿＿＿＿

8.制造厂商所属的集团公司(如果有的话)：＿＿＿＿＿＿＿＿＿＿＿

9.其他情况：

兹证明上述声明是真实、正确的,并提供了全部能提供的材料和数据,我们同意遵照贵方要求出示有关证明文件。

制造厂商名称：＿＿＿＿＿＿＿＿＿＿＿＿＿＿＿＿＿(盖章)

授权代表签字：＿＿＿＿＿＿＿＿＿＿＿＿＿＿＿

授权代表职务：＿＿＿＿＿＿＿＿＿＿＿＿＿＿＿

电话/传真：_____

日期：_____年_____月_____日

六、投标设备报告

投标设备报告应包括下述内容：

1.投标设备型号、规格、技术参数和说明。

2.投标设备的质量标准、检测标准、测试手段。

3.对投标设备的设计、制造、安装、测试等方面采取技术和组织措施。

4.交货地点、交货时间、交货方式、交货进度及运输条件。

5.技术服务、售后服务（保修服务）。

6.备品备件提供情况。

7.投标单位认为有必要说明的问题。

七、投标设备偏差表

注：如投标设备规格、性能、技术参数与招标要求不完全一致时请填此表。如全部满足要求可不交此表。

投标设备偏差表

招标文件编号：

序号	设备名称	型号及规格	数量	招标设备要求数据	投标设备实际数据

八、法定代表人授权书

法定代表人授权书

（招标方）_____：

现委派我公司_____（姓名、职务）参加贵方组织的_____招标活动，全权代表我单位处理投标、竞标、应标及后期的执行、完成和保修等事宜，以本公司名义全权处理一切与之有关的事务。

附全权代表情况：

姓　　名：_____年　龄：_____性　别：_____

身份证号：_____

职　　务：_____邮　　编：_____

通信地址：_____

电　　话：_____传　　真：_____

投标单位（盖章）：

法定代表人（签字）：

日期：　年　月　日

任务 3   制作意向书

情境设置 >>>

在首届中美区域教育交流与合作交流会上，宁波市教育局与华盛顿特区教育局签署了教育合作框架意向书。根据协议，双方将共建各类涵盖学校、学生及其学校工作者等层面的交流项目机制，以促进文化交流，增进友谊；适时地开发和引入各类项目，比如"双语双文化"项目，以帮助对方学生的中英文语言学习；学生、管理者、校长和教师交流项目；姐妹学校结对；非商业用途的教材交流等。

情境链接 >>>

一、意向书概述

（一）意向书的概念

意向书是当事人双方或多方之间，在对某项事物正式签订条约、达成协议之前，表达初步设想的意向性文书。

意向书为进一步正式签订协议奠定了基础，是协议书或合同的先导，多用于经济技术的合作领域。它是公司或个人为某项业务出具的非正式函件。虽然它不具备合约的约束力，但表明签署人的严肃态度。如互惠基金持有人保证每个月的投资数额承诺，并购过程中买卖双方经过认真讨论后签署的初步文件等。

（二）意向书的种类

经济技术合作领域的广泛性，决定了意向书种类的多样性。如合作意向书、投资意向书、就业意向书、贷款意向书、求职意向书、聘用意向书和购房意向书等等。

（三）意向书的特点

其一是协商性；其二是灵活性，意向书不像协议、合同那样一经签约不能随意更改，意向书比较灵活，在协商过程中，当事人各方均可按各自的意图和目的提出意见，在正式签订协议、合同前亦可随时变更或补充，最终达成协议；其三是简略性。

情境分析 >>>

二、意向书的具体写作

（一）意向书的结构与写法

意向书的结构：标题＋正文＋尾部。

1. 标题

(1)项目名称＋文种。如"就业意向书"、"求职意向书"等。

(2)文种,即"意向书"。

2. 正文

正文的构成:导语＋主体＋结尾。

(1)导语

写明合作各方当事人单位的全称,双方接触的简要情况,磋商后达成的意向性意见。然后用"本着××原则,兴建××项目"作为导语的结束。

(2)主体

分条款写明达成的意向性意见,可参照合同或协议的条款排列。

(3)结尾

写明"未尽事宜,在签订正式合同或协议书时再予以补充"一语,以便留有余地。

3. 尾部

意向书签订各方单位的名称、代表人姓名并加盖公章、私章及日期。

(二)写作注意事项

1. 语言准确,表达清楚;

2. 忠实于洽谈内容。

情境完成 >>>

【例文6.5】【合作意向书】

学生实习合作意向书

甲方:苏州工业园区劳务服务有限公司

地址:苏州工业园区星海街198号星海大厦　联系电话:0512－67628354

传真:0512－67628341

乙方:_____

地址:　　　　　　　　　　　联系电话:

传真:

甲、乙双方经友好协商,就乙方学生实习安排事宜,本着精诚合作、互惠互利的原则,特订立合作意向书如下:

一、乙方在制订学生实习计划时,提前向甲方通告学生资源情况。甲方也预先向乙方提供苏州工业园区外资企业(客户公司)招聘实习生的需求信息、客户公司的相关信息,如薪资待遇、工作时间、住宿条件、交通等。如甲、乙双方均有合作意向,则乙方优先考虑按甲方的要求,提供优秀的、数量充足的实习学生。

二、甲方负责对乙方的学生进行考核筛选,并将合格者安排到客户公司实习。

三、甲方按照实际人数收取乙方安置费_____元/人。

四、甲、乙双方共同负责对学生的实习管理,稳定实习生队伍,确保客户公司的满意度。

本协议一式两份,甲、乙双方各执一份,由双方代表签名,盖章后生效。

甲方: 乙方:

代表签字: 代表签字:

日期: 日期:

情境拓展 >>>

【例文6.6】【求职意向书】

求职意向书

尊敬的主管:

您好! 当您翻开这一页的时候,您已经为我打开了通往机遇与成功的第一扇大门。首先,非常感谢您在百忙之中垂询我的自荐材料,为一位满腔热情的大学生开启一扇希望之门,给我一个迈向成功的机会,希望我以下的阐述能让您感受到我真诚的工作意愿。

我是安徽理工大学_____专业的一名_____年级学生,我性格开朗、有活力,待人真诚热情。工作认真负责,积极主动,能吃苦耐劳。有较强的团体协作精神,心理承受能力较好,能较快地适应各种环境,并融合其中。

(个人介绍,略)

我在此冒昧自荐,希望贵公司可以给我一个学习和锻炼的机会,让我在具体工作中进一步地熟悉整个工作流程,及相关工作的具体专业要求,我一定会在实际工作中尽职尽责、积极进取、认真学习,充分发挥自己的才智和创新精神,努力将自己的能力与实际工作相结合。

我相信好的开端是成功的一半。希望贵公司是我职业生涯的起点,诚挚渴望能有幸同贵公司一起共创美好未来。再次表示我真诚的求职意愿与谢意!

此致

敬礼

求职人:×××

×年×月×日

情境训练 >>>

1.掌握意向书的写作要点

2.熟练地写作意向书

任务 4 制作经济合同

情境设置 >>>

新世界百货照明升级改造项目的实施过程中,飞利浦创新地引入了合同能源管理模式,通过与节能服务公司深圳协鑫智慧能源有限公司合作,为新世界百货节省了可观的初始资金投入,消除了客户对前期投入占用资金的顾虑,从而有效地推动了 LED 照明改造项目的通过与实施。"合同能源管理是一种基于市场运作的全新节能机制,其核心是'我投资,你节能,共分利',用能单位无需投资,节能服务公司出资改造或升级设备,项目完成后以节省的能源费用(如电费)来回收项目投资的全部成本并实现利润。"据深圳协鑫智慧能源有限公司总经理张建元介绍,在此次项目中,飞利浦负责设计和提供 LED 照明解决方案,深圳协鑫是项目的初始投资者和施工方。"过去一年的成果令人鼓舞,最终证明这种商业模式是可行且成功的,也是可以复制的。"张建元表示。如何保障该项经济活动顺利实施?

情境链接 >>>

一、经济合同概述

(一)经济合同的概念

法人之间为显示一定经济目的,明确相互权利、义务关系而订立的协议。一般都采用书面形式。

主要条款有:标的(指货物、劳务、工程项目等);数量和质量;价款或酬金;履行的期限、地点和方式;违约责任;根据法律规定的或按经济合同性质必须具备的条款以及当事人一方要求必须规定的条款。

签订经济合同是一种法律行为,必须遵循合法原则、平等互利原则、协商一致原则和等价有偿原则。经济合同依法成立,即具有法律约束力,当事人必须全面履行合同规定的义务,任何一方不得擅自变更或解除合同。违反合同,要追究责任,赔偿损失,直至法律制裁。

(二)经济合同的种类

1.按经济合同的内容和业务范围来划分

(1)购销合同

购销合同是供需双方有偿转让一定数量的物质财产而明确双方权利和义务的协议。按其标准可分工矿产品购销合同和农副产品购销合同两大类。

(2)建设工程承包合同

建设工程承包合同是承包者和发包者以基本建设为目的,根据经批准的计划和设计标准规定的基本建设程序而签订的规定相互权利和义务关系的协议,它包括勘察设计和建筑安装两种。

（3）加工承揽合同

加工承揽合同是定作方根据自己的品名、项目、质量、数量等方面的要求，由承揽方给予加工、定作、修缮等，双方为明确权利义务关系而签订的协议。

（4）货物运输合同

货物运输合同是承运方和托运方按照国家运输的管理法规，托运方委托承运方将指定的货物运达约定的地点，托运方支付一定的报酬而确定双方权利义务关系的协议。

（5）仓储保管合同

仓储保管合同是工业、农业、商业或物资部门与仓储保管部门之间签订的材料、设备、产品等物资的储存合同。

（6）财产租赁合同

财产租赁合同是出租方将出租物资交给承租方临时使用，承租方按照约定向出租方支付一定的租金或报酬，在租赁关系结束后将原租物资返还给出租方。它常分为生产资料租赁合同和生活资料租赁合同两大类。

（7）借款合同

借款合同指企业、个人、机关团体在生产过程、商品流通过程或其工作中，因其资金紧缺，临时性与银行和信用社签订的借贷资金协议。

（8）财产保险合同

财产保险合同是投保方向保险方交纳规定的保险费，保险方在发生保险事故时负赔偿责任的合同，包括财产保险、农业保险、责任保险、运输工具保险、货物运输保险等。

（9）供用电合同

供用电合同是供电方按照规定的供电标准和电力分配计划，保质保量地向用电方输送电力，用电方按规定用电并支付电费的合同。

（10）科技协作合同

科技协作合同是委托人或技术授让方委托受托方或技术转让方进行科研、测试、成果转让、技术协作等付给一定报酬而确定相互权利和义务关系的协议。

2.按经济合同的表现形式分类

（1）条款式经济合同

条款式经济合同是用文字叙述的形式，把双方协商一致的合同内容，一条一条地记载下来。

（2）表格式经济合同

表格式经济合同是把某些合同关系必然涉及、必须明确规定的内容设计印制成固定的表格，当订立这些合同时，按表格项目一一填写就可以了。

（3）表格条款结合式经济合同

表格条款结合式经济合同是把条款式合同和表格式合同结合起来，既有文字叙述的条款，又有固定的表格，使用机动灵活，运用范围广。

(三)经济合同的特点

1.经济合同是双方或多方的法律行为

首先,合同必须双方或多方当事人意思表示一致。意思表示不一致,即未取得一致的协议,合同就不能成立。其次,签订合同的双方或多方当事人,必须具有合法的资格,即具有签订合同的权利能力和行为能力。

2.合同双方或多方当事人的法律地位平等

合同双方或多方当事人的法律地位是平等的。任何一方都不得把自己的意志强加给对方,任何组织和个人不得非法干预。采取胁迫手段所签订的合同是无效合同。

3.合同是合法的民事行为

经济合同一经依法签订,就具有了法律效力,各方面的权利和义务受到国家法律的保护,任何一方违约都要承担经济和法律责任。执行经济合同中发生纠纷时,由当事人协商解决。协商不成时,任何一方均可向合同管理机关申请调解或仲裁,亦可向法院起诉。

情境分析 >>>

二、经济合同的具体写作

(一)经济合同的结构与写法

书面合同无论采用条文式、表格式、条文与表格结合式哪一种格式,一般都由以下四个部分组成。

1.标题

标题即合同名称,写在第一行居中的位置,字体要稍大一些,它由合同的性质和文种组成,如"基本建设合同"、"粮食定购合同"。

标题的下方应标明合同编号。

在表格式合同中,签订日期和地点也可放在标题的右下方,与编号上下排列,用小一号字体。

2.签约当事人名称

第二行空两格写明签订合同双方或多方单位名称和法定代表人姓名,机关单位应写全称,企业应按照营业执照上核准的名称填写。为了后面行文方便,常在名称后面括号内注明"甲方"、"乙方"或"供方"、"需方"或"卖方"、"买方",如有第三者可简称为"丙方"。

3.正文

正文是合同的主体和核心,一般包括前言、条款和附则三个部分。

(1)前言

前言主要交代签约的目的和根据,文字要求简洁明了。如"为了……根据……经双方充分协商,订立如下合同,共同遵照执行"。有的合同则省略了前言。

(2)条款

条款即合同具体内容。根据《合同法》规定,合同内容一般包括以下条款:

第一,标的。标的是当事人双方的权利和义务共同指向的对象。如货物、劳务、工程项目等。买卖合同的标的是某种产品,借款合同的标的是货币等。标的必须写得明确具体,否则合同就是一纸空文。

第二,数量和质量。数量和质量是对标的数量和质量的要求。数量和质量是确立当事人权利和义务大小的尺度。数量单位如重量、体积、长度、面积等要采用国家统一的公制单位。质量是检验标的内在素质和外观形态优劣的标志,它可用规格、型号、品种、含量、成分、等级、商标等来表示。质量要求如有国家标准、行业标准的,应依此标准确定。没有国家标准、行业标准的,应按通常标准或符合合同目的的特定标准确定。在合同中,数量和质量要表达得准确无误、具体、清楚,否则合同无法执行。

第三,价款或报酬。价款或报酬是指取得合同标的的一方向对方支付的代价。以物为标的,其代价叫价款;以劳务为标的,代价叫报酬。它们一般是以货币数量表示的。价款或报酬一定要依据国家的政策和法令合理议定。

第四,履行的期限、地点和方式。履行的期限是指缔约者履行义务和享有权利的期限,要具体写明年、月、日。履行的地点和方式,是指交(提)货、服务、建设、付款等的地点和方式。如交货的地点是甲方单位还是乙方单位,是送货或是自提,是分期付款还是一次性交清,是付现金还是银行转账等。

第五,违约责任。违约责任是指当事人一方不履行合同义务或者履行合同义务不符合约定的,应当承担继续履行、采取补救措施或者赔偿损失等责任。当事人可以约定一方违约时应当根据违约情况向对方交付一定数额的违约金,也可以约定因违约产生的损失赔偿额的计算方法。违约责任要事先商定写明,这是预防违约和违约后处理的依据。

第六,解决争议的方法。当事人如果在履行合同时发生争议,可以通过和解或者调解来解决,也可以通过仲裁方式解决,还可以通过法院审判解决。具体解决争议的方法,也要由双方预先约定,并在合同中写明。

除以上条款外,根据法律规定的或按合同性质必须具备的条款,以及当事人一方要求必须规定的条款,也应写上。

(3)附则

附则包括合同有效期限、份数、保存方式以及补充办法等。合同如有附件,也要写明附件的名称、份数、页数,并将附件附在合同后面。

4.尾部

尾部应写明签约单位全称并加盖公章或合同专用章,要有双方代表签名。如果是由双方主管机关鉴证或已经由公证机关公证的,也要具名并加盖印章。为了联系方便,还要写上合同当事人的地址、邮编、电话、银行账号等。最后写上签订合同的年、月、日。

(二)拟写经济合同的要求

1.内容必须正确无误

合同的内容直接关系到签约双方的权利、义务、法律责任和经济利益,因此,要求合同的内容必须正确无误。首先,合同的内容条款必须符合国家法律、行政法规的规定,符合有关方针、政策的要求;其次,合同的内容必须忠于签约双方当事人协商一致的意思;第三,合同的内容必须写得具体、明确、完备、周密。

2.语言必须准确规范

合同一般是书面语言形式的协议,应特别注意语言要准确规范,避免因措词不当、模棱两可、含混不清而产生歧义,要求表述层次分明、结构严谨、条理清楚、标点符号正确。对于物名、人名、地名、数字、引文都要准确无误。

另外,制作合同时,书写必须清楚工整

合同的书写,字迹要清晰、工整,文面要整洁。严禁字迹潦草、模糊、文面杂乱。涉及钱物数目要用汉字大写。要用钢笔或毛笔书写,不可用铅笔或圆珠笔书写。书写有错漏时,应在修改补充处加盖印章,以示负责。

情境完成 >>>

【例文 6.7】【购销合同】

教材购销合同

供方 _____

需方 _____

经双方协商,特签订本合同,以便共同信守。

一、标的:见附件(××××学院院 2008 年上期教材订购清单)。

二、质量标准:正版。若为盗版教材,需方将拒付一切货款,一切有关的罚款由供方负责。

三、交货时间、地点:供方于 2008 年 2 月 22 日(阴历正月十六日)前将标的物交购货方书库。逾期 3 天以内每天需方按 1000 元的标准扣减货款,逾期 3 天以上每天需方按 1500 元的标准扣减货款,并由供方负责赔偿对方的全部经济损失;特殊情况双方另行协商。

四、付款方式:教材入库 2 个月内经用无质量问题,需方予以支付货款(货款仅限于打折后的书款,运输费、包装费等费用概由供方负责)。

五、多余的教材处理:需方可将购入的多余教材退回给供货方。

六、本合同一式两份,双方各执一份。

七、本合同签订后,双方须共同遵守,若需修改,应经双方协商同意。

供方:(盖章)　　　　　　　　　需方:(盖章)

法人代表签章:　　　　　　　　　法人代表签章:

经手人签字:　　　　　　　　　　经手人签字:

20　年　月　日　　　　　　　　20　年　月　日

【例文 6.8】【加工承揽合同】

加工承揽合同

合同编号:

需求方:　　　　　　　　　　　　　　　(以下简称甲方)

供应方:上海海螺服饰有限公司　　　　　(以下简称乙方)

签订地点:

经甲乙双方友好协商,依据我国《合同法》的有关规定以及其他相关法律法规的规定,就甲方向乙方采购相关企业服饰事宜约定如下:

一、采购产品情况（品名或项目、规格型号、数量、单价、金额）

品名	材质、款式	计量单位	尺寸	数量	单价(元/件)	总金额(含税)
合计人民币 （含税价）	大写：					

二、打样时间约定

自本合同生效之日起_____个工作日内，乙方负责按甲方要求制作样衣，经甲方确认后的样衣将作为乙方最终交货的标准。

三、交货时间、地点及运费

合同生效且_____%预付款到乙方账户、确认协议第一条中各品名的尺码数量后_____天内交货（具体数量双方协商确认以书面传真或电子邮件方式确认）。交货地点为甲方指定地点（中国境内），运费由_____方承担。

四、质量要求及技术标准

按照甲乙双方事先确认的样衣为标准，货物主要技术指标说明如下表：

货物名称	品质说明	性能指标	制作标准	品牌	生产场地	质保期
			按国家行业标准	海螺	上海海螺服饰有限公司	

五、验收标准、方法及期限

以甲乙双方确认的样衣为准。如甲方发现货物的品种、面料、数量、颜色、规格与装箱单不符，应于收到货物后_____个工作日内以书面形式通知乙方；经乙方核实后，尽快做出相应的处理。若乙方交付的货物不符合本合同标准的，乙方应当负责更换或者退货，因此产生的所有费用应当由乙方承担。

六、包装要求及费用负担

乙方按其企业或行业标准提供包装，费用由乙方承担。

七、结算方式和期限

合同生效且收到乙方发票后_____日内甲方支付总价款_____%作为预付款，计人民币_____，双方约定汇款方式为甲方电汇，乙方收款账户为：

收款人：

开户行：

账号：

最终结算金额以实际定做、双方签字确认的数量和金额为准，自甲方验收合格之日起_____日内，甲方一次性支付其余货款。

八、违约责任：

1.合同生效后合同一方单方解除合同的，合同一方有权要求违约一方支付总合同金额的20%作为违约金。

2.因甲方不能按照合同约定的时间安排人员量体的或者按企业标准提交尺码的，交货时间按照实际确定尺码时间顺延,不能交货的责任由甲方承担。

3.若乙方提供的样衣与甲方定做的服饰存在较大差异,甲方有权拒绝付款。

九、合同争议的解决方式

本合同在履行中发生的争议,由双方当事人协商解决;协调或调解不成的,双方当事人同意向甲方所在地管辖权的人民法院起诉。

十、本合同一式两份,甲方乙方各执壹份,自双方签字盖章之日起生效。合同未尽之事宜,由甲乙双方另行签订补充协议。

(以下无正文)

甲方:	乙方:
地址:	地址:
电话:	电话:
代表人:	代表人:
时间:＿＿＿年＿＿＿月＿＿＿日	时间:＿＿＿年＿＿＿月＿＿＿日

情境拓展 >>>

三、合同的效力确认

有效合同要求当事人、经办人和代理人的资格要合法;经济合同的内容必须符合国家的法律、行政法规,不得违背社会公共利益;根据《合同法》第二条、第三条、第四条、第五条、第七条规定,经济合同应具备下列四个要件:经济合同当事人、经办人和代理人的资格要合法;经济合同的内容必须符合国家的法律、行政法规,不得违背国家利益或者社会公共利益;合同当事人必须平等自愿,协商一致,意思表示真实;合同的形式和主要条款必须完备。

具备了上述四个要件的经济合同,为有效合同。但现实生活中,这种从内容到形式都十分完备的合同是不多见的。对于那些为数众多、要件残缺的经济合同,其效力应如何确认?

(一)经济合同当事人、经办人和代理人的资格要合法

根据《合同法》第二条规定:"本法适用于平等民事主体的法人、其他经济组织、个体工商户、农村承包经营户相互之间为实现一定经济目的,明确相互权利义务而订立的合同。"可见,经济合同的主体必须具有法定主体资格,也就是主体要合格。这是经济合同与一般民事合同相区别的重要标志之一,也是人民法院或者仲裁机构审查合同是否有效的一个重要标准。

根据中国《民法通则》第三十七条的规定,作为法人的社会组织应当具备下列四个条件:

依法成立;有必要的财产或者经费;有自己的名称、组织机构和场所;能够独立承担民事责任。只有同时具备了法人的上述四个条件的社会组织方能以法人名义对外签订经济合同。反之,凡是不具备上述四个条件的社会组织就不是法人,即不具备法人资格,虽然可能具备其他主体的条件并以其他组织、个体工商户、农村承包经营户的名义来签订经济合同,但是不能以法人名义签订经济合同。如果他们以法人名义对外签订经济合同,属经济合同主体不合格。应当确认所签订的经济合同无效。

其他经济组织、个体工商户、农村承包经营户虽然不具备法人资格,但是在依法取得营业执照后也就依法取得经济合同当事人的资格,可以在国家允许的个体工商户和农村承包经营户的业务范围内依法签订经济合同。如果未经依法核准登记并领取营业执照，即以其他经济组织、个体工商户、农村承包经营户名义签订的经济合同应当确认为无效。上述经济合同当事人在具备法定主体条件后所签订的经济合同是否就必然有效呢？这里还有一个经营宗旨和经营范围的问题。根据《民法通则》第四十二条规定："企业法人应当在核准登记的经营范围内从事经营。"《合同法》第七条规定："违反法律、行政法规的经济合同无效。"因此，经济合同当事人只能根据批准业务范围，或者依法享有的组织活动的范围签订经济合同。凡是超越经营范围签订的经济合同都是无效合同。这已经为中国现行法律所明确规定，也是当今世界各国的惯例。《民法通则》第四十二条的规定是强制性规范，不允许以任何方式加以变更或违反。经济合同当事人如果违背其宗旨或擅自改变或扩大其经营范围就会导致合同无效的后果。经济组织之所以要在其经营范围内进行经济交往，签订经济合同，是因为企业的经营范围决定了企业的生产规模、技术条件和原材料的来源。经济组织超出这个范围订立经济合同，那么就会使合同的履行得不到可靠的保证，妨害交易安全。如果企业需要变更或扩大经营范围，根据中国《民法通则》第四十四条的规定，必须向登记机关办理登记并公告，在未办理必要的法定手续前，擅自变更或扩大经营范围而签订的经济合同应属无效。

如果经济合同是企业法人的法定代表人、其他经济组织的主要负责人授权的其他经办人或者委托的代理人代为签订的，在审查合同主体是否具有法定资格的同时，还应注意审查经济合同签订人是否具有代理人、经办人的资格。一般情况下，经济合同应当由法人的法定代表人、其他经济组织的主要负责人签订。但是经法定代表人、主要负责人授权的经办人或者委托的代理人也可以签订经济合同。根据《民法通则》第六十三条规定："公民、法人可以通过代理人实施民事法律行为。代理人在代理权限内，以被代理人的名义实施民事法律行为。被代理人对代理人的代理行为，承担民事责任。"《合同法》第十条规定："代订经济合同，必须事先取得委托人的委托证明，并根据授权范围以委托人的名义签订，才对委托人直接产生权利和义务。"法定代表人或者主要负责人在授权所属职能部门的负责人或业务人员签订经济合同的同时，必须要有授权委托书，委托或者授权证明中明确当事人双方名称、委托事项、权限和期限等，并且应在授权范围内以委托人的名义签约。被委托人超越授权范围订立的经济合同所带来的法律后果应当由代理人自己承担。在一些单位委托本单位业务人员或聘请外单位人员签订经济合同但未给予正式的、完备的授权委托书的情况下，对合同签订人的代理资格和代理权限，应当作具体分析：

（1）合同签订人用委托单位加盖公章的空白合同书，或者用委托单位的合同专用章签订合同的或者合同签订人持有委托单位出具的订立合同或者联系业务的介绍信签订经济合同的，应视为委托单位授予合同签订人代理权。因此，在这种情况下所签订的经济合同应确认为有效。

（2）合同签订人未持有委托单位的任何委托证明文件所签订的经济合同，如果委托单位未予盖章，在这种情况下，应当确认所签订的经济合同无效。但是如果委托单位已经开始履行，应当视为委托单位对合同签订人的代理权已经予以追认，因此，在这种情况下所签订的经济合同有效。但是如果委托单位不予承认，根据《民法通则》第六十六条之规定"没有代理权、超越代理权或者代理权终止后的行为，只有经过被代理人的追认，被代理人才承担民事责任。未经追认的行为由行为人承担民事责任"，《合同法》第七条之规定"代理人超越代理权签订的合同或以被代理人的名义同自己或者同自己所代理的其他人签订的合同"是无效的。

(二)经济合同的内容应当符合法律、行政法规,不违背国家利益或者社会公共利益

根据《合同法》第四条规定:"订立经济合同,必须遵守法律和行政法规。任何单位和个人不得利用合同进行违法活动,扰乱社会经济秩序,损害国家利益和社会公共利益,牟取非法收入。"第七条规定:"违反法律和行政法规、违背国家利益或者社会公共利益的经济合同是无效的。"合同的内容合法指合同的标的、数量、价格、履行方式等必须符合国家法律、行政法规,不得违背国家利益或者社会公共利益。这里的法律和行政法规,我认为是指国家立法机关颁布的法律和国务院制定的行政法规中的强制性规定。中国司法实践认为,确认非法合同无效是指"对于违反法律强制性规定的合同依法确认无效,而不是违反任何法律、法规的任何合同都无效。对于违反非强制性规定的一般行政管理规定的合同,一般并不必然无效"。如果任意扩大法律法规的范围,将各个部门、各个地方所制定的各种文件均作为确认合同效力所依据的法律法规来对待,则势必会造成交易中禁例如林,民事活动中处处陷阱,行政干预法力无边,当事人寸步难行。各国立法都确认了违反公序良俗或者公共秩序的合同的原则。中国虽未采用公共秩序或者善良风俗的概念,但是确立了社会公益的概念。《民法通则》第五十八条规定:"违反国家利益或者社会公共利益的民事行为无效。"经济合同作为双方法律行为当然要遵守这一规定,否则,如果经济合同当事人所签订的经济合同违反国家利益或者社会公共利益,就应当确认该经济合同无效。因此,经济合同内容是否合法是经济合同是否有效的决定性要件,它具有排除其他一切有效要件的效力。因此,人民法院和仲裁机构在确认合同的效力时,要特别注重对合同内容的审查,并注意以下几点:

首先,审查合同的标的是否违法。标的违法是指合同的标的物为国家法律、行政法规所禁止。中国的有关法律、政策法规对工商企业所经营的品种和范围都作了比较明确的规定,任何单位或个人都不得违反,否则,签订的经济合同无效。比如,中国的有关法律、行政法规严禁任何单位或者个人买卖毒品。如果违反这一规定,不仅所签订的经济合同无效,而且还要依法追究相关直接责任人的法律责任。由此可见,合同的标的是人们审查合同内容是否合法的关键,经济合同标的违法,必然导致整个合同无效。

其次,要审查合同的其他主要条款的内容是否违法。例如:合同标的质量标准要遵守《中华人民共和国标准化法》和有关产品质量的法规的规定,价格条款要遵守《中华人民共和国价格法》及国家有关价格的规定,等等。合同主要条款中若有某一项条款违法,那么合同是全部无效还是部分无效?不能一概而论。根据《合同法》第七条规定的精神,合同主要条款中有部分条款违反国家法律、行政法规规定的,如果该条款涉及合同的本质,则整个合同无效;如果不涉及合同的本质,对其他条款的效力也有影响的话,则该条款规定的内容无效,其余部分仍然有效。在经济合同主要条款中,一般说来,如果合同的标的涉及合同的本质,标的违法必然导致整个合同无效。而价格、数量、质量、履行方式、违约责任等款项不涉及合同的本质,因此,其中某一项条款违法只会导致合同部分无效。

再次,对为达到非法目的而签订的经济合同效力问题。以合法形式掩盖非法目的的经济合同是指当事人通过实施合法的行为来掩盖非法的目的,这种合同又称"隐匿合同"。这种行为就其外表看是合法的,但是外表行为只是达到非法目的的手段。这类经济合同,其形式是合法的,但却是为了达到非法的目的,因而也应确认其无效。

上述三个方面不是孤立的,在处理具体案件时,如果把它们综合起来加以分析,合同的

内容是否违法就比较容易确认了。

(三)经济合同双方必须平等自愿、协商一致、意思表示真实

《合同法》第五条规定："订立经济合同,必须遵循平等互利、协商一致的原则,任何一方不得把自己的意志强加给对方。"这一原则的精神,在于保障合同双方当事人处于平等的法律地位。违反这一原则的经济合同是屡见不鲜的,例如:采取欺诈、胁迫手段订立的合同,因重大误解而签订的合同,一方乘对方急需而签订显失公平的合同,等等。这些合同虽然都在不同程度上违背了当事人的真实意志,但由于违背的程度不同,因而在确认其效力时,也应区别对待。

1.采取欺诈、胁迫等手段订立的经济合同无效

这类合同,有的是在签约主体、履约能力或标的质量等方面故意制造假象或有意隐瞒真相,使对方受骗上当而订立的合同;有的卖方用在市场上购得的合格品冒充本企业生产的不合格品,以此为样品欺骗购货方,搞欺诈合同;有的凭借其特有的经济实力和经营权利,对业务上依附于它的企业以中断"援助"、停止加工或撤回技术人员、设备等手段相要挟而签订的"霸王合同";还有的是上级领导机关及其工作人员利用行政手段硬性推销滞销、残次商品而与下级单位签订的"老子合同",等等。这些合同尽管欺诈或胁迫的方式不同,但都从根本上违反了平等互利、协商一致的原则,完全违背了当事人的真实意志,因而根据《合同法》第七条第二款的规定,应属无效合同。

2.因重大误解和乘人急需而签订的显失公平的合同

应根据受害方当事人的申请确认无效。所谓重大误解而签订的经济合同就是合同一方当事人对合同的本质条件发生误解而签订的经济合同。所谓乘人急需而签订的显失公平的合同主要是指合同当事人一方利用对方的某种急迫需要而强使对方违背本意接受非常不利的条件,而使自己从中获得较大利益的经济合同。这两类合同是否有效之所以要取决于当事人的申请,就在于合同当事人一方在签订合同时是否发生重大误解,是否乘其急需而又违背其本意,人民法院或合同管理机关是无法断定的,只有当事人一方自己提出并加以举证,方可加以确定。人民法院和管理机关在处理这两类案件时,对构成重大误解和显失公平的条件要严格掌握。一般说来,误解只有在涉及合同的本质时,才能构成重大误解;同样,显失公平只有超出法律许可程度,才会导致合同无效的结果。如果只是一般误解或在法律许可限度内不甚公平的经济合同,则不宜认定为无效。

(四)经济合同必须具备法定的形式、履行法定的手续

《合同法》和其他有关法规对经济合同应具备的形式和应履行的手续都做了必要的规定。一般说来,经济合同应当条款齐备、责任明确,采取书面形式(即时清结除外),对于一些重要的经济合同还要求履行公证等手续。如果当事人之间订立的经济合同不符合上述要求,其效力应如何确定呢?有人认为绝对无效,也有人认为原则上有效,只是效力不完全而已。笔者认为对经济合同形式要件的审查,既不能脱离法律的规定,也不能忽视中国当前的实际情况。从法律规定的角度来看,对于不合法定形式和手续的合同原则上应视为无效。否则,规定合同的形式要件也就没有什么意义了。

从以上分析可以看出,确认合同是否有效的依据是合同的四个有效要件,但由于这四个要件在合同效力问题上所起的作用不完全相同,因而遇到具体案件时,则要认真分析。一般

说来,除内容违法这一要件必然导致合同无效外,其他三个要件对合同的有效与否都不能起决定性的作用。违反这三个要件之一的,只能说合同原则上无效,而不能说合同一律无效。

情境训练>>>

有三位同学暑期留在学校所在城市打工,要一起租赁房屋一间,请你做一份规范的房屋租赁合同。

本 章 自 测 题

一、简答题

1.什么是投标书?写作投标书应注意些什么?

2.请简要说明意向书的结构。

3.合同有哪些种类?拟写合同应注意哪些问题?

二、写作题

1.某高校图书馆拟建电子阅览室,需采购150台计算机,请你就此事宜写一份招标书。

2.假设你是一家电脑公司市场部经理,据写作题1的招标书,拟写一份投标书。

3.贵校为建造一幢10000平方米的宿舍楼,与你省某房地产开发公司议定,工程全部由该房地产开发公司开发建造。建设期限一年。贵校要求包工包料。开发总费用为1 500万元。开工前30天,甲方给乙方施工图一式三份。合同签订后15天内,贵校先预付给房地产开发公司建筑费用的20%,其余部分分四次付款,前三次分别在每季度开始的第一个月的上旬结清,最后一次在宿舍楼验收合格后10天内一次付清。建造宿舍楼所用材料按双方议定的标准(附材料标准)。如有一方违背合同条款,影响宿舍建造工程,由违约方赔偿损失。合同要求一式三份,双方各执一份,另一份交贵市教育局负责监督,订立合同的日期是今天。

请你据上述内容,拟写一份合同。

4.假设你是一位高校毕业生,欲在贵市长虹公司办事处寻求就业,试拟订一份求职意向书。

第七章

经济公关文书

学 习 目 标

1. 熟悉各种经济公关文书的概念、作用和类型
2. 了解经济新闻、产品说明书、领奖词和开幕词的基本写作
3. 认真领会礼仪信函和礼仪演讲稿的基本写作
4. 掌握商业广告基本写作

进入 21 世纪以来,我国的科技水平日新月异,国民经济飞速发展,经济全球化更为普遍和广泛。与此同时,国内企业之间的竞争、国内企业与外国跨国企业之间的竞争都变得更为激烈。因此,企业为了不断发展壮大,除了在技术、市场、管理、服务等方面重视以外,重视企业良好形象的培育和展示已成为企业发展壮大的前提,甚至是企业发展壮大的第一要务。在企业的经济活动中,企业的形象表现在多个方面,其中经济公关文书是至关重要的方面之一。

任务 1 经济公关文书概述

情 境 设 置 >>>

"内求团结,外求发展",是每一个现代社会组织开展公共关系活动时所追求的目标。那么,如何实现这一目标呢? 途径多种多样,但其中极为重要的、不可缺少的一种就是公共关系文书写作。任何一位公关从业人员要成为从事公共关系事业的多面手和优秀人才,就必须系统而全面地掌握公关文书写作的方法与要求。

情 境 链 接 >>>

一、经济公关文书概述

(一)经济公关文书的概念

公关文书是为实现公共关系目的和开展公共关系活动而制作使用的各种书面材料。公关文书与一般应用文书有一些共同点,如实用性、程式性、广泛性、时效性等。但由于公共关系独特的职能,使公共关系文书具有不同于其他应用文体的独特之处,甚至如广告、新闻、公文、计划、总结等,一旦纳入公关范畴,也就或多或少具有了新的特征。

(二)经济公关文书的特点

1.鲜明的目的性

公关写作既不能无病呻吟,在没有什么问题时有意制造问题,也不能无的放矢,在不知道自己的组织或公关活动要达到什么目的时盲目写作。公关文书只有在既明确要解决什么问题,又明确要达到什么目的时,才能进行写作。这样写出来的公关文书才能真正解决问题,达到组织或公关活动的预期目的。公关组织的创造力在于"协调"。因而可以说,公关文书写作的目的正是为了协调各方面的关系。这种协调从宏观上看,可分为内部协调和外部协调两个方面。

2.反映的客观性

公共关系活动的一项主要工作就是传播信息,而一般来说,传播信息这一工作本身并不难,难的是如何客观地、实事求是地传播信息。因为信息传播是否客观、实事求是,与组织、与公众皆有利害关系。

公关文书写作要客观地传播信息,首先必须客观地掌握事实,公关人员在调查、了解有关事实时,应不带偏见,而且必须杜绝主观随意性,力求事实的公正与真实。其次公关文书在写作时,对材料的要求要非常严格,必须认真鉴别,反复核实,实事求是,不容许有任何虚构。

3.传播的主动性

社会组织是公共关系的主体,是关系调节的主方,同样,处于关系主导地位的社会组织的公关文书写作,也必须在关系调节中积极主动。

公关文书写作的主动性,首先表现在内容上,它是为公共关系活动服务的,是为了解公共关系活动中存在的实际问题,对公共关系活动起着直接的作用。例如,公关新闻稿是为了把组织好的有关信息传播给公众;公关计划是为了给公共关系活动绘制出蓝图,安排好工作进程。这些都应该是积极主动的,而不是被动的。其次,在瞬息万变、丰富多彩的公共关系活动中,一切公关文书的写作都不可能是永恒不变的,不是一种机械的固定模式,而是因人、因事、因时、因地而宜的。公关写作要主动根据具体情况灵活运用,才能获得理想的传播效果。另一方面,公共关系以及公关写作本身也处于一个动态的过程,不会永远停止在一个水平上。因此,公关文书的写作要适应公共关系实践的需要,也必然是变化发展的,正是这种丰富多彩的表现,充分体现着公关写作的主动性这一特征。

4.很强的针对性

公关文书写作还有一个明显的特征就是针对性。这里所说的针对性,主要体现在以下几方面:

(1)有明确的涉及范围和对象。一般的文章或文学作品所涉的读者范围及对象是笼统的,既没有明确的规定性,也没有很强的制约力。但公关文书写作却不然,无论是策划、信息咨询或大众传播文书,还是人际沟通及组织内部公务类文书,读者对象一般都有明确的范围或特定的受众。

(2)针对具体问题而写作。公关文书写作,总是针对公共关系活动或组织的存在与发展中的具体问题而进行的,因而写成的文章一般都有高度的针对性。

(3)选择特定的惯用程式。所谓程式,指在长期的实践中总结形成的有关内容要素、行文格式、书写位置以及一些习惯用语等方面的基本要求。

情境分析 >>>

二、公共关系文书的写作要求

1.公关文书的沟通性

公关活动可以借助于写公函、拍电报、写书信、发请柬、发聘书、送慰问信、送表扬信等,达到传递信息、安排工作、争取社会效益和经济效益的目的。公关工作的沟通是双向的,公关文书的使用也要考虑反馈效应。理解、信任、支持与合作,是在相互交往中建立的。公关文书可以作为联络的纽带,可以架设友谊的桥梁。

2.公关文书的竞争性

开展公关活动要善于利用文字手段,在同行或同类产品中,利用自己的优势去争取社会与公众的支持与赞誉,进而树立组织的公关形象,开拓并占领广大市场。在竞争中求得组织与产品的生存与发展,使自己立于不败之地。

3.公关文书的时效性

作为传播、服务的工具,公关文书必须公开、迅速、通畅地发挥作用。它的写作要快,传递要快,反馈要快。要紧密配合商品经济的发展,联系贯彻国家现行方针、政策的实际,及时地抓住时机开展工作,求得高速度、高效率。时间就是生命,就是金钱,任何迟滞都会减弱公关文书的作用。

4.公关文书的务实性

公关文书的写作是一种实用写作,每种文书的起草都要明确写作目的、意图,从公关工作实际出发,提出和解决现实中的问题。

5.公关文书的可信性

公关文书的写作必须说真话、办实事,与公众坦诚相见,凡是文书上允诺的就要执行。

6.公关文书的简洁性

公关文书是处理公务的实用文,为便于沟通、交往与传播,必须去芜求精、简明概括,切忌拖泥带水。

7.公关文书的规范性

为便于流通与管理,提高实用文的效率,公关文书的写作必须按习惯通用的格式与要求进行写作。

8.公关文书的精美性

公关文书不仅要求内容的新与实,而且对文面的设计也要求庄重大方、热烈且富于艺术感染力。

9.公关文书的准确性

运用语言的准确严密,合乎逻辑与语法,合乎事实与政策,是公关文书用语的基本要求之一。

情境完成 >>>

【例文7.1】【经济运行简报】

经济运行简报

第六期

贞丰县工业和特色产业局　　　　　　　　　　　2012 年 7 月 5 日

贞丰县 2012 年上半年工业经济运行情况

整个上半年,在县委、县政府的正确领导下,全县上下认真落实上级政策措施,工业系统认真贯彻落实县委、县政府的工作要求,严格按照全年目标任务逐季逐月分解,扎实开展各项工作,以月保季,以季保年,扎扎实实地开展工作。虽然一些外部原因导致实际完成情况与工作目标仍有一定差距,但全县经济整体运行仍然良好。

一、工业经济运行情况

(一)工业总产值完成情况

上半年,全县累计完成工业总产值 40.00 亿元,同比增长 34.13%。其中,规模以上工业累计完成工业总产值 38.40 亿元,同比增长 37.52%;非国有工业企业累计完成工业总产值 36.51 亿元,同比增长 36.35%。

(二)工业增加值完成情况

截止到 6 月,全县累计完成工业增加值 16.57 亿元,比上年同期增长 25.16%。其中,规模以上工业企业累计完成工业增加值 16.01 亿元,占年计划任务数的 47.32%,比上年同期增长 27.32%。

(三)主要产品产量完成情况

上半年,黄金累计完成 3552 千克,同比下降 9.34%;原煤累计完成 219.11 万吨,同比增长 71.09%;发电量累计完成 158900 万千瓦时,同比增长 22.21%;供电量累计完成 23637 万千瓦时,同比增长 13.23%;水泥累计完成 7.85 万吨,同比增长 33.05%;焦炭累计完成 30.97 万吨,同比增长 67.22%;生石灰累计完成 10806 吨;洗煤累计完成 7.08 万吨;页岩砖累计完成 803408 万块;大理石板材累计完成 399284 平方米;自来水累计完成 95.18 万立方米;花椒系列(调味品)累计完成 442 吨;商品混凝土累计完成 10364 立方米;饮料酒累计完成 4.43 千升。

二、重点产业生产运行情况

1.黄金:全县上半年两大金矿共完成黄金产量 3552 千克,比上年同期下降 9.34%(其中:紫金公司累计完成 1659 千克,锦丰公司累计完成 1893 千克),实现销售收入 11.24 亿元。

2.煤炭:上半年全县累计完成原煤 219.11 万吨,同比增长 71.09%,实现销售收入 13.83 亿元。全县累计完成焦炭 30.97 万吨,同比增长 67.22%,实现销售收入 3.46 亿元。

3.电力:发电企业大田河电站和董箐电站共完成发电量158900万千瓦时,同比增长22.21%,实现销售产值5.02亿元;供电企业贞丰县供电局累计完成供电量23637万千瓦时,同比增长13.23%,实现销售产值1.15亿元。

三、上半年工业生产主要特点

1.工业经济重点指标较快增长。上半年,全县工业企业实现工业总产值40.00亿元,同比增长34.13%;实现销售产值37.90亿元,同比增长31.27%,实现工业增加值16.57亿元,同比增长25.16%。

2.主要工业产品产量有增有降。两季度以来,全县主要工业产品中大部分都实现了不同程度增长。其中,原煤累计完成219.11万吨,同比增长71.09%;发电量累计完成158900万千瓦时,同比增长22.21%;焦炭累计完成30.97万吨,同比增长67.22%;同比下降的有:黄金累计完成3552千克,同比下降9.34%。

3.规模以上工业企业支撑作用明显。1月至6月,全县规模以上工业企业实现增加值16.01亿元,同比增长27.32%。

规模以上工业企业发展形势良好。

4.工业品产销率有所下降。上半年,全县工业品产销率为94.75%,同比下降2.06个百分点。其中,规模以上工业产品销售率94.63%,同比下降2.06个百分点。

四、工业经济运行中存在的问题

在形势良好的情况下,我县工业经济的发展在煤炭产品销售、黄金产量这两方面存在一定的问题。

1.锦丰公司因征地问题直接影响黄金产量,这样,作为我县支柱产业的黄金产业对工业经济的支撑作用有所减弱。

2.煤炭行业产销率下降明显。影响我县煤炭销售的原因有三个:(1)广西壮族自治区用煤企业不进入我省煤炭生产企业进货;(2)铁合金厂停产,焦炭市场走势不好,影响原煤的销售;(3)火电厂没有负荷,用煤量减少。

情境拓展 >>>

三、经济公关简报

经济公关简报,是机关团体组织内部交流、汇报情况的文字材料或刊物,包括工作简报、信息简报、会议简报、动态简报等多种。另外,动态、简讯、内部参考等都属于简报的范畴。写作时应事先制订编写计划,通过通讯系统或个人组织稿件,采用汇编、摘编、编写等方式,按版面要求,设计报头、行文与报尾,把名称、期数、编印单位、日期、份数、按语、本文、发送单位等一一列清楚。简报多数为内部使用,有的也可直接向外发送,但要注意发送的范围与要求,不能像报纸一样到处分发、人人使用。简报的编发有定期和不定期两种。简报不是正式公文,不具备法律效力和行政效力。

简报具有以下特点:(1)简明扼要,抓住事物的实质,抓住代表性的典型材料。(2)迅速,像新闻一样快编、快写、快印、快发。(3)真实,材料确凿,反复核实,表述讲究语法逻辑。(4)新颖,立意要新,情况要新,抓新人、新事、新问题。

1.公关简报的内容

公关简报是公关业务活动的简要报道。公关简报上可以反映以下内容：

(1)有关组织形象的材料,文献检索,调查了解到的内部公众和外部公众的意见、评价和要求。

(2)组织内部工作生产情况和思想状况等方面的动态、经验、趋势。

(3)公共关系部门开展的一些公共关系活动。

(4)公共关系部门对各项工作的咨询意见和建议。

(5)公共关系有关会议。

2.公关简报的写作要求

(1)简报的写作要用第三人称。

(2)简报的写作要求重点突出,有明确主题思想,做到主题单一、内容集中。

(3)简报的写作必须及时、准确、客观,内容真实,据事直说,不夹杂评述性意见,但编者按除外。

(4)简报的写作必须简短、通俗,有可读性、指导性。

(5)简报的写作格式要规范。

3.公关简报的写作格式

(1)报头。占简报首页的三分之一到四分之一左右。居中写简报的名称,要用较大的字体。名称下方写简报编号"第×期"。简报编号下面的左侧写编发单位,右侧写简报的印发日期。报头与正文部分用一条横线隔开。

(2)正文。正文是简报的内容所在。正文分导语、主体、结尾三部分。正文的标题与新闻的标题相似,应力求简明、准确、扼要地概括出正文的内容。主体是简报内容的主干和中心部分。主体的内容要抓住关键问题,把本单位在贯彻执行上级指示开展工作中出现的情况集中地反映出来,与之无关的琐碎小事不能上简报。正文的结尾,要用括号注明写稿单位和写稿人名字。

(3)报尾。在简报的最后一页下方,标明两条平行横线,在横线内注明本简报的发送范围和印发份数。

情境训练 >>>

××公司公关宣传活动企划书

一、活动主题

万名大学生为"××牙膏"替您服务。

二、活动目标

通过大学生宣传及上门为消费者服务,在目标国各城市普及、宣传、提高××牙膏的知名度,增进消费者对××牙膏的品牌、特性、功能以及价格的理解,并通过后继的公关活动,树立××公司尊重科学、关心青年学生身体健康、积极服务于社会的企业形象,提高××公司的美誉度。

三、综合分析

（一）企业概况

（二）产品简况——××牙膏系纯天然生物牙膏，内含丰富的天然生物活性物质丝肽及表皮生长因子，可直接为口腔黏膜吸收，能促进细胞新陈代谢，集洁齿、治疗、营养三功能于一体，有药物牙膏之功效且无副作用。

（三）市场分析——××牙膏目前生产量为800万支，其中××市场占总销量的32％；××公司现已陆续在××等数十个大中城市设立了销售网点。

（四）消费者分析——××牙膏系第三代产品，它的价格约高出其他牙膏一倍，其潜在消费者主要是城市居民中收入和文化程度较高者。

四、基本活动程序

（一）选择2002年3月18日为"××牙膏直销日"，并落实该活动，于同日在××等十大城市举行。

（二）2002年前后，派员与上述十大城市的大学联络，每校落实参加直销活动的大学生500～1200名；其中，××等有条件的城市同时组织人数在100～200人的大学生自行车宣传队，每城市各一支队伍。

（三）2002年3月18日9时，各城市大学生自行车队沿拟定线路作"闹市行"，沿途向市民散发××牙膏宣传品；同时，参加直销活动的大学生走进千家万户进行宣传和直销活动。

（四）在直销活动结束后1个月内，××公司在××大学举办一场音乐会，并赠公共关系书籍500本。

五、传播与沟通方案

（一）在活动进行前一天，在××市的《××报》与××市的《××报》周末版上刊登宣传广告。

（二）预先与××电视台、《××报》等媒介联系，争取在活动后开始陆续新闻报道。

（三）由进行宣传和直销的大学生向消费者宣传××牙膏的基本特性，并散发单页宣传品。

（四）由选修公共关系理论与实务课程的××大学数百名学生撰写该项活动的个案分析，并择优寄往《××公共关系报》、《××公共关系导报》等媒介。

六、经费预算

（一）印制宣传品10万份及制作宣传绶带500条，约0.2万美元。

（二）活动预告的报纸广告费及媒介报道安排费用共计0.4万美元。

（三）10位销售活动监督、协助人员差旅费，以90美元/人计，共900美元。

（四）大学生宣传车队劳务费：××、××等城市车队队员共约500人，以10美元/人计，共5000美元。

（五）音乐会费及赠书活动费用；音乐费一场300美元，500本公共关系书籍400美元，共700美元。

七、预期效果

如果活动能安排妥当，达到预期目标，其效果肯定大于用这部分经费进行单纯的广告宣传所带来的效果。

任务 2 写作经济新闻

情境设置 >>>

林毅夫：发展中国家需"田忌赛马"，不照搬发达国家

中新网博鳌 4 月 6 日电（记者刘辰瑶）北大国家发展研究院名誉院长林毅夫 6 日在博鳌亚洲论坛 2013 年年会上表示，发展中国家经济发展不应完全照搬发达国家模式，应按照"田忌赛马"原理，找准有比较优势的产业市场。

林毅夫以"田忌赛马"为例称，发展中国家只有用快马和发达国家中速的马竞争才会赢。他认为，改革开放以来，中国在劳动力相对密集的制造业具有比较优势。"咱们已经征服全世界了，你到美国的超级市场都是劳动力密集的产品。"

在发挥制造优势的同时，林毅夫表示，中国还要不断把资源重新配置到有更高附加价值的新的产业上去，这是提高收入的唯一的手段。

林毅夫表示，中国密集型产业的工资涨幅相对过去的确很快，但与发达国家相比，不管是制造业上的劳动力，还是高端研发中心的工程师的工资，都比美国、日本"便宜"。

林毅夫表示，中国应该利用更多的资本去替代劳动，让资本更密集、技术更密集的产业提高劳动生产率，从而在国际市场中具有竞争力。"你不可能一下子要中国的农民都像美国苹果公司的工程师那样。我们希望有一天是这样，但不是现在。"

林毅夫认为，中国未来的潜力在于中国和发达国家的技术差距、产业差距很大，在产业升级、技术创新上还有不少后发优势。此外，基础设施建设上也有待进一步提高。

对于中国国务院总理李克强反复强调的"改革是最大的红利"，林毅夫表示："中国在未来 20 年还有维持 8％增长的潜力。"（完）

情境链接 >>>

一、经济新闻概述

（一）经济新闻的概念

新闻是最近发生的有意义的重要事实的报道。

经济新闻就是新近发生的具有新闻价值的经济活动或经济工作事实的报道。

经济新闻有广义和狭义之分，广义的经济新闻包括经济消息、经济通讯、经济调查报告和经济时事评论等文种；狭义的经济新闻专指经济消息。

经济消息是对当前经济领域中出现的具有一定社会价值或具有一定影响的事实所作的简要的报道。经济消息从反映的范围来说，是有关经济领域中的各种事情；从时间上来说，是近期出现的事情；从内容上来说，必须是有价值的事情，否则，即使是新近发生的事情也不一定能够成为消息。

(二)经济新闻的种类

1.动态新闻

动态新闻指及时迅速地反映某一单位、部门、地区乃至全国、世界范围里经济的新动态、新情况、新问题、新事物、新变化、新气象的简短的新闻报道。大到国家重大经济政策的颁布、国内外重大经济事件的发生(如亚洲金融风暴动态),小到某个市场开业、某种商品促销,均可报道。特点是:内容单一,笔墨集中,文字简要,篇幅简短,时效性最强。

2.典型新闻

典型新闻是对经济领域中一定时期内比较突出的单位、人物或事件进行重点报道,从中引出普遍意义的经验或教训的新闻文体,具有较强的针对性。报道对象可以是正面典型的,也可以是反面典型的,一般以报道正面典型为主。因此,报道正面典型的事件,也称经验新闻。这类新闻报道的一般不是突发性事件,时效性不是很强,有人称之为非事件新闻。

3.综合新闻

综合新闻是指从各个侧面反映较大范围内或较长时间内综合经济情况的新闻文种,是带有全局性的新闻报道。特点是报道面宽、综合性强、结构完整、篇幅较长。

4.新闻评述

新闻评述是介于新闻与评论之间,把二者有机地结合起来的一种新闻文种。特点是边叙边议,边述边评。一般用于对经济形势的分析和展望。

(三)经济新闻的特点

1.较强的专业性

经济新闻报道是一种专业性很强的报道。在对经济领域发生的情况进行报道时,往往要涉及一些业务性问题。但是经济新闻不同于经济工作总结,也不同于专门的学术论文,它不需要详尽展示经济工作的全过程,也不要求把业务问题说得很深,其着眼点在于,通过经济业务问题来揭示其所具有的新闻价值,给受众以政策方面的引导或思想方面的启迪。也就是说,在业务性与新闻性这对矛盾中,新闻性是矛盾的主要方面,业务性服务于新闻性。

2.政策指导性

许多经济新闻,旨在配合党和政府一个时期内的经济政策,进行解释和宣传,其内容本身带有很强的政策性。一些报道经济工作动态、经济战线新人新事的经济新闻,虽然不直接阐明政策条文,但也渗透着政策精神,具体体现着国家的相关政策。

3.服务实用性

经济新闻的服务性,主要体现在信息的服务上。既包括市场行情、物资供求状况和生产状况,也包括经济决策、法规、管理状况等,还包括自然资源状况、科技发展和规划状况、不同地区人们的消费心理及习惯等。这些丰富生动的经济信息,不仅是国家、企业参与经济竞争的"眼睛",也是引导群众生产消费、反映群众呼声的重要渠道。在现代经济生活中,经济新闻中的许多宏观信息已成为决策者的重要参考资料,一些微观信息已经或正在帮助企业经营者摆脱困境。

4.相对保密性

有些经济信息由于直接关系到国家进出口计划、新技术新工艺,不到一定的时候不宜报道,因此,经济新闻必须注意保密,注意做到内外有别,重大问题在报道前一定要请示有关主管部门。

情境分析 >>>

二、经济新闻的具体写作

(一)经济新闻的结构和内容

经济新闻的结构和其他新闻一样,包括标题、导语、主体、背景和结尾五部分。

1.标题

新闻标题是对新闻事实的高度概括、浓缩与提炼,是对本质的揭示,是作者观点的表示,是新闻的眼睛,能帮助读者了解新闻内容和意义,起到吸引读者、先声夺人的作用。

标题分为三种形式,即三行标题、双行标题、单行标题。

标题写作要求:一要贴切,二要简洁,三要新颖。

根据这个要求,换一个角度表述一下,可将标题分为以下六种形式:

(1)陈述式:引　题　科学兴农助推农业发展

　　　　　　主标题　××县粮食增产3亿公斤

(2)描写式:欢歌动地　奇迹惊天

(3)抒情式:主标题　郑州明天更美好

　　　　　　副标题　新区蓝图拟就,建设帷幕拉开

(4)结论式:引　题　一周引进外资20亿美元

　　　　　　主标题　郑州金秋座谈会成果丰硕

(5)比喻式:引　题　"北上序曲"未终　"南下乐章"又起

　　　　　　主标题　××高等级公路建设拉开帷幕

(6)反问式:楼市将何去何从?

2.导语

导语是新闻的开头部分(即第一句话或几句话或第一自然段),是新闻最重要的、最精彩的事实概括和全文中心思想以及本质意义的揭示。要求中心突出,起提纲挈领的作用,能够启发、诱导、吸引读者。

导语的写法较多,常见的有陈述式、描写式、提问式、结论式和引语式。

导语的写作要求:

(1)内容实在,言之有物,切忌抽象空泛;

(2)简洁精练,要言不烦,切忌繁杂冗长;

(3)新颖别致,多姿多态,切忌千篇一律。

3.主体

新闻主体是导语的展开部分,是新闻的主干、中心部分。它紧承导语而来,对新闻事实作充分具体、详尽的报道,说明和补充,完成和深化新闻主旨。

在主体部分须注意以下两个问题:

(1)组织材料、安排结构的顺序

具体有以下几种方法:

A.时间顺序

按事物的发生、发展、结束的先后顺序来组织材料、安排结构,一般动态新闻用得较多。

B.逻辑顺序

按事物发展的内在联系来组织材料、安排结构,不受时间顺序的限制,一般用于典型新闻。

C.时间和逻辑相结合的顺序

根据新闻的实际需要,时间和逻辑两种顺序并存。可使新闻既严密又富于变化,既条理清晰又错落有致。适用于篇幅较长、内容较多的新闻稿,一般用于综合新闻。

(2)新闻结构的形式

A.倒金字塔结构

一般新闻的结构形式,就是"倒金字塔结构",这种结构就是把最重要的、吸引人的新闻事实和信息焦点放在最前面,然后根据内容重要程度依次递减来安排结构。一般用于动态新闻。

B.非倒金字塔结构。

这种结构形式的新闻,是按时间顺序、逻辑顺序来组织材料。

4.背景

背景是与新闻事实产生相关联的历史背景、现实环境及客观条件,是对新闻事实的补充和说明,虽不是"新近发生的事实",仍属于新闻的内容构成。当然并不是每篇新闻都需要写背景。

背景材料的作用如下:

(1)有助于显露新闻价值和深化主题;

(2)有助于帮助读者全面、准确地理解新闻内容;

(3)有助于增加新闻的知识性和趣味性;

(4)有助于显示作者的思想倾向。

新闻的背景材料,常见的有三种:

(1)对比性材料;

(2)说明性材料;

(3)注释性材料。

5.结尾

结尾是新闻内容的凝合和结束部分,是对新闻事实的总结与补充。好的结尾有利于深化主题、扩大信息量、提高可读性,起到画龙点睛的作用。但现在许多新闻省略了结尾部分,至于哪些新闻可以省略结尾,应根据实际情况而定。

(二)经济新闻的写作要求

经济新闻的写作要求:事实要准确;导向要正确;内容要新颖;报道要迅速。

要写好经济新闻,还要特别注意以下两点:

首先,要注意培养新闻敏感。新闻敏感就是捕捉新闻的能力,这种迅速观察和判断是否具有新闻价值的能力,具体表现为能够迅速准确地判断某一事实是否具有报道价值,能从平常的事实中挖掘出不寻常的意义。

其次,要寻找最佳角度。新闻角度就是作为报道新闻事实的着眼点,是深化新闻主题的一种方法和技巧。如一用户购买的热水器发生故障,厂家及时派人修好。可以进行表扬报道,说明厂家树立了良好的服务意识,也可以进行批评报道,表明热水器的质量问题关系人民群众的生命安全,可不是一件小事。

情境完成 >>>

【例文7.2】【动态新闻】

高耗能企业电价优惠取消

2010 年 5 月 14 日 08:05:12

昨天,记者从国家发改委获悉,近日国家发改委、国家电监会、国家能源局联合下发《关于清理对高耗能企业优惠电价等问题的通知》,全面清理对电解铝、铁合金、电石等高耗能企业的用电价格优惠,以抑制高耗能、高污染产业盲目发展,促进节能减排和结构调整。

《通知》要求,各地凡是自行对高耗能企业实行优惠电价,或未经批准以各种名义变相对高耗能企业实行优惠电价的,要立即停止执行。继续对电解铝、铁合金、电石、烧碱、水泥、钢铁、黄磷、锌冶炼 8 个行业实行差别电价政策,并自 6 月 1 日起,将限制类企业执行的电价加价标准由现行每千瓦时 0.05 元提高到 0.10 元,淘汰类企业执行的电价加价标准由现行每千瓦时 0.20 元提高到 0.30 元。

【例文7.3】【典型新闻】

大学毕业生玩转"公共会员卡"

2009 年 4 月 13 日

汉网消息:25 岁的青岛理工大学毕业生聂名勇创设了一种独特的公共会员制销售模式,并在短短两年内把这一商业模式引入正轨。

聂名勇在上大学期间四处兼职,一直怀揣着一个创业梦想。一天,他逛街时路过一家商场的付款台,看见一位女士从一个包里 20 多张会员卡中好不容易才找出这家商场的会员卡。聂名勇敏感的神经被触动了:能不能把各个商家的会员卡统一起来?经过市场调研,"公共会员制营销"项目逐步在他的脑中成形。

聂名勇先在校内进行试点,跟几个同学凑了 300 元印了一些资料,发展学校周围的 13 家理发店、眼镜店、饭店、网吧成立联盟商家,并统一发行一张会员卡。他们的打折卡一个月销售 1000 多张,从中赚了 2000 多元。

2007 年 8 月,聂名勇和两位同学各出资 1 万元,成立青岛新领域信息服务有限公司。但市场给他们上了一课:原始资金很快花光,共签约 400 余家联盟打折商户,会员卡销售却很不理想。聂名勇冷静下来分析发现,原因出在没有把握好联盟商家的质量,400 余家商户多是路边小店,给会员的折扣也很不真实。

困难时刻,父亲为他在老家贷了 2 万元,使公司再次得到存活的资金。聂名勇改变策略,大家亲自去发展联盟打折商户,把握商户的质量和折扣,并且最大化地利用现有资源大批量聘用兼职人员进行会员卡一对一的面对面销售。后来,他们又为商户提供有偿的宣传营销服务。经过一年多的发展,公司的联盟打折商户上升到 500 余个品牌商家,消费者会员超过 15 万人。2008 年公司营业额超过 100 万元,纯利润超过 30 万元。(据新华社电)

【例文 7.4】【综合新闻】

中国电信在物联网中扮演五大角色

2010 年 5 月 13 日

在今天举行的"2010 年光通信论坛暨第三届 FTTx 发展战略咨询会"上,中国电信副总工程师靳东滨表示,中国电信在物联网发展把自己定义了五个角色,包括:标准供应件重要的参与者、终端设备合作研发者、基础网络层面的运营者、物联网特殊行业应用的重要集成者和物联网管理平台的应用者。

首先,中国电信是物联网标准供应件重要的参与者,例如,泛在网论坛和标准组,中国电信都积极参与了这些标准组织。

其次,中国电信是终端设备合作研发者,特别是在通信模块和专用通信芯片方面,中国电信参与了相关的研发工作。

第三,中国电信是物联网基础网络层面的运营者,为了能够达到泛在物联网的应用,中国电信要把自己的网络做得更好更优。

第四,中国电信是物联网特殊行业应用的重要的集成者,主要是和行业应用集成商共同打造行业应用示范项目。

第五,中国电信是物联网管理平台的应用者,中国电信已经在做 M2M 服务平台的建设,能够通过 M2M 平台的建设,为各种互联网应用提供服务的场所。

靳东滨同时表示,如果将 FTTx 与物联网结合会有许多优点,首先,FTTx 更高的带宽能够满足 M2M 多种高速媒体流的转发需要,特别是在固定场合下的需要。其次,更大分光比可以支持更大的终端和物体的数量;此外,还可以提供更长的传输距离、更丰富的接入能力。

情境拓展 >>>

三、新闻评述的含义与特点

新闻评述是社会各界对新近发生的新闻事件所发表的言论的总称。也称记者述评、时事述评、评述性新闻。它是用夹叙夹议、边述边评的方式,来反映国内外重大事件、重要问题的一种消息。新闻和评论构成报纸的两大文体。新闻评述是一种写作形式,一种传播力量,一种社会存在,以传播意见性信息为主要目的和手段。

(一)特点

(1)与其他言论一样,由论点、论据、论证三个要素组成,具有政策性、针对性、准确性。

(2)在有限的篇幅中,主要靠独特的见解吸引读者而取胜。

(3)立意新颖,论述精当,文采斐然。

(4)主要面向广大群众说话。

(二)种类

(1)按评论对象的内容分类,有政治评论、军事评论、经济评论、社会评论、文教评论、国际评论。

(2)按评论的性质功用分类,有解说型评论、鼓舞型评论、批评型评论、论战型评论等。

(3)按评论写作论述的角度分类,有立论性评论、驳论性评论、阐述性评论、解释性评论、提示性评论。

(4)按评论的形式分类,有社论、编辑部文章、评论、短评、编后、思想评论、专栏评论、论文、漫谈、专论、杂感。

(三)发布渠道

(1)传统媒体:电视台、报纸;

(2)网络媒体:视频网站、网络、论坛;

(3)移动媒体:手机、平板电脑、电子书;

(4)平面媒体:路牌、条幅、杂志等。

情境完成 >>>

【例文7.5】【新闻评述】

平民总理为灾区送来暖流 新疆板块成热点逐渐走强

2010 年 1 月 29 日

关键词:温家宝在新疆 重奖安全生产先进 "新疆板块"成为热点 编造传播有害信息案件被查处

1 月 23 日至 24 日,在抗灾救灾的最关键时刻,中共中央政治局常委、国务院总理温家宝来到新疆阿勒泰市、塔城市、托里县、额敏县,慰问各族干部群众,实地察看灾情,指导抗灾救灾工作。

当温总理来到新疆灾区的这条新闻刚刚发布,网民的跟帖留言便源源不断。天山网网友冰峰留言说:"在我们塔城遭遇历史罕见的暴风雪灾害时,人民的总理温家宝来到了新疆西北边远的边境小城来看望各族群众,我们深受鼓舞。总理来到塔城后,冒着风雪到老百姓家里慰问受灾牧民,坚定了各族群众抗击暴风雪的信心。看到满头白发的总理这样操劳,我们心里很难过。希望总理保重身体!"还有一名匿名网友留言说:"哪里有难哪里就有总理的身影,无论天寒地冻,无论冰雪地震……您总能第一时间走到群众中去,问寒问暖,您是一个平民总理,是人民群众的主心骨,我们为有您这样的总理而感到幸福,我们爱您,全中国人民都爱您!"

面对这场 60 年一遇的特大雪灾,温家宝总理送来党和政府的关怀,送来祖国大家庭的温暖。深爱着人民的总理,时时刻刻惦念着灾区的百姓。这彰显着伟大的人本精神,这种精神是我们创造和谐社会的力量。温总理的到来,既是一股巨大的暖流,又是一股强大的精神动力,必将成为我们战胜风雪灾害的信心和力量之源! 相信,在温总理的牵挂与鼓舞下,新疆各族干部群众团结互助,很快会战胜困难,走出困境。

1 月 27 日,自治区政府对 80 个安全生产目标责任书签订单位履行安全生产职责情况进行了考核,对 33 个连续三年被评为安全生产目标管理先进单位和 66 个获得 2009 年度自治区安全生产目标管理先进的单位进行了表彰。同时,对安全生产不合格单位罚款人民币1万元,罚款中的20%由责任书签订人承担,其余部分由责任书签订人对有关人员进行处罚。

安全是一个永恒的主题。安全时时刻刻、事事处处遍布于人们生产、生活的角角落落,它在我们周围无处不在、无时不有。当和平与发展成为时代的主旋律时,安全就变得更为重要,因为和平安宁的生活需要安全,时代的发展需要安全,经济的腾飞更需要安全。任何幸福的基础都应该是建立在安全之上的,所以我要说,安全才是幸福最可靠的保护神。

炒股的人大概都在近期关注过"新疆板块"的股票。截至去年年底,新疆资本市场通过IPO、增发、配股、公司债等方式累计融资319.96亿元,各项主要指标均居西北前列,"新疆板块"再度成为全国资本市场的热点板块,一些国内证券公司对未来新疆资本市场的发展给予积极肯定,纷纷表示会继续支持并推荐新疆优势企业。

就在28日,新疆区域股又开始走强,涨幅明显强于大盘。有消息称,国家对新疆的大规模扶持计划可能在3月推出。随着时间的推移,这一预期日趋强烈。分析师认为,从区域经济发展特征来看,资源得不到合理利用是新疆板块存在的最大问题。在此背景下,新疆板块中,资源股和农业股机会更大。

今年1月以来,我区逐步恢复互联网、手机短信及国际长途业务,为各族群众提供了便捷的通信。但也有个别人利用手机短信编造、故意传播有害信息,一定程度上造成了社会恐慌,影响了社会稳定和民族团结。连日来,公安机关陆续接到群众举报,相继破获了一批利用手机短信编造传播有害信息案件,查处了一批违法犯罪人员。

当我们的日常生活渐渐步入平静,有些人却无事生非、唯恐天下不乱,利用便捷群众生活的信息传播渠道,散布一些无中生有的信息,带来的后果和恶果为法律、社会和公众所绝不能容忍。稳定在新疆是压倒一切的第一要务,民族团结的大好局面不容破坏,依法严厉打击制谣、传谣行为,无疑是我们眼下在岁末年初交替之际一项不可小觑的维稳举措。

情境训练 >>>

中俄跨国网购持续升温也存在一些隐忧

2013 年 05 月 11 日 15:31　来源:中国新闻网

满洲里5月11日电(乌娅娜)11日,记者从满洲里海关获悉,2013年一季度,满洲里关区以一般贸易方式出口2.5亿美元,占出口总值的75%。近年来,随着俄罗斯民众跨国网购热情的持续升温,全新的交易途径和物流方式正悄然改写着中俄贸易的大格局。

1907 年,中东铁路实现全线运营,自此中俄贸易得以逐渐发展。满洲里海关是中国陆路口岸最早设立的口岸海关之一。

满洲里海关从俄罗斯邮政反馈的数据显示,2012年俄罗斯消费者购买国外网站商品支出约800亿卢布(约合158亿元人民币),平均每单支出2700卢布(约合534元人民币)。2012年,俄罗斯邮政入境快递邮件、包裹和小包数量达3000万件,增长50%。其中,从中国入境的邮件量增长势头迅猛,占俄罗斯邮政国际邮件的比例从8%增至17%。据初步测算,来自中国的挂号小包数量约150万件。

随着中国关于促进电子商务发展新的政策规定,跨国网络购物正在成为俄罗斯民众时尚而经济的购物渠道。

2012年,俄罗斯正式加入WTO组织,市场环境和政策环境等进一步规范,促进了网购业务的发展。目前俄罗斯已成为G20国家中电子商务发展最快的国家,俄罗斯参与网购的"独立访问者"超过了德国、法国这两大欧洲电子商务大国。

按照来自四大国际会计事务所之一的普华永道会计事务所的说法,俄罗斯电子商务市场将在5年内轻松增长2.5倍。

内蒙古满洲里海关办公室秘书科科长梁义介绍称,对于俄罗斯居民而言,网购每月不超过4万卢布(约合7910元人民币),目前尚无需缴纳关税和其他税费,这也大大提升了他们开展跨国网购的热情。

目前,网购经济的总量占中俄总体贸易的比例尚无法准确计算。但是,从俄罗斯民众从中国跨国网购的势头,足以说明网购会成为今后中俄贸易发展的新增长点。

然而,在网购经济蓬勃发展的背后,也存在着一些隐忧。

满洲里监管通关处的徐阳指出,受各国邮政发展水平不平衡和万国邮联公约的限制,邮局向海关递交的资料以纸质单证为主,暂未实现信息化管理,这些不利条件很难确保对网购邮件、快件监管的严密、高效。另一方面,进出境邮递物品监管涉及居民的切身利益,较为敏感,相对薄弱的监管以及宣传不足,也容易引起网民的关注,存在较大的网络舆情风险。

请你根据此篇经济新闻写一份新闻评述。

任务3 制作商业广告

情境设置 >>>

孔府家酒CF创意30秒(套剪15秒5秒)
——《刘欢与熊猫篇》
画面 声音
画面1.随着火车"呜——"的一声长鸣,火车消失在茫茫雾海中,刘欢背着行囊悠然地走在铁路轨道上。

画面2.刘欢走着走着,忽地听见远处传来奇怪的声音,循声望去,原来是一只可爱的小熊猫迷途在树林中,正用凄楚的眼神看着他。

画面3.刘欢上前轻轻地拥抱起小熊猫。

画面4.刘欢领着小熊猫回家:越过山岭、穿过丛林、趟过小溪……刘欢的歌声。

画面5.(俯拍)走进葱绿的竹林中,小熊猫欢快地跟在刘欢的后面。

画面6.小熊猫回到了家,与熊猫妈妈欢喜地抱在一起,又亲又咬。

画面7.看到这一切,刘欢欣慰地笑了。歌声"啦……"

画面8.随即坐到一块石头上,拿出孔府家酒,独自斟饮起来。歌声"一杯孔府家万里,长歌盼归期"。

画面9.刘欢深情地闻着孔府家,一种充满温馨的幸福感洋溢在脸上……孔府家叫人想家画面10.孔府家标版"孔府家"

偏偏在通过中央电视台水均益的介绍找到成都一个熊猫基地准备拍摄时,发现该基地外景拍摄效果不太理想,熊猫又绝对不可以带到基地之外;而且,基地工作人员也认为,刘欢要与熊猫配合默契,至少要在基地与熊猫相处两个月。事已至此,只得另辟蹊径。对此,刘欢颇为遗憾。毕竟,两个国宝同时亮相,实在是件爽到家的美事——更何况,刘欢本人对熊猫和这个创意也是喜欢得不行。

有多少爱,可以从头再来

回归自然之家遇到障碍,只好把目光投向城市。

城市的夜空最令人想家!城市的茫茫夜色、星星灯火中,又有多少人在想家?!尤其是像刘欢这样经常在外演出的人。新的创意围绕着刘欢本人的演艺生活展开。

孔府家酒CF创意30秒(套剪15秒5秒)
——《刘欢演出篇》

画面　声音

画面1.(航拍)繁华、炫丽的夜景,一幢幢摩天大厦,在灯火灿烂中更显雄伟、壮观。万众欢呼声(现场效果声)音乐声起

画面2.镜头叠换、摇移,显示都市的节奏气息。

画面3.随音乐切换至沸腾的舞台:演出现场人山人海,掌声雷动。(观众席)

画面4.刘欢情绪高涨地走出舞台,并随手递出手中的大束鲜花,两名男服务生恭敬地递上毛巾和水。音乐声渐弱(嘈杂人声)

画面5.刘欢一边用着毛巾,一边快速走在去往休息室的通道上,身边拥着工作人员和一群追逐的采访者。音乐声继续

画面6.镜头切换至刘欢在化妆间,静坐在化妆台前。欢呼声戛然而止,音乐声继续

画面7.刘欢低头倏然看到桌上的孔府家酒和旁边一张温馨的家人卡片……音乐声渐强"一杯孔府家万里,长歌盼归期"

画面8.(特写)"欢,祝演出成功,捎上一瓶孔府家,盼早日回家——妻"

画面9.刘欢深情地将孔府家贴在脸旁,一种充满温馨的幸福感洋溢在脸上……孔府家叫人想家

画面10.孔府家标版孔府家

向一流冲刺

拍刘欢,绝对不是件容易的事。第一,刘欢毕竟是特大一腕儿,怕普通摄影师调动不了他的情绪。第二,刘欢不太上相,尤其是他那人尽皆知的大脖子。怎样才能拍得美一些呢?

为了追求一流,在拍摄平面时,我们特意请出摄影高手、著名相声演员牛群来主镜。为此,牛县长特地从蒙城回来了一趟。

午夜12点,准备工作刚刚就绪。当整个城市深深地睡去,我们的工作才真正开始。牛群家的摄影棚,灯光闪烁……

而在电视广告片拍摄现场,我们目不转睛地盯着每一个镜头,确保刘欢的每一帧画面形象都完美无瑕。毕竟他是咱们孔府家的形象代言人嘛!事后证明,刘欢在电视上的形象,这一次是最棒的。10月20日,那英在电视上看到这个广告,立即打了个电话来:"老叶,刘欢被你们拍得那么漂亮,真不错!"

歌坛老大害怕朗诵

在广告片中，刘欢主要是以一个歌手的身份出现，但在片子的最后，有一句词儿需要刘欢朗诵：孔府家，叫人想家。这句独白险些被刘欢拒绝"朗诵"，原因是刘欢对自己的"说话"水平不够自信，认为自己说的不如唱的好听。追求完美的刘欢请求我们找人替他念这一句话，当时差点把叶茂中给"卡"住了。能够找谁比刘欢更有号召力、更真实？最终在我们的坚持下，刘欢勉强答应"试一试"。

显然，这一试就成了最后的结果。看完样带后，刘欢对自己说话的声音评价是："没想象的那么丢人。"

用心打造每一个细节

拍摄阶段的精益求精，为视觉元素的系列应用提供了良好的基础。

但是对细节的执著、对做出一流作品的执著，使得我们还是要煞费苦心，去反复推究每一个细节。

我们执著的不仅仅是平面作品，甚至是全国和省级的招商方案，也是不厌其详、不厌其烦，再三推敲，不知道有多少脑细胞为此提前"回家"。

糖酒会上两次胜出

态度决定一切。我们的努力在孔府家山东招商会和全国糖酒会上得到了热烈的回报。样板城市销售增长迅猛，经销商信心大增。

当孔府家孙总激动的声音从叶茂中的手机中传出时，叶茂中公司孔府家项目组的人纷纷表示："回家了"的那些脑细胞，值！

你能想出一个好的广告创意吗？

情境链接 >>>

一、商业广告概述

(一)商业广告的概念

商业广告又称盈利性广告或经济广告，是以盈利为主要目的的广告，通过大众传播媒介所进行的有关商品、劳务、观念等方面信息的有说服力的销售促进活动。

经由亲身接触以传送讯息，可能是最好的方法。但在一个拥有近14亿人口的中国，那是既不实际也不可能的事。甚至在一个3000人口的市镇中，零售商若去会见其全部顾客及潜在顾客传送销售讯息，也是既不实际也不可能的事，因此许多公司以广告作为亲身送达销售讯息的代替品，并希望能达成一致的结果——送达一项有效果的讯息，并产生对该讯息欣然同意的反应。

(二)商业广告的作用

1.创立品牌的有力手段

作为现代企业的生存支柱，广告是树立品牌的直接手段。好的广告能让品牌创立与扩展的时间大为缩短，迅速超越空间、地域、国界的界限。例如：可口可乐等品牌，就是借助大量好的广告，成功占据世界饮料领域的翘楚地位。

2.拓展知名度以刺激销售量

广告的另一个功能是建立社会对企业的好感与信赖,树立有利于竞争与推销的良好形象和信誉。配合适当的人力一起推销,能使推销量迅速增加,成为创造利润的重要手段。

3.推销新产品

广告能帮助潜在顾客形象地迅速了解、认识新产品,并帮助完成与老产品的比较,做出购买判断,以促进新产品在最短时间内在市场上站稳脚跟。

4.传递宣传信息

社会、文教与公益广告是为各种有益于社会公众的慈善、救灾、自然保护、社会安全等宣传造势必不可少的手段之一。

(三)商业广告的类型

1.商品广告

商品广告又称产品广告。它是以销售为导向,介绍商品的质量、功能、价格、品牌、生产厂家、销售地点以及该商品的独到之处,给人以何种特殊的利益和服务等有关商品本身的一切信息,追求近期效益和经济效益。

2.劳务广告

劳务广告是服务广告的一种,比如介绍银行、保险、旅游、饭店、车辆出租、家电维修、房屋搬迁等内容的广告。

3.声誉广告

声誉广告又称公关广告、形象广告,它是指通过一定的媒介,把企业有关的信息有计划地传播给公众的广告。这类广告的目的是为了引起公众对企业的注意、好感和合作,从而提高知名度和美誉度,树立良好的企业形象。声誉广告传播的内容非常广泛,主要是介绍有关企业的一些整体性特点。既可以是发展历史、企业理念、经营方针、服务宗旨、人员素质、技术设备、社会地位、业务情况以及发展前景等,又可以是企业理念、视觉标志、行为标志等 CI 内容。

二、商业广告的具体写作

(一)商业广告的结构和写法

1.标题

标题是广告主题的画龙点睛之笔。标题要用较大号字体,要安排在广告画最醒目的位置。

2.正文

正文基本上是标题的发挥,它通过具体地叙述真实的事实,使读者心悦诚服地走向广告宣传的目标。文字安排相对集中,一般都在插图的左右或上下方。

3.广告语

广告语是加强商品形象的短语,是言简意赅、顺口易记、容易反复使用的"语言标志",可以放置在版面的任何位置。

4. LOGO

LOGO 是广告对象借以识别商品或企业的主要符号。在广告设计中，LOGO 不是广告面的装饰物，而是重要的构成要素。

5. 公司名称

一般都放置在广告版面下方次要的位置，也可以与 LOGO 放在一起。

(二)商业广告的写作要求

1. 真实性

保证商业广告的真实性，维护商业广告的信誉是商业广告从业者应该承担的社会责任与法律责任，也是我国的商业广告事业健康发展的前提条件。商业广告的真实性主要表现在以下几方面：

(1)商业广告信息应是客观存在的事实；

(2)商业广告信息应与广告宣传的观点相一致；

(3)商业广告应有明晰的陈述。

措词与画面都要明晰，让人一看(或一听)就懂，绝不能含糊其辞和制作空洞的含义、不明确的画面，以免引起广告接受者的费解和误解。

2. 科学性

商业广告的科学性表现在广告内容应突出产品的工艺与功能的科学原理宣传，证实广告的例证具有普遍性、科学性，广告不能违背现行法律，而且应使用科学语言、规范化语言，不能污染语言文字环境。科学性是要做到以下三点：

(1)商业广告应强调产品的工艺或功能的科学原理

(2)商业广告例证应具普遍性

商业广告例证的普遍性是指广告所举的事实是能以点代面的典型事例而不是个别特例。例如某品牌冰箱在运往国外市场途中被海水浸泡，然而冰箱从海水中取出后仍能正常使用，就是能证明这种品牌冰箱质量上乘的典型事例。

(3)商业广告语言应具科学性

科学性要求广告创作使用科学语言、规范化语言，不要为了新奇而滥用词语。诸如"疗效最佳"、"质量最好"、"无与伦比"等词语，这些词语不仅会伤害竞争对手，而且违背事物必然要发展的科学规律。

3. 思想性

商业广告是为企业宣传商品或服务、为消费者寻求商品或服务的中介，是联系生产与消费的桥梁，广告创作者对企业是否关心、对消赞者是否有爱心必然会反映在广告创作的全过程中，广告必然具有一定的思想性。

重视商业广告的思想性是中国广告具有的特色，日本的商业广告制作者现在也明白了这一点，当初在中国出现的是"哪里有路，哪里就有丰田车"之类的赤裸裸炫耀日本产品、伤害中国人感情的广告,现在则是"为了帮助中国的四化建设,丰田公司愿提供各种先进产品"之类能为广大中国人接受的广告。

4. 艺术性

由于商业广告要求简洁、明快、感染力强,因而要求广告创作过程能调动多种艺术手段。艺术包括文学艺术、音乐、美术与摄影艺术三大类,另外还有与这三类艺术相关的戏剧、电影、电视、广播等综合艺术。每一个广告创作者应全面懂得这些艺术知识并至少精通其中一门知识,只有由精通不同艺术的广告创作者结合成广告创作组,形成密切分工合作的广告创作集体,才能高质量地胜任、愉快地完成现代广告创作任务。

艺术手段成功的关键在于以简单的个体形象或画面塑造深邃的意境,以产生令人深思、联想与回味的效果。简单、直率的真实则不会被人接受。

情境完成 >>>

【例文 7.6】【商业广告】

这里曾经弥漫过甲午海战的硝烟;

这里曾被秦始皇称为天之尽头;

如今这里是世界上最适合人类居住的范例城市之一。

——中国威海

简析:

这是一则宣传威海的城市形象的电视广告。它开辟了中国由政府出资在电视台作城市形象广告宣传的先河。这则广告把威海的历史、名胜、现状,威海的骄人之处,鲜明地呈现在观众面前,引起强烈的反响,起到了良好的宣传作用。

【例文 7.7】【商业广告】

一则宣传立邦漆的电视广告画面:几个活泼可爱的幼儿一字排开,光光的身子,背对着观众,小屁股蛋儿上分别涂着不同颜色,十分鲜亮可人。

简析:

谁看了这个画面都会忍俊不禁,普通得尽人皆知,通俗得无人不晓,然而又是通俗而不浅薄,既宣传了产品,又给人带来乐趣。

【例文 7.8】【商业广告】

国际奥委会主席萨马兰奇宣布北京为 2008 年奥运会举办地,中国申奥代表及全国各地人民欢庆、激动的场面。

旁白:"这一刻,中国人的心飞了起来。"

简析:

这是北京成功申办 2008 年奥运会的宣传广告。它突出了活动的新闻性、历史性和现场感,及时、形象地反映出中国人民对申办奥运会的期盼和申办成功的喜悦心情。这则广告的策划和创意把握及时准确,气氛浓烈,令人过目不忘。

【例文7.9】【商业广告】

粽子是祖国食文化的先驱!

它是祖国人民的创举,它为纪念吾国伟大诗人屈原而诞生。

当您打开粽子的时候闻到的是中国文化的清芬。

几千年历史证明它是古代人民诗一般的创造!

您尝到的不仅是粽子,您首先感到中国文化的骄傲。您尝到的不仅是粽子,您首先感到几千年中国饮食文化而骄傲!

世界上快餐的始祖,中国的粽子。

还告诉您,嘉兴的粽子与她的城市一样有名!

注:客赐我嘉兴粽子,一时兴发胡诌几句。如蒙嘉兴五芳斋采用,当不收报酬,特此附记。

简析:

这是一则嘉兴粽子广告。上例广告作者对写作此广告的缘由加了个"注",语言诙谐、风趣,整个广告由此平添了一种风采,显得有声有色。

【例文7.10】【经典广告语集锦】

1. 英特尔:给你一颗奔腾的心。

2. 人头马 XO:人头马一开,好事自然来。

3. 美的电器:原来生活可以更美的。

4. 麦当劳:你理应休息一天。

5. 美国联邦快递公司:快腿勤务员。

6. 麦氏咖啡:滴滴香浓,意犹未尽。

7. 百事可乐:新一代的选择。

8. 美国汉堡王:带着它上路。

9. 佳洁士牙膏:看,妈妈,没有蛀牙。

10. 宝丽莱即拍即得相机:就是这么简单。

11. 吉列剃刀:看着光,感觉爽。

12. 可口可乐广告语:永远的可口可乐,独一无二好味道。

13. 动感地带——我的地盘 听我的。

14. 康师傅:康师傅方便面,好吃看得见。

15. 新飞冰箱:新飞广告做得好,不如新飞冰箱好。

16. 格力空调:好空调 格力造。

17. 海尔电器:海尔,真诚到永远。

18. 维维豆奶:维维豆奶,欢乐开怀。

19. 伊莱克斯冰箱:众里寻他千百度,想要几度就几度。

20. 张裕:传奇品质,百年张裕。

情境拓展 >>>

三、广告创意

(一)定义

1.广义理解

它包含了广告中创造性的思维,只要是涉及创造新的方面,从战略、形象到战术以及媒体的选择等,"创意"二字体现在设计出新的方案上。

2.狭义理解

现实中,广告界更愿意以"广告作品的创意性思维"来定义广告创意。

广告创意简单来说就是通过大胆新奇的手法来制造与众不同的视听效果,最大限度地吸引消费者,从而达到品牌声望传播与产品营销的目的。

图 7-1 广告创意

广告创意在英语中的表达:idea & creative。

广告创意是指广告中有创造力地表达出品牌的销售讯息,以迎合或引导消费者的心理,并促成其产生购买行为的思想。

广告创意由两大部分组成:一是广告诉求,二是广告表现。

(二)前提

广告定位是广告创意的前提。广告定位先于广告创意,广告创意是广告定位的表现。

广告定位所要解决的是"做什么",广告创意所要解决的是"怎么做",只有弄明确做什么,才可能发挥好怎么做。一旦广告定位确定下来,怎样表现广告内容和广告风格才能够随后确定。由此可见,广告定位是广告创意的开始,是广告创意活动的前提。

(三)内涵

(1)创意式的表达,其目的是创作出有效的广告,促成购买;

(2)广告创意是创造性的思维活动,这是创意的本质特征;

(3)创意必须以消费者心理为基础。(潜意识广告)

(四)原则

创新思维或称创造性思维,是指人们在思维过程中能够不断提出新问题和想出解决问题方式的独特思维。可以说,凡是能想出新点子、创造出新事物、发现新路子的思维都属于创新思维。在广告创意过程中必须运用创新思维。为此,应把握以下原则:

1.冲击性原则

在令人眼花缭乱的报纸广告中,要想迅速吸引人们的视线,在广告创意时就必须把提升视觉张力放在首位。

图 7-2　广告创意

照片是广告中常用的视觉内容。据统计,在美国、欧洲、日本等经济发达国家,平面视觉广告中 95％是采用摄影手段。2006 年 11 月在昆明举行的第 13 届中国广告节,获得平面类(企业形象项)金、银、铜奖的 16 个广告作品中,有 14 个作品运用了摄影手段。尤其是获得金奖的 4 个作品,将摄影艺术与电脑后期制作充分结合,拓展了广告创意的视野与表现手法,产生了强烈的视觉冲击力,给观众留下了深刻的印象。

2.新奇性原则

新奇是广告作品引人注目的奥秘所在,也是一条不可忽视的广告创意规律。有了新奇,才能使广告作品波澜起伏,引人入胜;有了新奇,才能使广告主题得到深化、升华;有了新奇,才能使广告创意远离自然主义,向更高的境界飞翔。

在广告创作中,由于思维惯性和惰性形成的思维定势,使得不少创作者在复杂的思维领域里爬着一条滑梯,看似"轻车熟路",却只能推动思维的轮子作惯性运动,"穿新鞋走老路"。这样的广告作品往往会造成读者视觉上的麻木,弱化了广告的传播效果。

3.包蕴性原则

吸引人们眼球的是形式,打动人心的是内容。独特醒目的形式必须蕴含耐人思索的深邃内容,才拥有吸引人一看再看的魅力。这就要求广告创意不能停留在表层,而要使"本质"通过"表象"显现出来,这样才能有效地挖掘读者内心深处的渴望。

好的广告创意是将熟悉的事物进行巧妙组合而达到新奇的传播效果。广告创意的确立,围绕创意的选材,材料的加工,电脑的后期制作,都伴随着形象思维的推敲过程。推敲的目的,是为了使广告作品精确、聚焦、闪光。

4.渗透性原则

人最美好的感觉就是感动。感人心者,莫过于情。读者情感的变化必定会引起态度的变化,就好比方向盘一拐,汽车就得跟着拐。

图 7-3　广告创意

出色的广告创意往往把"以情动人"作为追求的目标。如一个半版公益广告"你是否考虑过他们?"画面以两个农村孩子渴望读书的眼神和教室一角破烂不堪的课桌椅为背景,已审核报销的上万元招待费发票紧压其上,引发读者强烈的心理共鸣。农民挣一分钱是那么不容易,而有的人用公款招待却大手大脚。如果我们每人省下一元钱,就可以让更多的贫困孩子实现读书梦想。由于这个公益广告情感表达落点准确、诉求恰当,因而获得了 2004 年度某省新闻奖一等奖。

5.简单性原则

牛顿说:"自然界喜欢简单。"一些揭示自然界普遍规律的表达方式都是异乎寻常的简单。国际上流行的创意风格越来越简单、明快。

一个好的广告创意表现方法包括三个方面:清晰、简练和结构得当。简单的本质是精练化。广告创意的简单,除了从思想上提炼,还可以从形式上提纯。简单明了决不等于无需构思的粗制滥造,构思精巧也决不意味着高深莫测。平中见奇,意料之外、情理之中往往是传媒广告人在创意时渴求的目标。

总之,一个带有冲击性、包蕴深邃内容、能够感动人心、新奇而又简单的广告创意,首先需要想象和思考。只有运用创新思维方式,获得超常的创意来打破读者视觉上的"恒常性",寓情于景,情景交融,才能唤起广告作品的诗意,取得超乎寻常的传播效果。

图 7-4　广告创意

(五)标准

(1)简单明了

(2)单纯

(3)准确

(4)独特

(六)特征

1.以广告主题为核心

广告主题是广告定位的重要构成部分,即"广告什么"。广告主题是广告策划活动的中心,每一阶段的广告工作都紧密围绕广告主题而展开,不能随意偏离或转移广告主题。

2.以广告目标对象为基准

广告目标对象是指广告诉求对象,是广告活动所有的目标公众,这是广告定位中"向谁广告"的问题。广告创意除了以广告主题为核心之外,还必须以广告对象为基准。"射箭瞄靶子"、"弹琴看听众",广告创意要针对广告对象,要对广告对象进行广告主题表现和策略准备.否则就难以收到良好的广告效果。

3.以新颖独特为生命

广告创意的新颖独特是指广告创意不要仿其他广告创意,人云亦云、步人后尘,给人雷同与平庸之感。唯有在创意上新颖独特才会在众多的广告创意中一枝独秀、鹤立鸡群,从而产生感召力和影响力。

4.以情趣生动为手段

广告创意要想将消费者带入一个印象深刻、浮想联翩、妙趣横生、难以忘怀的境界中去,就要采用情趣生动等表现手段,立足现实、体现现实,以引发消费者共鸣。但是广告创意的艺术处理必须严格限制在不损害真实的范围之内。

5.以形象化为形式

广告创意要基于事实。集中凝练出主题思想与广告语,并且从表象、意念和联想中获取创造的素材,形象化的妙语、诗歌、音乐和富有感染力的图画、摄影,融会贯通,构成一幅完善的广告作品。

6.原创性、相关性和震撼性的综合体

所谓原创性是指创意的不可替代性,它是旧有元素的新组合。相关性是指广告产品与广告创意的内在联系,是既在意料之外又在情理之中的会意。如1996年6月夏纳国际广告节上获得广告大奖的由日本电扬(Dentsu Youg & Rubicam)创作的"VOLVO安全别针",每一个人看到之后都会过目不忘。正如美国评委Gary Goldsmith所言,"它是一幅仅有一句文案(一辆你可以信赖的车)的广告——纯粹的视觉化创意。看到的一些最好的东西,都是传递信息很快,并且很到位,它无须费神去思考或阅读"。因此,广告创意必须巧妙地把原创性、相关性和震撼性融为一体,才能成为具有深刻感染力的广告作品。

图 7-5 广告创意

(七)关键

1.创新思维的独创性

创新思维是对思维某些特征的强化,比如说,从多角度观察和思考问题的发散性,把需要解决的问题与其他事物进行联系和比较的分离性,思维过程的辩证性,思维空间的开放性,思维主体的能动性以及思维成果的独创性。其中独创性是创新思维最具代表性的特征,也是广告创意的关键。因为,创意过程中独具一格的思维特点,就是创新思维的独创性。

2.创新思维独创性的生成

"笔墨当随时代",广告创意也如此。人们的审美情趣随着时代而前进,随着生活而升华,随着个性张扬而追求独创。带有时代精神独创性的广告创意的诞生要经历四大环节:境域—启迪—顿悟—验证。

(1)境域,是广告创新思维的生成环境

在广告创作之前,应对设计对象的有关条件和限制有透彻了解,并尽力投入思维活动中。在广告创意过程中,对所思考的问题越有激情,进行各种尝试的积极性就越高。

(2)启迪,是广告创新思维的信息纽带

当广告构思陷入僵局难得其解时,不妨从其他艺术形式和相关学科中寻找新的意象,形成完整而清晰的新思路,再经反复酝酿,用自己的设计语言把它"解译"出来。

(3)顿悟,是广告创新思维的灵感显现

通俗地说,就是相关的知识信息在人脑中重新组合后即时凸现,有一种"茅塞顿开"的感觉。就像在黑暗的剧场里点亮一盏灯,把一些零星的观众及场景照亮,出现一个个活生生的形象。

(4)验证,是对广告创新思维结果进行多角度分析的审视过程

通过这一过程,验证广告创意是否拨动了读者的心弦,创意的表现是否清晰,创意是否给读者留下了想象的空间,等等。

挖掘创意潜能应着眼于独创性

精彩的形象广告与公益广告亲切自然,它们扎根于人们的意识中,触及人们的灵魂,使人们久久不能忘怀。无论是广告创意的求索、知觉信息的筛选、诱因条件的妙用,还是设计灵感的显现,都离不开挖掘创意潜能的实践。

创新思维在表达方式上着眼于个体,通过个体特殊的形象来反映事物的共性。因此,广告作品要具有独创性,就必须力求从不同的侧面、从相异个体,塑造新的形象,深刻反映事物的普遍性,揭示客观的本质与规律。

这就有了我们用摄影来表现"语润心田,受益无限"这一主题的想法。我们用生活中最熟悉的元素——报纸、泉水、青壮年白领,并通过局部置换,创造出一个"陌生"的场景,用"陌生化"来激发人们的认知兴趣。

广告创意实践中贯穿着独创性

系列化的形象广告和公益广告能够放大品牌在读者心中的形象。在系列形象广告和公益广告创意元素中,有一个相同的元素——在既定的目标下"生动地"表现"单一的主题"。每一个广告表述的主题必须"单一",因为我们确信一个广告表现一个主题是最有效的,只有这样才会在市场上受到注目。

以"语润心田,受益无限"为创意落点的形象广告,要让读者能够在瞬间明白这个广告所表达的意思,广告中的主角敲定是先决条件。主角如果太年轻,有可能会让人产生报纸是"青年报"的误解;如果选择满头银丝的主角,又可能有"老年报"之嫌。于是,我们将主角定位为 30 至 40 岁之间,成熟的、有思想深度的人士。

为了表现"语润心田"这一动作,采用了近乎夸张的"喝水"姿势,以浓缩的笔墨"写"出一个"渴"字,既来源于生活,又高于生活。拍摄时,要求男主角将外衣解开。被风吹起的外衣,犹如蝴蝶扇动的翅膀,预示着正在腾飞的报业。拍摄喝饮料的镜头时,我们将瓶装饮料倒掉

换成矿泉水。作品中的男主角"喝"得津津有味,人物表情自然传神。快门凝固的流畅泉水,看上去像珍珠般晶莹,使这个作品具有高度概括力。

这个形象广告的寓意是:公信力强、信息量大、版式活泼、文风清新的报纸滋润着广大读者的心田。主题句"语润心田,受益无限",与这个作品水乳交融在一起,起到了互相衬托的作用。2006年12月21日,该报纸整版刊登了这个形象广告,受到了读者普遍好评。

广告创意实践使我们认识到"会综合就能创意"。独特的广告创意通常不过是常规的组合,我们不应该把广告创意神秘化,关键是运用创新思维把常规的事物综合成"新颖独特、有文化味、具有吸引力"的广告作品。

"链式效应"有利于提高广告创意的实效

广告创新思维具有"链式效应"。在广告创意实践中,当一个又一个创意设想涌现时,先提出的设想必然会对后面的设想产生刺激诱发作用,就像燃放鞭炮一样,点燃一个就会引起一连串的爆响。这种连绵突发性的特点必然会对广告创意产生强烈的冲击作用。

检验办报理念是否有效的一种好办法,就是看它是否有一个令人信服并能拉近与读者距离的主题句。

理念通过传播得到升华。如何将"责任造就公信力"以一种直观画面的形象烙印在读者的记忆中,经过不断琢磨,我们感到"责任造就公信力"和"接力跑"这一形式能够较好地吻合,并通过"传递"得到升华。传递是动态而非静态的,是主动而非被动的。传递就是奉献,传递就是沟通,传递就是服务。选择"传递",能将"责任造就公信力"这一办报理念,人人相传,相传人人,与时代共进。

"接力跑"的交接棒手法有"上挑式"和"下压式"之分。我们在拍摄时选择了接棒"掌心向后,虎口朝下,手伸后处,恰好接住"的"上挑式"。寓意以"责任造就公信力"为己任的湖北日报人,通过传承与传递,呈现出勃勃向上的生机与活力。

"责任造就公信力"形象广告,通过"男女接力"这一简洁明了而又新颖独特的画面,生动形象地表现了报纸秉承传统,强化公信力建设,齐心协力共建和谐社会的主题,同时也将湖北的现在与未来连在了一起。

绿色,是春天和生命的象征,以绿色为底色用来表现报业集团充满激情与和谐的氛围。将精心卷起的报纸置于大片绿色之中,把"责任造就公信力"烘托得淋漓尽致,产生了巨大的思想容量。倾斜的对角线构图使画面更富有动感,具有较强的视觉冲击力。

通过以上案例的简要说明,可见广告创意的成功不是偶然的、心血来潮式的。广告创新思维"链式效应"触发的前提是视野开阔,学会综合已学到的基础知识,这样才有了创意的基础。同时还要紧跟摄影与广告相结合的潮流,善于转移知识,把一门知识转移到另一个知识领域,这样就会有突破。

综上所述,我们将该报纸的系列形象广告和公益广告创意体会归纳为十四字诀:"会综合就能创意,会转移就能突破。"

任何一种广告创意,都是"一次性消费"。提高省级党报形象广告和公益广告创意的穿透力,必须重在一个"创"字。既要用创新思维锤炼,又要用情感琼浆搅拌。创意的点子通过摄影创作与电脑润色,能让广告作品闪现出智慧的光芒,将会给读者带来联想与启迪,为社会弹奏出和谐的音符。并不是所有新奇独特的广告都能奏效,但奏效的一定是新奇独特的广告。

情 境 训 练 >>>

为自己所在的学校写一份本专业的招生广告。

任务4 制作产品说明书

情 境 设 置 >>>

请你为苹果四手机写一份产品说明书。

情 境 链 接 >>>

一、产品说明书概述

(一)概念

产品说明书是介绍产品的性质、性能、构造、用途、规格、使用方法、保管方法、注意事项等的一种文字材料,是使用范围很广的一种说明文。

产品说明书是以说明为表达方式,兼有说明文和应用文特点的两栖文种。在说明方法上,它与一般说明文有相同之处,如都用比较说明、数字说明等。但又有不同之处,如产品说明书不用下定义说明、举例说明等。

(二)产品说明书的作用

1.传播知识

当说明书伴随着产品走向消费者群的时候,它所包含的新知识、新技术也为群众所了解。

2.指导消费

说明书对商品或服务内容进行客观的介绍、科学的解释,可以让消费者了解产品的特性、掌握产品的操作程序,从而达到科学消费的目的。

3.宣传企业

说明书在介绍产品的同时,也宣传了企业,因而兼有广告宣传的性质。

(三)产品说明书的特点

1.说明性

说明、介绍产品,是产品说明书的主要功能和目的。

2.实事求是性

产品说明书必须客观、准确反映产品。

3.指导性

产品说明书还包含指导消费者使用和维修产品的知识。

4.形式多样性

产品说明书表达形式可以是文字式,也可以图文兼备。

情境分析 >>>

二、产品说明书的具体写作

(一)产品说明书的结构和写法

1.标题

一般是由产品名称加上"说明书"三字构成,如"VCD说明书"。有些说明书侧重介绍使用方法,称为使用说明书,如"吹风机使用说明"。

2.正文

通常详细介绍产品的有关知识,如产地、原料、功能、特点、原理、规格、使用方法、注意事项、维修保养等。不同说明书的内容侧重点也有所不同。

一般的产品说明书分为:
(1)家用电器类;
(2)日用生活品类;
(3)食品药物类;
(4)大型机器设备类;
(5)设计说明书。

3.附文

厂名、地址、电话、电挂、电传、联系人和生产日期等。出口产品在外包装上写明生产日期、中外文对照。

(二)写作要求

1.突出产品特点

要注意广告和说明书的区别。如"喝孔府家酒,做天下文章"可做广告语,写入产品说明书不合适。

2.语言要求准确、通俗、简明

尽可能图文并重。

情境完成 >>>

【例文7.11】【产品说明书】

长虹 LT19620 液晶电视说明书

产品型号:LT19620　　　　　　品牌:长虹

售后电话:4008－111－666。

◆产品特色

●高清 TV 屏

●高可靠性

●超强接收

●超强电源

●智能排序

●智能一键通

●智能说明书

●万年历

●量子芯

◆其他特色功能

三种缩放模式:4:3、16:9、动态扩展(video 下)

定时开机频道预约

节目回叫、节目源回叫

三种音效模式:平衡、低音、高音

四种图像模式:用户、柔和、标准、明亮

VGA 在线软件升级

底座一体化设计/壁挂方式任选

防雷防潮防尘设计

无痕注塑仿高光设计

数字高清信号全兼容、自动识别

健康运动提示

简约 OSD 操作风格

●温馨提示

●在新七天电器直销网购买的产品,均享受厂家同等售后服务,按国家规定的"三包"法执行,以原厂售后服务条例为标准,进行全国统一服务;

●在新七天购买的长虹电视,统一由长虹厂家配送,收到电视以后,由新七天通过快递邮寄发票;

●客户收到产品如有质量问题,经厂家售后服务部门鉴定后,可 7 日包退,15 日包换,15 日后按照长虹厂家售后规定享受全国联保,时间以客户收到产品时间计算;

●长虹厂家承诺电视机整机保修一年,显示屏三年保修;

●长虹所有电视产品的底座和挂架,按新七天网站标配的底座或者挂架无需单收费,非标配的架子,需单加收底座或者挂架相应的费用(以新七天网站收费为准)。此外,您还可以

在当地厂家购买,资费可以直接联系当地厂家售后;

●预约安装售后或了解其他信息请拨打长虹全国统一客服电话4008－111－666。

情境拓展 >>>

三、产品说明书要求

产品说明书制作要全面地说明事物,不仅要介绍其优点,同时还要清楚地说明应注意的事项和可能产生的问题。产品说明书、使用说明书、安装说明书一般采用说明性文字,而戏剧演出类说明书则可以以记叙、抒情为主。说明书可根据情况需要,使用图片、图表等多样形式,以期达到最好的说明效果。现在单纯的文字性的说明书已经不能满足一些复杂的工业产品的说明需求了,很多厂商通过三维动画加实拍的宣传片代替简单的产品说明书。

情境训练 >>>

完成先锋数码相机 L1621A(黑)的产品说明书。

本章自测题

一、简答题

1.请简要说明经济新闻的种类和作用。

2.简述商业广告的作用。撰写商业广告应注意哪些问题?

二、写作题

1.某市一房地产开发公司,新近通过拍卖,拿到了该市一黄金地段地块。小区即将开工,公司总经理还在为找不到合适的小区名称而苦恼。

(1)请你帮小区起一个好听的名字。

(2)假设你是该房地产开发公司的销售部经理,请你帮该小区拟写广告词。不超过200字。

2."家庭健康一把手——阿净嫂",此前的品牌为"永鲜"和"××宝"等,品牌特性易被混淆和模仿。产品为冰箱灭菌除臭剂,衣物防蛀、防霉剂等系列家庭用品。当时此类产品普遍属低档品、关心度低,我们接手后,将其品牌命名为"阿净嫂",并塑造了一个温柔、聪慧、能干、热爱家庭的女性形象,人格化的诉求,使之成为中国女性心目中的理想化身;同时也巧妙借用了"阿庆嫂"这一戏剧女主角在广大消费者中的高知名度和美誉度,将产品属性与能干、麻利、活泼、亲切、机智等概念紧密结合在一起。

本案例最大的成功在于品牌形象策略的塑造,一个极富亲和力的品牌形象,使消费者与产品有良好有效的沟通,成为拓展家庭用品市场的金钥匙。

另外,"阿净嫂诚聘健康大嫂"与下岗女工联系起来,以公益活动为中心的事件行销,引起传媒关注,短期内使产品知名度大增,大嫂的现场促销更是效果斐然。在半年内该品牌成功成为区域市场上的领导性品牌。

请为"阿净嫂"写一句广告词。

第八章 经济诉讼文书

学习目标

1. 熟悉经济诉讼文书的概念、作用和类型
2. 了解上诉状、申诉状和申请执行书的基本写作
3. 理解答辩状的基本写作
4. 掌握起诉状和反诉状的基本写作

随着改革开放的不断深入,许多新事物、新情况、新矛盾层出不穷,经济领域的新情况更是日新月异,如中外合资、外商独资等。在纷繁复杂的经济活动中,由于政治、法律、文化、科技以及人为因素,极易导致经济纠纷的发生,可能会对当事一方、双方或多方造成巨大的经济损失。据最高人民法院数据统计,2008 年,全国各级法院共审结金融纠纷、房地产纠纷、企业改制纠纷、股权转让纠纷、涉外及海事海商纠纷等案件 1136430 件,标的额 4773.17 亿元,同比分别上升 15.24% 和 13.18%。依法严惩集资诈骗、非法吸收公众存款、制售伪劣食品药品等严重破坏市场经济秩序的犯罪,共审结此类案件 21674 件,同比上升 13.48%。经济纠纷案件发生率有不断上升的势头,当双方发生争执或者纠纷时,可以通过事先约定的方式进行解决,如协商、谈判、调解和仲裁,当事人也可以向人民法院提交经济纠纷诉讼状,请求法院审理案件,从而达到维护自身合法权益的目的。经济诉讼文书正是用来解决在经济纠纷诉讼案件中需要的各种文书的总和。

任务 1 撰写经济纠纷起诉状

情境设置 >>>

小李于 2011 年 5 月 16 日委托韵达快递公司运送三台笔记本电脑到黑龙江肇东市,由于买家没先付款,所以要求韵达快递控货(意思是货到了,通知发货人是否放货),发货单上已写"控货",等待电话通知放货,以前这样操作过,韵达确实也电话通知过发货人是否放货。小李于 5 月 17 号发现买家是个骗子,联系不上了,于当日要求韵达快递把货物退回,但是货

物在途中,他们答应货到中转站后退回,但是他们 19 号通知小李货到了中转站时已经把货给收货人了,但是收货人没给小李打款,他们把货交给收货人之后才通知小李,但是收货人没给小李转款,小李想起诉韵达快递赔偿的损失,请问起诉状怎么写?

情境链接 >>>

一、经济纠纷起诉状概述 ▪▪▪

(一)经济纠纷起诉状的定义

经济纠纷是指法人之间、法人与公民个人之间或公民个人之间,发生在经济方面的权利与义务的争端。起诉状(诉状),俗称"状子",分为民事起诉状和刑事起诉状。本节所要讲的经济诉讼起诉状属于民事起诉状。

经济纠纷起诉状,又称经济诉状,是指在经济纠纷中,原告或其法定代理人为维护自身的经济利益,用书面的形式向人民法院提出自己的诉讼请求和理由,并提出请求的根据,从而引起经济诉讼程序发生的一种诉讼文书。

(二)经济纠纷起诉状的特点

1.请求诉讼性

任何国家机关、社会团体、企事业单位和公民个人或其法定代理人向人民法院递交经济纠纷起诉状便是提出了诉讼请求。

2.适用范围的特定性

经济纠纷起诉状针对的是归人民法院管辖而未被审理过的案件。

3.形式的程式性

一是制作格式的程式性,二是使用语言的程式性。

4.处理案件的参证性

诉状本身就是一种处理案件时的证据。

(三)经济纠纷起诉状的作用

1.用来提起诉讼的

任何国家机关、企事业单位、社会团体和公民,在认为自己或者受保护的人的经济利益受到损害或与他人发生纠纷、争执时,都可以写经济纠纷起诉状向人民法院提起诉讼。

2.用来控告被告违法的事实

经济纠纷的原告要将经济权益纠纷的事实和纠纷的由来、发展的过程写清楚,并把问题争执的焦点写清楚,这样就有利于法院进行调查取证。

3.用来要求追究有关方面的法律责任

原告对被告提起的诉讼,在诉讼中要详细表明要追究的相关责任。

情境分析 >>>

二、经济纠纷起诉状的具体写作

根据司法部所制定的《诉讼文书样式》的规定,起诉书由六个部分组成:

1.标题

标题是起诉状的名称,要根据诉状的性质和内容来确定标题,标题一般反映案件类别和文种。为便于经济法庭直接受理案件,经济案件的诉状标题可以写作"经济纠纷诉状",也可以写成"民事起诉状"。

2.当事人的自然情况

当事人的书写顺序。先写原告,后写被告。如果当事人是自然人,首行写出原告人的姓名、性别、年龄、民族、籍贯、职业、工作单位和住址。次行并列写出被告人的上述八项基本情况。如果当事人是法人,则先写原告法人单位的全称和地址,次行写法定代表人的姓名和职务。然后,下行并列写出被告法人同样的情况。凡是有诉讼代理人的,另起一行写明其姓名、单位、职务,或者与当事人的关系等;如属委托律师代理,只需写明其姓名和职务。如果有数个原告人和被告人,就要按其在案件中的地位和作用,依次写出他们各自的基本情况。

例如:

原告:××公司

地址:××市××路××号

法定代表人:×××(姓名),总经理

如法定代表人委托律师为诉讼代理人,则在其下一行写:

委托代理人:×××(姓名),××律师事务所律师

3.诉讼请求

这一部分主要写明为何提起诉讼,诉讼要求是什么。在民事诉状中,通常表述为"诉讼请求"。写明原告人在有关民事权益争议中的要求,如赔偿损失、清偿债务、履行合同、归还产权等,最后一项通常为诉讼费用的负担要求。诉讼请求事项应当写得明确、具体,切忌笼统、含糊,同时提出要求要合法、合情、合理。还要固定、完整,不准随意改变。

4.事实和理由

这是起诉状的主体和核心,是法院判案的重要依据。它是证明自己诉讼请求的重要依据。一般要写出事实、证据和理由等内容。

(1)叙述事实

事实是指围绕诉讼请求全面而客观地反映真实情况。人民法院审理案件做出判决或裁定都以事实为根据。事实是提起诉讼、实现诉讼请求的基础和依据,也是人民法院进行裁判的基础和依据。应写明原告、被告民事法律关系存在的具体事实,以及当事双方权益争执的具体内容,包括时间、地点、涉及的人物、起因、发展过程、造成的结局以及双方争执的焦点

等。原告如在争执中也有一定过错和责任,也应实事求是地写清楚。叙述事实一般按照时间顺序展开,突出主要情节和关键部分。在叙述事实的同时或在叙述事实以后,要提供相应的证据,如物证、人证等,以及证据的来源和证人的姓名、职业、住址等。

叙写事实应该注意三点:一是必须实事求是,既不夸大,也不缩小;二是应围绕诉讼请求叙写;三是既要反映案件的全貌,又要突出重点。

(2)提供证据

根据民事诉讼法的规定,"谁主张,谁举证",即在一般情况下,原告对自己提起的诉讼案件,负有举证责任。证据是认定事实的客观基础,直接关系着案由的成立和诉讼的进程。原告人对自己所提起诉讼的案件负有举证责任。为证明自身所述事实的真实性和请求事项的合理性,起诉状应当充分列举证据。证据包括物证、人证及其他能证明事实真相的材料。提供物证、人证及有关材料应说明其来源和可靠程度,也要交代证人的证言内容及证人的姓名、职业、单位、住址等,以便核查落实。另外,根据司法实践,现在有一种"举证不能"的做法,即在某些情况下,原告无法举证,被告属于负有义务责任者,那么需要被告方举证自己无过错,如若不能,则过错即在被告方。

(3)阐明理由

在叙述事实、列举证据的基础上,分析人认定被告人违约或侵权行为的性质,说明是非曲直,阐明被告人应承担的责任,援引有关法律法规和政策文件作为诉讼请求的法律依据,以确定其诉讼请求事项的合法性。主要写两个方面的内容:一是根据诉讼事实和证据,用有关法律规范来分析案件的性质及被告人的责任;二是提出诉讼请求所依据的法律根据,论证请求事项的合理性和合法性。

5.结尾

起诉状结尾包括三项内容:呈文对象,即诉状所提交的人民法院名称,用"此致,××人民法院"句式表示;具状人签名盖章;具状年月日。

6.附项

写在"致××·人民法院"后面,应单独成行。按顺序依次列出:本状副本×份;物证×件,书证×件。必要时,此处还要列出证人的姓名、住址等基本情况。有的起诉状在当事人的自然情况之前先列一项"案由",如"离婚"、"赔偿"、"继承"等。另外,把"请求事项"放到"事实和理由"之后,这种写法也是可以的。

经济纠纷起诉状写作的注意事项有以下四个方面的内容:

第一,主体是否合格。经济纠纷起诉状的制作主体是与本案有直接利益关系的公民及其法定代理人、法人或其他组织。原告可以委托他人代书,但经济纠纷起诉状必须以原告的名义提出,主体不合格,其起诉必然是无效的。

第二,事实清楚,证据确凿。在起诉状中叙述纠纷事实或被告人的犯罪事实时,必须注意边叙述事实边列举证据,以证明原告(原告人)所提供的事实是证据确凿、无可辩驳的,这样便于为法院受理案件提供依据。

第三,要尖锐犀利。要打赢"官司",除了有理合法外,还要讲究语言的尖锐犀利。当然,尖锐犀利不等于挖苦骂人,而是深刻准确地揭露对方,理直气壮地陈述己见,语言精练简洁,富有说服力和战斗性。

第四,语言简练清晰。语言要简练,思路要清晰,说理要中肯,语气要平和,请求要合情、合理、合法,切忌强词夺理、叙述烦琐。

情境完成 >>>

【例文8.1】【经济纠纷起诉状】

起诉状

原告:××市×××工厂

法定代表人:杨××,男,××岁,厂长

被告:××省××县××公司

法定代表人:王××,男,××岁,经理

请求事项:

要求追回被告所欠我厂货款13 700元及滞纳金2 713.15元。

事实与理由:

××县××公司于×年×月派人到我厂洽谈业务,声称他公司有AO铝锭10吨,每吨单价3 600元,款到发货,并由他公司负责运到××市轧铝厂交货,运费由我厂负担。经协商,达成协议,并签订文字合同("订货合同"附后)。合同生效后,我厂于×年×月×日通过银行汇给被告货款36 000元。而被告收到货款后却迟迟不能交货。后经我厂了解,才知他们根本无货。于是我厂令其退款。经多次催要,被告于×年×月×日才退回20 000元,同年×月又退回2 300元。其余13 700元拖欠至今仍拒不退还。

由上述事实可见,被告无货而签订供货合同,本属欺骗行为。对所欠我厂货款又迟迟不肯退还,其中13 700元时至今日仍不偿还,虽经我厂多次催要,但无济于事,这更属耍赖行为。被告的不法行为给我厂造成了一定程度的经济损失。

为此,特向你院提出诉讼,请求维护我厂合法权益,判定被告偿还我厂货款13 700元,并按照中国人民银行关于延期付款每日交付万分之三滞纳金的规定,判定对方向我厂交付滞纳金,从×年×月×日起至今。

此致

××县人民法院

具状人:××市×工厂(章)

×年×月×日

附:1.原"订货合同"1份;

2.本状副本2份。

【例文8.2】【经济纠纷起诉状】

起诉状

原告:李×,男,19××年×月×日,汉,住址,身份证号,联系电话

被告:焦作市山阳区×××家政信息服务部(个体),闫××(法定代表人),市解放中路××号,0391-39060××

诉讼请求:

1.判令被告退还中介服务费人民币1 000.00元;

2.判令由被告承担本案的诉讼费及原告支出的取证费等费用。

事实与理由：

因李×（原告）欲购住房，近期在房产中介查询信息。2007年4月10日下午，在东方红家政信息服务部（被告）看到东桂苑小区有一套房子较合适，李×便向其交纳50元中介费，签订了购房人确认书，准备买房。4月13日下午，李×到东桂苑看房，看完认为不合适，随后放弃此购房计划。4月14日上午，李×又到中介，王女士又向他介绍了煤炭局家属院的房子。李×当天在中介工作人员的带领下去看房，并且见到了房子的主人张女士，看房中还看了土地证、房产证，认为比较合适，准备购买。4月15日上午，李×向卖房的张女士交纳购房订金1 000.00元，并在中介王女士的要求下支付中介服务费1 000.00元，定下要买房。4月16日下午，李×经打听得知煤炭局房子可能存在质量问题，并且再次去看房，和房主张女士交谈，发现房子确实存在质量问题，张女士也向李×表明不想卖房子了。4月17日下午，房主张女士将订金1 000.00元归还于李某。随后李×到中介向王女士讨要中介服务费，因"购房人确认书"上明确写出，中介服务费1%（按成交价）应在买卖协议签订后支付，现房子未买，合同未签，理应归还中介服务费。而王女士以订金已交即成交为由，拒绝归还中介服务费1 000.00元。至今仍未归还。

原告认为中介在这个事件中，理应归还中介服务费1 000.00元。现对被告提起诉讼，请求人民法院依法予以支持。

此致
焦作市山阳区人民法院

起诉人：李 ×
2007年9月10日

情境拓展 >>>

三、认知经济诉讼文书

（一）经济诉讼文书概念

诉讼文书主要是指公检法部门处理各类案件中，依法制作的具有法律效力或法律意义的各类文书的总称。

诉讼文书按案件的性质划分，可分为刑事诉讼文书、民事诉讼文书和行政诉讼文书三种；按司法制度规定的审判程序和法律赋予当事人的权利划分，则可分为起诉状、反诉状、答辩状、上诉状和申诉状五种。

经济诉讼文书是指用来处理各种经济事务、解决各种经济纠纷的各类诉状的应用文体。它是民事诉讼文书的一个重要组成部分，在经济应用文中占有非常重要的地位。

（二）经济诉讼文书的作用

根据法律规定，在诉讼的各阶段都必须使用诉讼文书予以记载、认定和付诸实施，才能发生法律效力。它是各诉讼程序有序进行的忠实记载和凭证，是国家法律运用于案件事实

的具体体现。经济诉讼文书属于诉讼文书的一部分,具有诉讼文书的共同作用,其作用主要表现在:

第一,当事人以及其他诉讼参与人,凭借有关的法律文书,反映事实,举出证据,提出诉讼请求,申述诉讼理由。没有这样的诉讼文书,便不可能有诉讼程序的开始和进行。原告向人民法院提交起诉状是诉讼活动开始的标志,起诉的目的是希望法院对已经产生的纠纷依法给予审理并作出判决,如果没有起诉状,法院就不可能审理当事人的纠纷。

第二,司法机关凭借诉讼文书,准确地表述和认定事实,科学正确地运用国家法律法规,依法完成全部诉讼程序,使诉讼活动得以合法地圆满结束。如果没有这类诉讼文书,便不可能有诉讼活动的结束,任何诉讼行为都是毫无意义和不能取得实际效果的。

第三,公开使用或发布的诉讼文书,在依法裁决处理实际案件时,不但发挥了法律的效力,体现了法律的尊严,而且更生动、具体,直接起到了教育公民、宣传法律的作用,是进行社会主义法制宣传教育的典型教材。

总之,诉讼文书是保障国家法律有效实施的必备工具,不仅具有具体的实用价值,而且具有重大的法律教育价值。因此,对于经济管理类专业的学生,了解并掌握经济诉讼文书的写作要求是十分必要的,也对其今后开展相关的工作非常有帮助。

(三)经济诉讼文书的类型

经济诉讼文书从内容和时间上的顺序来看,主要可以分为以下六种类型:经济纠纷起诉状、经济纠纷反诉状、经济纠纷答辩状、经济纠纷上诉状、经济纠纷申诉状和申请执行书。

经济纠纷起诉状,又称经济诉状,是指在经济纠纷中,原告或其法定代理人为维护自身的经济利益,用书面的形式向人民法院提出自己的诉讼请求和理由,并提出请求的根据,从而引起经济诉讼程序发生的一种诉讼文书。

经济纠纷反诉状,是指经济纠纷诉讼的被告人就原告人起诉的同一事实,向人民法院提交的请求,适用同一诉讼程序与原告人的起诉合并审理,并追究原告人相应民事责任的一种诉讼文书。

经济纠纷答辩状,是指被告或被上诉人为了维护自己的合法利益,在收到人民法院送来起诉状副本或上诉状副本后,在法定期限内,就被诉讼的事实和理由进行答复或辩驳的一种诉讼文书。

经济纠纷上诉状,是指经济案件当事人或其法定代理人,因不服地方各级人民法院第一审判决或裁定,而在法定期限内依照法定程序,向上一级人民法院提起上诉,请求撤销、变更原判决、裁定,或者要求重新审理此案而提交的一种诉讼文书。

经济纠纷申诉状,是指诉讼当事人及其法定代理人对已经发生效力的判决、裁定认为确有错误,向原审人民法院或上级人民法院提出申请重新审理、复查纠正的一种诉讼文书。

申请执行书,是指当事人在向人民法院起诉并胜诉后,在履约期届满后,相对义务人拒不履行相关义务,当事人为维护自己的权益,向法院提出申请,申请法院对义务人实施强制执行的一种诉讼文书。

(四)经济诉讼文书的特点

1.以控告各种违法行为、保护自身合法权益为内容

起诉状是控告性的,以控告犯罪行为为主要内容。答辩状、上诉状和申诉状是辩护性

的,以驳正有关指控为内容,有"反控诉"的意思。所有这些内容,都同刑事案件或民事案件有关。同案件无关的内容,如一般思想作风问题,都不应写进法律诉状中去。

2. 以事实为依据,以法律为准绳

一切法律行为,都要以事实为依据,以法律为准绳。写诉状,就是一种法律行为。案件是否成立,被告是重罪、轻罪,还是无罪,都要摆事实、讲道理,符合真实与合法两个原则。如果伪造证据、隐匿证据、毁灭证据,都要负相应的法律责任,甚至还要受到一定程度的法律制裁。

3. 有通用固定的格式

在长期的诉讼实践过程中,人们为了便于书写、便于审理,逐步形成了比较简化的诉状书写格式。每一种诉状的结构,都有通用的规格样式,一般包括首部、请求、理由和附注部分。制作的时候,要按照司法部门统一规定的格式,合理安排材料,保持项目的完备性,不能残缺不全、颠来倒去。

4. 有一套法定术语

法律诉状有一套法定的法律术语,每个词语的含义,在有关法规上一般都有规定,如:犯罪,"故意犯罪"和"过失犯罪"不同,"贪污"和"受贿"有别。在社会上,可以称配偶为"爱人",而在法律诉状中则要明确地称为"丈夫"或"妻子"。这就要求诉状作者懂得法律常识,写作时使用准确的法律术语,为司法机关审理案件提供有利条件。

5. 语言的高度准确

诉讼文书的语言文字要求高度准确、流畅、简洁,由于文字甚至是标点造成的多意多解的现象,会给审判带来麻烦。

情境训练 >>>

根据情境设置中的内容,帮助小李写一份经济纠纷起诉状。

任务 2　撰写经济纠纷反诉状

情境设置 >>>

小李于 2011 年 5 月 16 日委托韵达快递公司运送三台笔记本到黑龙江肇东市,由于买家没先付款,所以要求韵达快递控货(意思是货到了,通知发货人是否放货),发货单上已写控货,等待电话通知放货,以前这样操作过,韵达确实也电话通知过发货人是否放货。小李于 5 月 17 号发现买家是个骗子,联系不上了,于当日要求韵达快递把货物退回,但是货物在途中,他们答应货到中转站后退回,但是他们 19 号通知小李货到了中转站时已经把货给收货人了,但是收货人没给小李打款,他们把货交给收货人之后才通知小李,但是收货人没给小李转款,小李想起诉韵达快递赔偿小李的损失,请问诉状怎么写? 小李起诉韵达快递赔偿,如果你是韵达快递,请你写一份经济纠纷反诉状。

情境链接 >>>

一、经济纠纷反诉状概述

根据《民事诉讼法(试行)》第46条中之规定:"被告有权提起反诉。"反诉,是指原告向法院起诉后,被告人为了维护自身的合法权益,反过来向原告人提出新的、独立的诉讼请求,以便抵消、吞并原告人请求的权利的一种诉讼手段。在反诉过程中,用以提出反诉程序的文书,称为反诉状。

经济纠纷反诉状,是指经济纠纷诉讼的被告人就原告人起诉的同一事实,向人民法院提交的请求,适用同一诉讼程序与原告人的起诉合并审理并追究原告人相应民事责任的一种诉讼文书。

在民事诉讼中,被告人针对原告人提出反诉是被告人在诉讼中享有的权利,目的在于就原告人起诉的同一事实阐述原告人应当承担的相应责任,请求人民法院适用同一诉讼程序并与原告的诉讼作为同一诉讼案件合并审理,进而追究原告人应负的民事责任。因此,民事反诉状是被告人指控原告人的书面依据,也是人民法院对原告人的本诉,被告人的反诉适用同一诉讼程序合并审理的基础。

情境分析 >>>

二、经济纠纷反诉状的具体写作

(一)首部

即首部标题,写明文书名称"经济纠纷反诉状"。

(二)正文

1. 当事人基本情况

先写反诉人的基本情况,在"反诉人"之后,用括号注明反诉人在本诉讼中的诉讼地位,再写被反诉人的基本情况,同样用括号注明被反诉人在本诉讼中的诉讼地位。填写当事人的基本情况时应当注意以下三点:

(1)当事人是自然人的,写明其姓名、性别、年龄、民族、职业或工作单位和职务、住所。住所与经常居住地不一致的,写经常居住地;当事人是法人的,写明法人名称和住所,并另起一行写明法定代表人及其姓名和职务;当事人是不具备法人条件的组织或起字号的个人合伙的,写明其名称或字号和住所,并另起一行写明主要负责人及其姓名和职务;当事人是个体工商户的,写明业主的姓名、性别、年龄、民族、住所,其有字号的,还应在其姓名之后用括号注明"系——(字号)业主"。

(2)有法定代理人或指定代理人的,应列项写明其姓名、性别、职业或工作单位、职务、住所等基本情况,并在姓名后括注其与当事人的关系。

(3)有委托代理人的,应列项写明姓名、性别、职业或工作单位和职务、住所,如果委托代理人系律师,只写明其姓名、工作单位和职务即可。

2. 反诉请求

反诉请求写明请求抵消、排斥或吞并本诉标的具体数额和方式,如"请依法判令被反诉人(即本诉原告)偿还拖欠反诉人房租 600 元,以抵消反诉人欠其债款的相应数额"。

3. 事实与理由

事实与理由是反诉状中最重要、最关键的部分,也是整个反诉状的核心。在这一部分里,要从事实和法律的角度充分阐述反诉主张的正确性和抵消、排斥和吞并对方诉讼请求的合法性。所以,这部分内容写得好坏,对反诉的胜败会造成很大的直接影响。反诉提出的事实和理由,必须以同一法律关系或法律事实为依据。如果反诉人在反诉状中所主张的诉讼请求和理由,与本诉在法律关系或法律事实上毫无联系,反诉便不能成立。

反诉的事实一般以分项书写为宜。最常见的写法,一般是先摆事实后写理由,或者夹叙夹议,结合叙事阐明理由。不管采取何种写法,都应注意以下几点:一是叙述事实时,要抓住关键。特别是涉及权利、义务承担的责任划分等关键性情节,应尽可能地阐述清楚,能够使人一看便知双方争执的焦点所在和事实真相,不要在枝节上纠缠不休。二是在叙述事实的同时,应举出充分有力的证据。说明自己所叙述的事实的真实性,证明所叙事实是确凿无疑的、有根有据的。三是应紧紧围绕反诉请求摆事实、讲道理,论证反诉请求的正确性、合法性。四是论证要合乎逻辑,讲究语言文明,以理服人,切忌强词夺理、胡编乱造。

反诉理由主要是依据民事权益争执的事实和证据,概括地分析其纠纷的性质、危害、结果及责任,同时提出诉讼请求所依据的法律条文,以论证上述请求事项的合理性。

理由部分,基本上可分为两个层次:一层是事实理由,一层是法律理由。事实理由是上述纠纷事实的概括和升华,而不是简单地重复纠纷事实。即在叙述事实的基础上,分析纠纷的性质,说明是非曲直;分析危害后果,说明过错责任;论证权利义务关系,说明所提出的诉讼请求是合理合法的。比如合同纠纷,在理由部分应首先说明双方当事人所签订的合同是有效还是无效的,合同条款是否明确;然后再分析危害后果,说明对方有哪些过错;最后论证权利义务关系,说明对方应负的民事责任等。

法律理由即引用的有关法律条文,说明反诉人所提诉讼请求的合法性。引用法律要求全面、具体,引用法律的名称应当写全称,而不能使用简称。如《中华人民共和国民事诉讼法》,而不能写为《民事诉讼法》,这是不恰当、不合规范的。引用法律条文时,适用条款项的,应引到条、款、项,不能只引到条。

4. 证据方面

证据是证明所诉事实的真实性、可靠性的依据。如果所诉的案件没有证据,是经不起人民法院审查和对方当事人辩驳的。只有列举出足以证实事实真实性的可靠的有关证据,才能达到诉讼的预期效果。

在反诉状中,应当列述的证据有三项内容:一是陈述应提交有关的书证、物证、人证以及其他能够证明事实真相的材料;二是说明书证、物证、人证以及其他有关材料的来源和可靠程度;三是证人的证言内容以及证人的姓名、住址等。

反诉人应在证据部分说明向人民法院提交书证原件、物证原物的情况。在提交原件、原物有困难时,要说明可以提交的复制品、照片、节录本的相关情况。如果提交的是外文书证,也必须附送中文译本,并说明其具体情况。

反诉人在证据部分，可以申请证据保全，也就是在证据可能灭失或者以后难以取得的情况下，可以申请证据保全。申请时，应说明什么证据需要保全，是书证、物证还是证人证言（如书证可能腐坏、丢失，物证可能毁灭、变质，人证因年老或有疾病可能死亡等），应说明证据由什么人所持有及其具体理由等。

证据的写法。民事反诉状的证据不单列，一般是随写事实随列证据。对于能够证实某个重要事实的有关证据，在叙述事实过程中，在谈到这个事实的时候用括号加以注明。

（三）尾部

1. 写明致送的人民法院名称

分两行写"此致"、"法院"。

2. 右下方由反诉人签名盖章，同时写明具状的时间

3. 附项

附项要写明下列事项：

（1）本反诉状副本份数；

（2）物证的名称及件数；

（3）书证的名称及件数；

（4）证人的姓名及住所。

（四）注意问题

反诉的提出必须符合法律规定的条件，即在接到起诉之后或者是同时，否则反诉不能成立。反诉状中提出的反诉请求必须与原告人的本诉具有关联性，即应基于同一事实和同一争议内容。与此同时，应以证据证明反诉请求的合理性、合法性，以对抗本诉中的诉讼请求。反诉是针对本诉原告人提出，目的在于强调原告人应当承担的民事责任，所以在反诉状中应当注重驳斥原告人诉讼请求的证据的运用，以求得人民法院的支持和司法的公正。

情境完成 >>>

【例文8.3】【经济纠纷反诉状】

反诉人（本诉被告）：××××

被反诉人（本诉原告）：××××

反诉人就××一案，对被反诉人提起反诉。

反诉请求：……

事实理由：……

证据和证据来源，证人姓名和住所……

此致

×××人民法院

反诉人：×××

×年×月×日

附：1. 本反诉状副本×份。（略）

2. 证据材料×份。（略）

情境拓展 >>>

例文 8.4 【经济纠纷反诉状】

反诉状

反诉人:××公司

地址:万泉市宝和路 120 号　　电话:×××××××

法定代表人:××,女,46 岁,总经理

委托代理人:××,男,29 岁,××律师事务所律师

被反诉人:××热水瓶厂

地址:××和平西路 23 号

电话:×××××××

法定代表人:××,男,34 岁,厂长

被反诉人起诉反诉人拒付货款,反诉人认为被反诉人不按合同规定质量标准供货,以次充好,损害了反诉人的商业信誉,特提起反诉。

反诉请求:

1. 反诉人未售出货物全部退还被反诉人;

2. 被反诉人赔偿反诉人违约金××元;

3. 反诉人已售出货物按合同规定支付货款。

事实与理由:

×年×月×日,反诉人与被反诉人签订一份购销合同,反诉人向被反诉人订购××牌××型热水瓶 300 只,价值 6 万元。反诉人售出被反诉人所供货物后,不断有顾客向反诉人投诉商品质量问题,并要求退货(证据一)。于是,反诉人将合同封存样品与被反诉人实际供货样品送×××质量检验所检验,检验结果表明:合同封存样品基本达到国家有关部门规定的质量标准,而被反诉人实际供货样品则有四项指标不合格,质量确实存在严重问题(证据二)。反诉人是万泉市最大的商业大楼之一,有着良好的商业信誉。为维护消费者的合法权益,维护反诉人良好的商业信誉,反诉人多次去函去电(证据三),要求被反诉人派人前来处理此事,被反诉人置之不理。反诉人在此情况下才不得不通知银行拒付货款。而被反诉人就因此向法院提出诉讼,起诉反诉人拒付货款违约。为此,反诉人以产品质量纠纷提起反诉,起诉被反诉人违约,不按合同规定质量标准供货。

综上所述,被反诉人不按合同规定质量标准供货,以次充好,违反了《合同法》第×条和《标准化管理条例》第×条的规定,损害了反诉人良好的商业信誉。为此,特向你院提起反诉,请求依法判决。

此致

×××人民法院

反　诉　人:××公司

法定代表人:×××

×年×月×日

附　1. 本状副本两份。(略)

　　2. 书证三份。(略)

——本文引自中国科学发展观网

▌**情境训练** >>>

根据情景设置中的内容,请你帮助韵达快递写一份经济纠纷反诉状。

任务3　撰写经济纠纷答辩状 ●●●

▌**情境设置** >>>

倩倩的老公在她不知情的情况下借了钱,这钱她既不知情也没用到过。后来她也被作为第二被告起诉。她该怎么答辩?

▌**情境链接** >>>

一、经济纠纷答辩状概述 ▬▬■

(一)概念

经济纠纷答辩状,是指被告或被上诉人为了维护自己的合法利益,在收到人民法院送来起诉状副本或上诉状副本后,在法定期限内,就被诉讼的事实和理由进行答复或辩驳的一种诉讼文书。

经济纠纷答辩状属于民事答辩状。有两种情况:一是被告针对原告的起诉状提出的,二是被上诉人针对上诉人的上诉状提出的。被告或上诉人在接到起诉状或上诉状副本以后,应当在15日内提出答辩状,两种答辩状的具体格式差别不大,基本一致。

通过经济纠纷答辩状可以有效维护被告人或被上诉人的合法权益,同时有利于人民法院全面了解诉讼双方的意见、要求和主张,从而作出合理的裁判,正确审理案件,保证司法公正。

(二)特点

1.对象上的特定性

无论在何种形式的经济纠纷中,答辩状的提出必须是被告或者被上诉人,不能是其他人,否则便会失去应有的法律效应。

2.时间上的限定性

答辩状必须在法定期限内提出,超过固定的时限则会丧失相应的资格。根据法律规定,在法定诉讼程序中,被告或被上诉人收到人民法院送达的起诉状或上诉状副本后15日内应提交答辩状,而追索赡养费、抚养费、抚育费、抚恤金和劳动报酬的案件,则必须在10日之内提交答辩状。为了保障起诉人的合法权益,法律同时规定,当事人不提交答辩状,并不影响人民法院对案件的审理。

3.注重辩驳性、针对性

答辩状是在法院转来原告或上诉人提出的起诉状或上诉状之后,答辩人就诉讼状内容作出答辩的书状,这就决定了答辩状的辩驳性。在答辩中要求答辩状语言必须有的放矢,切中要害,有非常强的针对性。

(三)作用

对当事人来说,答辩状是法律赋予被告人、被上诉人的诉讼权利,体现了当事人的诉讼地位和权利平等的原则,是当事人维护自身合法权益的重要手段。对法院来说,一份好的答辩状,有利于查清案件事实,对于全面分析案情、正确断案具有极其重要的实际作用。

情境分析 >>>

二、经济纠纷答辩状的具体写作

答辩状通常由首部、答辩理由、答辩意见和尾部四个部分组成。

(一)首部

1.标题

标题写明"经济纠纷答辩状",也可写作"民事答辩状",借此可以明确诉讼的内容。

2.当事人的基本情况

答辩人可以是公民,也可以是法人或其他经济组织。当事人的基本情况,应当写明答辩人的姓名、性别、出生日期、民族、职业或工作单位和职务、住址等。答辩人是无诉讼行为能力人的,应当在其后项写明法定代表人的姓名、性别、出生日期、民族、职业或工作单位和职务、住址及其与答辩人的关系等基本情况。答辩人是法人或其他组织的,应写明其名称和所在地址、法定代表人的姓名和职务等基本情况。

3.案由

答辩案由是指针对何人起诉或上诉的何案提出答辩。有以下两种常见的写法:一种是"关于×××诉答辩人×××一案,特提出以下答辩:……";另一种写法是"答辩人因原告(反诉人、上诉人、申诉人)×××诉答辩人……(案由)诉讼一案,现提出答辩如下:……",或者写:"答辩人于××××年×月×日收到你院转来原告×××提起××××之诉一案的起诉状副本,现提出如下答辩:……"

(二)答辩理由

答辩理由应针对起诉状和上诉状所提出的事实、证据、理由和法律依据,据理反驳。这是答辩状的主体部分,是决定答辩成败的关键所在。对方诉状所列事实和理由、所提的诉讼请求,不外乎以下四种情况。

(1)事实、理由、请求都合情合法,对此可放弃答辩,答辩已经没有意义;

(2)事实有部分虚假,则要针对虚假事实,予以驳斥;

(3)隐瞒、歪曲事实,答辩要补充事实,予以澄清;

(4)事实存在,曲解法律,要求不合法,对此应反驳其曲解部分和不合法要求。

根据上面的分析,写作时可根据案情的具体情况,从以下两方面来进行反驳:

一是针对不实之事进行反驳,针对起诉状和上诉状中的不实之处进行反驳,内容应该具有针对性。

二是针对适应法律不当进行反驳。凡属于无理的诉讼请求难免在说理过程中出现逻辑混乱、观点和材料自相矛盾、违背常理等情况,答辩人只要能抓住这些问题,就可以驳斥对方的主张,使对方的诉讼理由不能成立。阐述理由时,一是要列举证据、证人,二是要援引法律条款作为说理的依据。

有时答辩状不能局限于原告或上诉人所提出的材料,而应从自己这一方面提出能够驳倒对方的诉讼请求所必需的新的事实材料,并据此依法作出推翻对方诉讼请求的结论。

(三)答辩意见

答辩意见一般分几个层次来写:

(1)根据事实与法律,说明自己某些行为或全部行为的合理、合法性;

(2)指出对方指控的失实程度及其诉讼请求的不合理之处;

(3)提出自己的主张,请求人民法院依法公正裁判。

答辩意见是根据答辩理由得出的结论,可表述为"基于以上事实和理由,请求××人民法院驳回原告的全部请求",二审答辩状可表述为"请详查事实,予以公正审理"。

(四)尾部和附项

1.致送机关。分两行写:此致××人民法院

2.右下方写"答辩人:×××(签名或盖章)"并注明年、月、日。

3.附项。写明:(1)本答辩状副本×份;(2)证物或书证××(名称)×件。

(五)经济纠纷答辩状参考格式

答辩人:(自然人的应写明姓名、性别、出生年月日、民族、籍贯、工作单位、住所、身份证号码)。

委托代理人:(若没有工作单位,应写明其姓名、性别、出生年月日、住所)。

答辩人:(法人或其他组织的应写明名称、住所地)。

法定代表人或负责人:(姓名、职务、联系电话)。单位工商登记核准号、企业性质、经营范围、方式、开户银行、账号。

委托代理人:(若有工作单位,应写明其姓名和工作单位)。

委托代理人:(若是律师,应写明其姓名和所属的律师事务所)。答辩人就××××起诉状,提出答辩如下:

一、答辩人对起诉状中的下列内容不持异议:……

二、答辩人对起诉状中的下列内容持有异议:

(一)关于案情部分的异议

……

(二)关于诉讼请求之一的异议

1.对请求理由的异议:……

2.对提供的证据的异议:……

3.对请求依据的异议：……

（三）关于诉讼请求之二的异议

……

（四）关于诉讼请求之三的异议：

……

答辩人的其他答辩意见：（非直接针对起诉状的答辩部分）

答辩人的请求：（包括反诉等，反诉请求格式与诉讼请求书写格式相同）

……

此致

××人民法院

×年×月×日

（签名或盖章）

情境拓展 >>>

（六）注意事项

1.要尊重客观事实

答辩状是一种辩驳性很强的文书，主要采用反驳的方法，针对对方提出的问题进行反驳，一定要如实、全面地反映案情，辩驳必须注重事实，提出证据，要根据法律，善于运用驳论和立论相结合的方法，不能隐瞒、掩饰甚至歪曲事实，更不能无理诡辩，给法院的审理工作带来不便。

2.有针对性地对焦点进行答辩

答辩状是针对起诉状或上诉状辩驳的，应抓住双方当事人争辩的焦点，以事实和证据为依据，以法律为准绳进行反驳，既不能面面俱到，更不能回避重点内容，对于枝叶末节做过多的论述。

3.对起诉状的答辩

要考虑有无提起反诉的条件。如具备反诉条件，可结合答辩状写，也可分开另写反诉状。答辩状中有关举证事项，应具体写明证据和证据来源，证人姓名及其住址。答辩状副本数，应按被告人的人数提交。

情境完成 >>>

【例文8.5】【经济纠纷答辩状】

答辩状

答辩人：_____利通实业公司

地址：_____区_____街_____号

法定代表人：夏_____，男，30岁，经理

对原告_____省_____地区时光贸易公司上诉的占用拖欠货款及第三人高

_____（购麻袋货款一案）答辩如下：

一、对_____省_____地区时光贸易公司诉告我方拖欠货款问题的答辩如下：

1._____年4月18日时光贸易公司的吴_____和韩_____来我公司,要求一次性购买麻袋,10万条。原因是他们与_____省_____县湘东贸易货栈签订了麻袋购销合同,在合同行将到期的情况下,拿不出货物,请我们帮助解决燃眉之急。我方答应了对方的要求,对方汇入我方人民币20万元整。除去10万条麻袋款16.8万元整之外,尚剩余3.2万元整。当时我方要求将余款退回,但对方的吴_____和韩_____一再要求我方不要退款,要用这笔余款办理麻袋发运和其他业务。并请我方出具介绍信、公章等,为其向_____铁路分局装卸公司办理了2万元的发运杂费汇款手续,将麻袋顺利发往目的地。一直到10月末这一段很长的时间内,吴、韩等人几次往返于我市,都没有提起结算退款之事,我方多次提出结算问题,他们都以同对方发生合同纠纷和铁路装卸公司收费不合理为由,拒绝同我方结算。由此可见,对方诉我方拖欠货款是毫无根据的,也是缺乏起码的职业道德的。

2.从一审法院的卷宗里可以查到,吴_____和韩_____在调查记录中承认:准备用这笔余款在我市搞业务活动,直到_____年_____月_____日之前的调查中,他们都直言不讳,说准备在我市使用这笔钱办理其他事宜。因此,对方在上诉状中云"早已要求退款"和"占用拖欠款"等,纯属编造出来的假话。从上述事实可以看出,我方与对方的经济往来,属于正常业务交往,而且我方为对方的业务活动提供了诸多方便条件,对方这种以怨报德的行为是令人气愤的,所以,我方根本不存在"占用拖欠"对方货款问题。一审法院判处我方支付余款,我们同意,但基于上述情况,我方不同意支付余款银行利息。

3.原告违反国务院[_____]_____号文件精神,利用经济合同买空卖空,应予以取缔。从表面上看,时光贸易公司买利通实业公司的麻袋,利通公司欠时光贸易公司的剩余款,时光贸易公司催要款项是正确的;而实质上,时光贸易公司从根本上违背了国务院[1985]102号文件精神,利用经济合同买空。据湘东贸易货栈张_____提供,在麻袋这笔生意上,时光贸易公司一无资金,二无货源。时光贸易公司向湘东贸易货栈大吹有麻袋现货1300万条,导致湘东贸易货栈上门订货,于_____年3月16日双方签订了麻袋一号合同。数量为100万条,总额167万元,执行日期是4月20日前完成,湘东贸易货栈付给时光贸易公司52.1万元预付款。时光贸易公司拿着湘东货栈的预付款大买麻袋。随即又签订二号合同200万条,三号合同350万条。开始给大连侯家沟批发部30万元买麻袋未成,后又拿20万元给我方,买了10万条麻袋,仅就一号合同而言,只买了10万条麻袋,其余90万条全部落空,造成了时光贸易公司同湘东贸易货栈的合同纠纷,而在本案一审判决时,时光贸易公司却隐瞒了_____县经济合同仲裁调解书,提供了假证,致使一审判决我方"支付从_____年7月13日起到付款日止的银行存款利息"。根据张_____提供的确凿证据,此20万元系湘东贸易货栈的预付款,而不是时光贸易公司的款。湘东贸易货栈不要求付息,而时光贸易公司要求付息是没有道理的。以上事实可见,我方不但不应付给对方所谓银行贷款利息,而且认为对方违反国务院文件精神应予取缔。

二、对第三人高_____的答辩

高_____原系我公司工作人员,此案发生时已调出。时光贸易公司从我公司购买的10万条麻袋,经_____铁路分局装卸公司运出4车皮之后,剩余麻袋存放在装卸公司,而高_____不经原告同意,将剩余麻袋发往西安庆丰公司。在本案运输麻袋短缺纠纷中,一审判决第三人高_____返还原告麻袋6450条,而高_____在一审法院的庭前调查及开庭中均一口咬定:在给时光公司发麻袋时曾多发6450条,并说我公司欠高3000条麻袋,以此3000条麻袋顶款。事实上我公司与高_____从未发生过买卖关系,也不存在麻袋顶款问题。据了解,高_____是_____年1月5日将6450条麻袋发往西安的,而时隔两个月之后,高_____于_____年_____月_____日骗拉我公司库内的3000条麻袋,被我方发现后及时追回,此事纯属我公司内部事务,与时光贸易公司麻袋事件毫不相干,高_____硬把两件不相干的事件搅在一起,其目的是想把水搅浑,从中捞一把,请二审法庭详查。

此致
_____中级人民法院

具状人:_____利通实业公司(盖章)
法定代表人:_____(签章)
_____年_____月_____日

——本文引自北京中智库软件科技有限公司

情境训练 >>>

根据情景设置中的内容,请你帮助倩倩写一份经济纠纷答辩状。

任务4 撰写经济纠纷上诉状

情境设置 >>>

小张身份证遗失(已经立刻去公安局补办,有证明,但没有登报申明),被人拾取并办了一系列假证,到交通银行做了抵押车的贷款将近30万。现在贷款人一直没有还钱,交通银行把小张告上了法院,要求还清债务。但小张直到收到法院传票才知道此事,由于一审的时候没有钱做指纹鉴定,所以被判败诉。

现在小张要上诉,并补交指纹鉴定(一审小张提交的证据:失业证明,小张根本不会开车,没有驾驶证,更加没有能力购车;当初指纹鉴定由于没有钱没有做,但是小张有申请延迟鉴定的申请书)。请帮助小张写一份经济纠纷上诉状。

情境链接 >>>

一、经济纠纷上诉状概述

(一)概念

经济纠纷上诉状,是指经济案件当事人或其法定代理人,因不服地方各级人民法院第一审判决或裁定,而在法定期限内依照法定程序,向上一级人民法院提起上诉,请求撤销、变更原判决、裁定,或者要求重新审理此案而提交的一种诉讼文书。

上诉是审判程序中一项重要的审判制度,也是当事人的一项重要诉讼权利。只有通过上诉状才能引起二审程序的发生。上一级人民法院只有在收到上诉状后,才能组织合议庭开始二审程序的审理。上诉人通过上诉状,对一审人民法院在认定事实、适用法律以及处理结果等方面存在的问题进行分析,指出错误和不当之处,从而阐明上诉理由,并提出上诉请求,使二审人民法院能正确了解情况,及时作出处理。经济纠纷上诉状对于二审法院全面了解案情、审理案件、保护当事人的合法权益、提高办案质量等具有非常重要的作用。

(二)特点

1.特定性

上诉人的特定性,上诉状必须是具有法定身份的人才有权按照法定程序提出。根据法律规定:当事人及其法定代理人,可以提出上诉;被告的辩护人的近亲属,经过被告人同意,可以提出上诉;经特别授权的代理人,也可以提出上诉。

起诉时期的特定性,是指必须是对地方各级人民法院一审裁判不服才可以提起的。

2.针对性

上诉状必须是诉讼当事人及其法定代理人在不服原审判决或裁定的前提下,才有权提出。上诉状针对法院的第一审判决或裁定而写,必须直接指出原判定认定的事实错误或者适用的法律条文错误,并能够针对性地写出不服一审判决的意见、看法以及自己的相应请求。

3.说理性

上诉状的核心是说明对一审判决不服的原因和依据,应该摆清事实、说明道理,充分陈述上诉的道理,为赢得法院的支持创造有利的条件。

4.时限性

并不是在任何时间都可以提出上诉,上诉有很严格的时间限制。上诉人必须在法院规定的有效时间内进行上诉,超过了规定时间会被视作服从一审判决。不服原审判决的上诉期限为15天,从当事人收到一审判决书的第二天起算。上诉期15天中遇到节假日的,不扣除,如果最后期限是节假日的,以休假日的次日为上诉期的最后一天。

(三)作用

上诉是法律赋予当事人的一项权利,上诉状是当事人行使上诉权、维护自身合法权益的强有力工具,也是二审人民法院受理和审理案件的依据,通过对上诉案件的重新审理,有利于二审人民法院对下级法院审判工作进行监督。它对匡正误判、实现司法公正、保护当事人的合法权益具有不可忽视的作用。

情境分析 >>>

二、经济纠纷上诉状的具体写作

(一)经济纠纷上诉状的组成

经济纠纷上诉状由标题、状头、案由、上诉请求、上诉理由、尾部、附项等七部分组成。

1.标题

首行居中写明文书名称,即"经济纠纷上诉状",也可统称为"民事上诉状"。

2.状头

依次把上诉人、被上诉人的基本情况一一写明,有委托代理人和辩护人的也要写明姓名、职务等,上诉人、被上诉人基本情况的写法,与起诉状的当事人项目相同。写作时,应当把当事人在一审中所处的诉讼地位(原告或被告或第三人)用括号予以注明,如:"上诉人(一审原告):×××。被上诉人(一审被告):×××。"

3.案由

案由,即不服第一审判决或裁定的事由。要写请上诉人不服判决或裁定的文书字号,以利于上级人民法院审查。要写明案由、一审法院名称、裁判时间、裁判字号、裁判名称和上诉表示等内容,一般表述为"上诉人因×××一案,不服×××人民法院×年×月×字第×号民事判决(裁定),现提出上诉"。

4.上诉请求

上诉请求要写明请求二审人民法院撤销或变更原审判决,或者请求重新审理该案。这是上诉的目的所在,要明确、具体。如果一审判决认定事实错误、缺乏证据,上诉请求可以这样表述:"请二审法院重新审理,做出公正判决";如果一审判决不当,上诉请求则可以这样表述:"请二审法院撤销原判,依法重新判决。"

5.上诉理由

上诉理由要明确写出对一审判决或裁定不服的具体内容,阐明上诉的理由和法律依据。要对上诉请求进行论证,这是上诉状的关键所在。上诉请求能否成立,取决于有无理由和理由是否充分两个方面。这一部分要求以事实为依据,以法律为准绳,针对原裁判的错误或不当进行有理有据的反驳。对原审裁判可以从认定事实和运用证据、适用法律或审理等方面提出不服的理由。写完上诉理由后,再写结束语,如:"为此,特向你院提出上诉,请依法全部撤销原判决。"

6.尾部

这部分与起诉状基本相同,包括以下几个组成部分:

(1)提请人民法院的名称;

(2)上诉人签名或盖章,如由律师代书,在上诉人署名下面写明其姓名或工作单位;

(3)上诉日期。

7.附项

附项应写明上诉状副本份数,书证、物证件数。

(二)经济纠纷上诉状的写作要求

1.要有针对性,有的放矢

经济纠纷上诉状是针对人民法院一审判决或裁定而写的,而不是针对对方当事人行文的。针对原审判的错误与不当提出的否定或纠正,要清楚原审判决或裁定的问题所在,抓住关键问题,摆清事实,讲明道理,清晰地表明自己的观点,而不是要针对对方当事人进行否定和反驳。

2.要实事求是,以理服人

经济纠纷上诉状提出的实事和论据,必须经得起二审人民法院的调查核对。避免过分要求和不合理的主张,否则自己也就违反了公正性。摆出上诉的理由以及事实根据,指出原判认定事实方面错误,适用法律上的不当,责任分析上的偏差,从而达到改判或重审的目的。

3.要语言文明,表达恰当

经济纠纷上诉状在提出不服之处,并阐述理由时,语言要简洁,措辞要有分寸,语言可以强硬,但要以理服人、以法服人,避免使用进行人身攻击的语言,更不能进行诬蔑中伤。

【经济纠纷上诉状格式】

上诉人名称:××××

所在地址:××××

法定代表人(或代表人)姓名:××××

电话:××××

企业性质:××××

经营范围和方式:××××

开户银行:××××

被上诉人名称:××××

上诉人:××××

邮政编码:××××

职务:××××

所在地址:××××　　电话:××××

法定代表人姓名:××××　　职务:××××　　电话:××××

上诉人因××××一案,不服××××法院×年×月×日××××字第××××号民事判决(裁定),现提出上诉。

上诉请求:××××

事实与理由:××××

证据和证据来源、证人姓名和住址:××××

此致

××××法院

附:本诉状副本×份

补充证据:书证×份

证人证词:×份

上诉人:×××

×年×月×日

情境完成 >>>

【例文 8.6】【经济纠纷上诉状】

上诉状

上诉人(原审原告):少××,女,×年×月×日生,汉族,住上海市松江区

被上诉人(原审被告):郭××,男,×年×月×月生,汉族,住址安徽省

被上诉人(原审第三人):中国平安财产保险股份有限公司三国支公司,住所地安徽省景阳冈

负责人:武松,总经理

上诉人不服松江区人民法院作出的(2008)松民一(民)初字第1号民事判决书,依法提起上诉。

上诉请求:

一、请求撤销(2008)松民一(民)初字第1号民事判决书第一项、第二项判决,依法改判:(一)被上诉人中国平安财产保险股份有限公司景阳冈支公司对上诉人承担交强责任限额死亡伤残赔偿金110 000元、医疗费用10 000元的赔付责任。(二)被上诉人郭某赔偿上诉人物损费500元。

二、本案诉讼费用由被上诉人承担。

事实和理由:

一、本案的基本事实

2008年5月4日7时50分许,上诉人之父少××驾驶沪C1111轻便摩托车沿松江区洞莘路由东向西行驶,至沪松公路洞莘路口向南左转弯过程中,适逢原审被告郭祥驾驶皖8888低速普通货车沿沪松公路由南向北行驶,轻便摩托车左侧与皖8888货车正面右部相碰撞,致少××受伤、两车不同程度损坏。少××经医院抢救无效,于2008年5月11日死亡。事故发生后,松江公安分局交通警察支队作出了双方负同等责任的认定。上诉人要求判令原审被告赔偿医疗费31 275.48元、住院伙食补助费160元、交通费690元、死者误工费720元、家属误工费3 695元、丧葬费17 353.50元、死亡赔偿金472 460元、衣物500元、为原审被告垫付牵引费、停车费1 000元,合计52 7854元,其中交强险122 000元,由原审被告全额承担,其余405 854元由原审被告负担百分之五十,原审被告应赔偿原审原告324 927元,扣除已付5 000元,原审被告还应赔偿319 927元;原审第三人中国平安财产保险股份有限公司景阳冈支公司在交通事故责任强制保险限额内承担122 000元的赔付责任;判令原审被告赔偿精神损害抚慰金30 000元;判令原审被告赔偿原审原告律师代理费2 000元。

原审法院认为,由于原审被告郭××在未依法取得机动车驾驶证的情况下驾驶机动车而发生的交通事故,根据国务院《机动车交通事故责任强制保险条例》规定驾驶人未取得驾驶资格的,除符合规定的抢救费用可由保险公司在医疗费用赔偿限额内垫付外,其余损失和费用保险公司不负责垫付和赔偿。现原审第三人同意在医疗费用赔偿限额垫付原审原告的抢救费用,本院予以准许。原审第三人对原告的其他损失可以不予赔偿和垫付,该部分损失应由致害人予以赔偿。对于超过责任限额的损失,根据公安部门认定的双方同等责任,本院确定由原审被告承担原审原告百分之五十的赔偿责任,判决第三人保险公司仅承担垫付医疗费10 000元,而交强险中的死亡伤残赔偿金限额110 000元判决由被告郭××承担。上诉人对此判决不服,提出上诉。

二、本案中被上诉人保险公司应当在强制保险责任限额内(财产损失除外)对上诉人承担赔付责任,即交强险责任限额中的死亡伤残赔偿金110 000元、医疗费用10 000元应由被上诉人保险公司向上诉人承担赔付责任。

(一)从法条的字面解释

1.《交安法》和《交强险条例》规定了保险公司在强制保险责任限额内的赔偿责任。

交强险是指由保险公司对被保险机动车发生道路交通事故造成本车人员、被保险人以外的受害人的人身伤亡、财产损失,在责任限额内予以赔偿的强制性责任保险。机动车强制保险制度的立法初衷是通过保护道路交通活动中的弱势群体来体现社会公平,其核心诉求是维护和保障弱势群体的利益,交强险在立法目的上更多地关注对弱势群体的强制性法律保护,而不仅是保险公司和车主、驾驶人员等强势群体的利益。

2.《交强险条例》在第二十二条所列情形下,规定保险公司对抢救费部分负有垫付责任。

《交强险条例》第二十二条并非保险公司对受害人人身伤亡赔偿的保险责任免责条款,以其内容可以概括如下:

(1)保险公司负有垫付抢救费用的义务,该条并非免责约定;

(2)交通事故造成的财产损失保险公司不承担赔偿责任;

(3)对于交通事故造成的财产损失和抢救费之外的损失,条例并没有规定不赔偿,故保险公司仍旧应该在强制责任限额范围内对受害人赔偿。

3.发生《交强险条例》第二十二条所列情形,保险公司除财产损失不予赔偿外,未免除交强险责任限额中所列的死亡伤残赔偿金、医疗费用方面的赔偿责任。《交强险条例》已明确将交强险责任限额分为死亡伤残限额、医疗费用限额和财产损失限额,这说明财产损失仅仅是交通事故造成损失中的一部分,而不能当然囊括全部损失。

4.驾驶员未取得驾驶资格造成交通事故,保险公司在死亡伤残赔偿限额内对受害人的人身损失予以赔偿,体现了交强险对受害人人身权益的保护功能。

(二)从法理角度

首先,从法律条文和立法者意图的关系看,法律条文规定是明确的,但对于立法者意图则只能推断,不能准确把握,故一般来说忠于条文的文字解释优于目的解释。

其次,不同部门颁布的规范性文件的效力看,国务院制定的《交强险条例》是行政法规,而保监会《强制保险条款》属部门规章范畴,行政法规的法律位阶和法律效力均高于部门规章,应优先适用行政法规。

再次,《强制保险条款》作为强制保险合同附件,是一种格式条款,其中免责条款的约定违反保险法的规定,对投保人和受害人不具效力。

最后,从保险公司和受害人的关系看,在交通事故特定环境中,受害人属弱势群体,法律应加大对受害人的利益保护。

(三)结论

综上,上诉人认为被上诉人保险公司应在交强险责任限额内赔偿原告(除财产损失之外)的各项损失。上诉人请求上诉法院依法重新查明本案事实,予以公正裁判。

此致
上海市第一中级人民法院

上诉人:×××

2008 年 7 月 23 日

——本文引自 http://www.law118.com

三、经济纠纷上诉状的注意事项

1.针对性要强,要有的放矢。

2.语言要明晰、简洁,做到条理清楚、逻辑性强。

3.在限期内将上诉状送交上级法院。经济纠纷判决的上诉期限为15天,逾期上诉无效。

情境训练 >>>

研读一下经济纠纷上诉状

上诉状

上诉人:××家具厂(被告)。

法定代表人:王××,厂长。

委托代理人:杨××,男,42岁,××家具厂业务员,住××市××区×街×里×号。

被上诉人:××铁路局直属集体企业办公室(原告)。

法定代表人:吕××,主任。

案由:

上诉人因合同纠纷一案,不服××市××区人民法院(××)民字134号民事判决书判决,请上级法院重新审理改判。

上诉事实及理由如下。

一、原判决第一款:"将57套沙发床及40张板式写字台退回被告。"上诉人不同意退货,并要求被上诉人赔偿损失。因为上述家具已经被上诉人验收达半年之久,只是由于被上诉人保管不善而造成了破损。经查,在57套沙发床中,已有20余套床帮变形,40张板式写字台中,已使用过10台,其中6台的抽屉已经损坏严重。对于上述用过而且破损的这部分沙发床和写字台不应退还,如果被上诉人一定要退还,应付给上诉人家具折旧费和破损费。

二、原判决第二款:"付给被告20个床头柜和3套沙发床的价款2 050元。"上诉人不同意被上诉人付给上列款项。因为被上诉人如果提出产品质量不合格,理应全部退货,不应只留部分家具。

三、原判决第四款:"赔偿经济损失15 000元。"上诉人认为,法院裁定将被上诉人延期开业91天所造成的全部经济损失,都由上诉人承担是不公平的。因为,被上诉人延期开业有多种原因:当时该旅社基本建设施工尚未竣工,锅炉房没有修完,楼梯扶手没有安装完,室内灯具及油漆活等也没有完工,银行开业账号也没有批下来。上诉人的交货时间,比合同规定的11月3日是往后推迟了3日,但距被上诉人开业时间还有一个半月,并没有因此而影响开业。因此,被上诉人延期开业有其内部原因,上诉人不负直接责任,更不应承担全部经济损失。

四、原判决还说:"以稻草代替树棕、桦木代替硬杂木……延期3天交货。"按合同规定,上诉人延期3天交货是事实。但延期的原因是当时市内供电不足,而且对这一情况上诉人已向被上诉人单位作了说明,并得到了负责人王××的允许。至于"以稻草代替树棕",是因为树棕原料未到货不得已而为之,而且也把用稻草代替这一情况告诉了被上诉人,经双方商定,每一张沙发床少收4元钱。这种商定意见,也是经王××和陈主任同意的。上诉人还对用桦木代替硬杂木一事,曾经积极提出过换货或减价的几种措施,并由厂长出面进行联系,但因被上诉单位内部矛盾重重,既不予研究作出答复,对质量不合格的家具又不及时退货,而是有意采取拖延态度。所以,上述情况也是事出有因的。总之,被上诉人对已经验收的家具,时隔三个多月之后才提出质量问题,既不及时退货,又不妥善保管,以致造成陈旧、损坏,并且将延期开业的全部经济损失由上诉人承担,这是很不公平的。故上诉人对此不服,特提出上诉,请求上级人民法院予以重新审理,依法改判。

　　此致
××省××市中级人民法院
　　上诉人:××家具厂
　　法定代表:王××
　　委托代理人:杨××
　　××××年六月三十日

任务5　撰写经济纠纷申诉状

情境设置 >>>

　　阿贵与某公司有一合同纠纷,阿贵不服一审判决,在高院申请再审,请你告诉他如何写一份经济纠纷申诉状。

情境链接 >>>

一、经济纠纷申诉状概述

　　申诉状是诉讼当事人及其法定代理人、被害人及近亲属,对已发生法律效力的判决、裁定不服,按照审判监督程序,向人民法院或人民检察院提出申请复查、重申的诉讼文书。

　　经济纠纷申诉状,是指诉讼当事人及其法定代理人对已经发生效力的判决、裁定认为确有错误,向原审人民法院或上级人民法院提出申请重新审理、复查纠正的一种诉讼文书。

　　申诉是人民法院再审案件来源之一,也是法律赋予当事人的一项重要诉讼权利。申诉理由如果有根有据、合情合理,接受申诉的司法机关经审查认为原审裁判确有错误,就可以通过审判监督程序提起再审,纠正错误或不当的裁判,使案件得到更加公正合理的处理。因此,申诉状对纠正冤假错案,维护当事人的合法权益,监督人民法院的审判工作具有重要的作用。

　　经济纠纷申诉状主要有以下三个特点:一是不受限制性。申诉人不论裁决是否经过上诉,也不论这些裁决是否已执行完毕都可以不受时间限制而提交申诉状。申诉状在原判决已经生效后制作,一般不受时间的限制,可以延长至两年。提交申诉状不影响判决、裁定的执行。二是受理的条件性。申诉必须在判决或裁定已发生效力,同时判决或裁定认定事实或适用法律有错误时,才可通过审判监督程序进行再审。三是效果难测性。申诉状只能被视作决定是否引起重新审判程序的参考材料,不一定就能引发冲盘程序的发生,结果具有不确定性。

情境分析 >>>

二、经济纠纷申诉状的具体写作

经济纠纷申诉状一般由首部、正文、尾部三部分组成。

(一)首部

首部要写下以下三项内容：

1. 标题

表明文体内容，即写明"经济纠纷申诉状"或"申诉状"。

2. 当事人的基本情况

申诉人的基本情况与起诉状、上诉状相同。写明申诉人的姓名、性别、年龄、职业、住址（如系法人，则写明单位名称、地址、法定代表人的姓名、职务等基本情况）及其在诉讼中的地位等等。

3. 案由

写明申诉人因何案不服当地人民法院何年何月何日何字何号的判决或裁定，而提出申诉。一般写为："申诉人因×××纠纷一案，认为法院（或××法院）×年×月×日×字第×号××判决（或裁定）确有错误，现提出申诉，申诉的理由如下。"

(二)正文

正文由申诉请求和申诉理由两部分构成，这是申诉状的核心内容。应明确指出原判决或原裁定的错误之处，提出相反的事实或证据和法律依据，针对原裁判中的错误进行辩驳，进而提出重新审理或终止执行的要求。

1. 申诉请求

申诉请求应简明扼要地说明原来的判决（裁定）有何错误或不当之处，并明确提出要求撤销、变更原判或再审等请求。

2. 申诉理由

申诉理由是申诉状的主要部分，主要是针对原判决（裁定）书的不当之处，通过摆清事实、讲明道理，具体说明其认定的事实有误，或适用的法律有误，或法律程序不当等，并提出相应的处理意见。

(三)尾部

写明致送人民法院的名称。附件写明答辩状副本份数、证据名称和数量等，答辩人署名盖章。同时，还要写明答辩日期，如系律师代书，应写明其姓名和工作单位。

经济纠纷申诉状的写作要求有以下四个方面：

第一，事实和证据必须真实可靠。

申诉能否取得胜利，全在案件的事实和证据是否真实可靠。有了实事求是、铁证如山的充足证据，申诉就有理可依靠了，否定原审人民法院的裁判，就有了坚实的基础，申诉和反驳也就有了力量。

第二,要具有针对性,针对特定的事实进行反驳。

司法机关对于自己的一审判决一般是不会轻易修改的,这就要求在写申诉状的时候必须具有极强的针对性,针对错误的判决,引用事实,根据法律条文,以此来论证原有判决的错误,进而达到推翻原有判决的结果。

第三,条理清晰,引用条文正确,论而有据。

叙述案由条理清晰、结构明确,要引用适当、正确的法律条文来证明、阐述、分析申诉论点,具体到什么时间出台的什么法律第几条第几款都要有详细的说明,切忌论而无据。

第四,注意报送机关。

按法律规定,对已发生法律效力的判决或裁定,认为有错误的,可向原审法院或上一级法院申请再审。对于刑事案件,被害人对人民检察院的起诉决定不服,应在法定期限内向人民检察院递交申诉状。

情 境 完 成 >>>

【例文8.7】【经济纠纷申诉状】
申诉状

申诉人:××省××县×××村民委员会

所在地址:××县×××村

法定代表人:×××　　　职务:村委会主任

委托代理人:××,××县地方志办公室编辑

申诉人对××县人民法院的×年×月×日(19××)×民字第×号民事裁定书,提出申诉。

请求事项:

撤销原裁定,重审此案,将双方所争议土地所有权和使用权判归申诉人,并责令第三人赔偿申诉人的全部经济损失。

事实与理由:

因为双方所争议的土地有史以来属申诉人所有,"文化大革命"期间××乡(原公社)非法强占,至今已为申诉人造成很大损失,而且土地的税款、公粮、提留等全部由申诉人负责支付,而第三人无偿白白使用土地,实属非法。

××县人民法院不顾事实和法律,对第三人这种非法行为予以袒护,裁定其强行施工,申诉人不能接受,要求撤销此裁定,维护申诉人的合法权益,对申诉人的申诉请求予以支持,以维护法律的正确实施。

此致
××省××县人民法院

附:原审民事裁定书抄件一份。(略)

申诉人:××县×××村民委员会(公章)

法定代表人:×××

代书律师:×××

×年×月×日

情境拓展 >>>

三、经济纠纷申诉状的注意事项

1.对申诉的事实务必求全、求真。原审裁判如果不是依据全面事实裁判的,申诉状应从案情事实、原来的处理经过及处理结果进行归纳叙述,阐明对原审裁定的不当之处。

2.要实事求是。对原审裁定中对的、属实的处理,应承认其恰当而不应反驳,做到实事求是。

3.尽量列示例证。应将与请求目的相符的人证、物证、书证等在申诉状里明确列示,并加以说明,以实证服人。如能提供有助于说明申诉事实的新证据,将更具说服力。

情境训练 >>>

研读以下经济纠纷申诉状的范文:

申诉状

申诉人:××省 A 县××银行信用社

地址:A 县××街××号

法定代表人:×××主任

案由:

申诉人 A 县××银行某信用社因与 B 县××银行贷款纠纷一案,对××省高级人民法院×××年×月×日××字第×号经济纠纷判决不服,现提出申诉。

申诉请求:

请求重新审理 A 县××银行某信用社与 B 县××银行贷款纠纷案,纠正××省高级人民法院××××年×月×日×字第×号经济纠纷判决。

申诉理由:

一、你院终审判决认为,我方并不是与借贷人个体户于某串通,骗取 B 县银行的贷款,也不是明知个体户于某拿 B 县××银行的贷款来抵贷,因而收贷时并没有过错。但事后知道此还贷之款系 B 县××银行的贷款,就应该退还 B 县××银行,而保留向个体户于某追收贷款的权利。我方认为,既然收贷时没有过错,就应该保护我方合法的收贷行为,保护我方的合法权益。

二、B 县××银行在向个体户于某放贷时,没有进行资信调查,也没有令其提供贷款担保单位,就将大笔款项借贷给他,事后又不监督其用贷,有很大过错。依照法律规定,有过错的一方对造成的经济损失也应承担一定的经济责任。而终审法院令我方全数归还 B 县××银行贷款,没有体现 B 县××银行因过错而负经济责任的法律要求,这样,使得早一步积极清贷,控制不法分子于某行为的我方反而大受损失,在国家已经收紧银根的时候仍毫无顾忌地向不法分子于某贷款的 B 县××银行,反而不承担丝毫经济损失,违反了有过错则有责任的基本法律原则。

根据上述理由,请求再审此案,重新作出公正合法的裁判。

此致

××省高级人民法院

申诉人:A县××银行某信用社(盖章)

××××年×月×日

本 章 自 测 题

一、简答题

1.经济纠纷起诉状与申诉状的区别。

2.经济纠纷起诉状写作的注意事项。

3.经济纠纷反诉状的结构是什么?

4.经济纠纷上诉状的写作要求。

二、写作题

1.根据下面的案情介绍,以原告人的身份写一份经济纠纷起诉状,以两被告人的身份写一份经济纠纷答辩状。

原告人:××市505户村民

被告人:××市供种站

被告人:××省水稻研究所原种场

×年×月×日,供种站将从原种场购买的湘花一号早稻种子10 080公斤,分别销售给505户村民播种。用种户按照原种场随种子提供的技术资料,对种植在1 344亩责任田里的早稻实施田间管理,结果出现了抽穗不齐和早熟现象。经××市农业局高级农艺师核实:用种户的早稻亩产量只能达到240公斤,比原种场的技术资料中提供的最低亩产量数据少209公斤,减产损失达18万余元。经调查,原种场提供给供种站的10 080公斤湘花一号稻种,是区域小面积试种品系,未经省农作物品种审定委员会审定。供种站称,稻谷出现抽穗、成熟不齐的现象后,供种站曾7次电告原种场派人来处理,但原种场均以种种借口未到现场处理。原种场称,505户村民使用的湘花一号稻种,是原种场培育的新品种,因为今年气候反常,505户村民未能采取相应的栽培措施,以致水稻减产。《种子管理条例农作物种子实施细则》第30条规定:"未经审定或未审定通过的品种不得经营、生产推广、报奖和广告";第40条规定:"生产商品种子实行《种子生产许可证》制度。"

【提示】

(1)要按照起诉状和答辩状的格式要求来写作;

(2)有关材料如法定代表人、诉讼代理人等,可根据写作格式的需要进行虚构。

2.根据下面案例写一份起诉状,要求格式正确、叙事清楚、说理透彻。

张女士与陈先生合同纠纷案件

基本情况:张女士,35岁,郑州市金水区人。陈先生,40岁,郑州市金水区人,郑州×××房地产中介公司。

2009年6月,张女士通过中介看中了陈先生的房子,总价在100万左右,张女士付了定金10万元。根据合同约定张女士帮陈先生还清按揭款后便可办理过户,双方口头约定张女士垫 30 万。陈先生垫 10 万元。40 天后,双方到约定的地点办理过户,由于当时房价已经涨了 30 多万,陈先生突然改口说自己没有答应过垫付按揭款的事情,反说张女士不按合同办事,而张女士一时又凑不到钱,到合同到期日,陈先生反告张女士违约,要吞没 10 万元定金,张女士不得不向法院起诉。虽然在中介的协调下,张女士撤诉,最终拿回了 10 万元定金,却难以得到其他赔偿。

请替张女士写一份经济纠纷起诉状,要求有理有据、叙事合理,能起到较好的效果。

3.评论下面的经济纠纷上诉书。

上诉人名称　　北京××××广告公司

所在地址　　北京市××区×××路 16 号

法定代表人　徐×× 　职务　总经理　　电话××××××

企业性质　　集体

工商登记核准号　　08477751

经营范围和方式　　经营、代理国内和外商来华广告业务

开户银行　　中国银行北京分行××支行　　账号　　08674—98

被上诉人名称　　北京市×××总公司

所在地址　　北京市××区××大街 301 号

法定代表人　黄×× 　职务　总经理　　电话××××××

上诉人因广告代理合同纠纷一案,不服北京市××区人民法院 2003 年 12 月 23 日(××)初字第 142 号民事判决,现提出上诉。

上诉请求:

(1)依法撤销审判决,予以改判;

(2)判决被上诉人给付因其违约所欠款项人民币 4 万元整;

(3)本案一、二审诉讼费用由被上诉人全部承担。

上诉理由:

(1)原审判决认定事实错误

2003 年 8 月 5 日,上诉人与被上诉人签订广告代理合同。合同约定:上诉人自 2003 年 8 月 28 日起至 10 月 18 日止在××区××大街两侧为被上诉人粘挂印有被上诉人标志的广告吊旗,被上诉人支付广告代理费 28 万元。合同订立后,经上诉人报有关主管部门批准,于 2003 年 8 月 28 日起开始在指定路段粘挂由被上诉人总经理黄××审定认可的广告吊旗。

由于自 9 月 7 日起天气状况恶化,连日刮风下雨,使粘挂的广告吊旗破损较多,虽经上诉人一再补挂,仍不能保证持久。为此有关部门下令自 9 月 20 日停挂该广告吊旗,并摘除已挂的吊旗。

以上事实,有有关主管部门出具的证明为证。然而,原审判决却认定上诉人悬挂广告吊旗未经有关部门批准,属非法悬挂;且未能按约定的期限悬挂。这一认定违背了事实真相,是错误的。

(2)原审判决适用法律错误

原审判决在对事实认定错误的基础上,将上诉人与被上诉人之间订立的广告代理合同认定为无效合同,并适用《中华人民共和国经济合同法》中关于无效合同处理的规定判决上诉人承担责任,返还被上诉人交付的 24 万元广告代理费。这在适用法律上亦属错误的。

而事实上,上诉人与被上诉人依据各自真实的意思表示订立的广告代理合同符合《中华人民共和国经济合同法》基本原则,属合法、有效合同,合同订立后,上诉人又依据广告代理的规定向有关部门办理了相应的手续,并实际履行了该合同确定的义务,应当适用有关法律予以保护。

根据上述事实和有关法律,特请求依法撤销原审判决,予以改判。

此致

北京市中级人民法院

附件:本上诉状副本1份。(略)

上诉人　北京××××广告公司

2004 年 1 月 5 日

三、试分析下面的申诉状中存在的问题

申诉人:××省 A 县××银行信用社

地址:A 县××街××号

法定代表人:××主任

案由:

申诉人××省 A 县××银行信用社因与 B 县××银行贷款纠纷一案,对××省高级人民法院××××年××月××日××××字第××号经济纠纷判决不服,现提出申诉。

申诉请求:

请求重新审理 A 县××银行信用社与 B 县×××银行贷款纠纷案,纠正×××省高级人民法院××××年××月××日×××字第×号经济纠纷判决。

申诉理由:

1.终审判决以为,我方并不是与借款人个体户于某串通,骗取 B 县银行的贷款,也不是明知个体户于某拿 B 县××银行的贷款来抵押,因而收款时并没有过错。但事后知道此还贷之款系 B 县××银行的贷款,就应该退还 B 银行,而保留向个体户于某追收款项的权利。我方以为,应该保护我方的合法收款权力。

2.B 县××银行在向个体户于某放贷款时,并没有进行信用的调查,也没有令其提供担保单位,就将大笔款项借贷给他,事后又不监督其款项用途,有很大过错。依照法律的规定,有过错的一方对造成损失要承担一部分责任。而法院判我们全数归还 B 县××银行贷款,没有体现这样的原则,反而使没有过错的一方承担相关责任,我方以为不合适。这样,会放大其效应,于某不为自己的行为负责,而其他银行可能学习 B 县××银行的行为,向不法分子贷款,让其他人受损失,违背了法律的基本公平原则。

根据以上理由。请求法院再审此案,重新作出公正合理的判决。

此致

××省高级人民法院

申诉人:××省 A 县××银行信用社(盖章)

×年×月×日

第九章

经济学术文书

学习目标

1. 了解经济学术文书的概念、作用和类型
2. 掌握经济学术论文的类型和写作要求
3. 理解经济类毕业论文的选题方法与要求
4. 掌握经济类毕业论文的写作步骤与要求

在日常的经济活动或者经济现象中,总是存在着这样或者那样的规律,而发现这些规律,指导经济活动健康稳定的发展,促进人们生活水平的不断提高,构建和谐社会,离不开经济学者的相关研究。根据相关数据显示,中国期刊全文数据库 CNKI 中心网站及数据库交换服务中心每日更新学术论文 5000~7000 篇,收录国内 8200 多种重要期刊,以学术、技术、政策指导、高等科普及教育类为主,同时收录部分基础教育、大众科普、大众文化和文艺作品类刊物,内容覆盖自然科学、工程技术、农业、哲学、医学、人文社会科学等各个领域,全文文献总量 2200 多万篇。1994 年至 2010 年 7 月,中国期刊全文数据库共收录学术论文26321695 篇,中国博士学位论文全文数据库共收录博士论文 77716 篇,中国优秀硕士学位论文全文数据库共收录优秀硕士论文 553270 篇。2007 年,中国内地科技机构被汤姆森路透集团旗下《科学引文索引》(简称 SCI)数据库收录的论文共 8.91 万篇,比上年增加 25.2%,占世界总数的 7.0%。这一数据与 2006 年相当,位居世界第五位,仅次于美国、英国、德国和日本。学术论文的水平和质量,已经成为衡量一个国家、一个科研机构、科研院所研究实力的重要依据,为了展示自己的研究成果以供交流学习,同时也供别人参考,需要一种合理合适的载体形式,这种载体正是经济学术文书。经济学术文书是经济学者、相关研究者、学生等展示研究成果的一种很好的文体形式,它有固定的格式和要求,具有一定的规律可循。本项目将就经济学术文书的相关理论和内容展开论述。

任务 1 撰写经济学术论文

情境设置 >>>

高级营销师(国家职业资格一级)综合评审采用书面答辩形式,论文选题内容:

①企业实施品牌策略的方法研究

②分析影响市场预测的因素

③××产品广告促销决策方法研究

④分析企业加强客户信用管理的重要性

⑤企业销售人员素质规划研究

论文在上述五个题目中任选一题，一式三份。

论文写作要求

根据以往我省国家职业资格统一鉴定二级/一级论文综合评审的实际情况，提出以下三点论文写作要求：

(1)根据原劳动保障部的要求，"选题应根据国家职业标准要求，参考培训教程，同时结合考生所在单位或有关行业实际工作的情况自行拟定"，考生如没有围绕实际工作进行探讨，属于选题偏大，对于此类选题要求考生必须进行实际调查研究，收集第一手资料，给出研究方法和研究过程，并要求用数据图表来支撑立论，如未给出研究方法和过程，也没有数据图表来支撑，将判为不合格。

(2)根据原劳动保障部的要求，"必须由考生独立完成，不得侵权、抄袭，或请他人代写"。按照学术要求，考生摘抄来的任何一句话、任何一个数据都必须加以引注，原则上按照抄袭200字以上及摘抄未加以引注的视为抄袭，将判为不合格。

(3)考生应严格按照规定的论文选题内容撰写论文，部分选题代表论文方向，考生可围绕选题自拟题目，提交的论文应按照统一撰写要求和论文格式要求，否则视为不合格。

情境链接 >>>

一、经济学术论文的概念

经济学术论文，是专门讨论或研究经济科学某个领域中的一些问题，并将其研究成果加以表述以供读者参考利用的一种经济应用文书。

经济学术论文主要运用抽象思维的方法，通过举例说明、说理辨析等形式，阐明客观经济事物的本质、规律与内在联系的一种说理性极强的文书。经济学术论文需站在一定的理论高度，剖析、研究、解决现实经济生活中具有学术研究价值的各类问题，它是研究人员进行科学研究、总结科研成果、展示科研成就的一种书面形式。

二、经济学术论文的特点

(一)科学性

第一，在立论的观点上，必须具备科学性，也就是说立论的观点必须是正确的。

论文所反映的理论及科研成果应该是成熟而可行的。如果立论的观点不正确，就不能保证论文的科学性。

第二，在写作的基础上，即立论上不能带有作者的主管偏见，应是揭示经济事物的内在规律，探索真理的。在研究与写作过程中，必须尊重客观实际，切实从客观实际出发，实事求是地进行研究，以得出符合实际情况的结论。

第三,在研究方法上,要求作者必须经过周密的观察、调查、实验、尽可能多地占有资料,用充分、真实、可靠的材料作为立论的基础,不能有半点虚假,更不可以偏概全、无中生有。否则,就会偏离客观真理,得出错误的结论。

(二)创造性

创造性亦称创见性,指在经济论文写作中提出前人未提出过的新思想、新观点、新理论、新方法。这就要求作者要有自己独到的见解,不能人云亦云。创造性是科学研究的灵魂,是学术论文的关键价值所在,如果失去了创见性,也就失去了学术论文的意义。

一般而言,学术论文的创见性体现在以下两个方面:一是解决前人在理论上、实践上尚未解决的具有学术价值的问题,作者经过系统研究与探讨,明确提出自己在这方面得出的新结论;二是作者就某一学术问题,综合前人已有的科研成果,进行进一步剖析与研究,提出自己的新见解,完善和发展前人的认识、看法和观点。

(三)理论性

第一,文章的观点具有理论性。一般的经济应用文书,文章宗旨主要是解决问题,或达到具体目的,所以其方式以说为主。而经济论文则须以理服人,使读者信服。无论是经济问题、经济现象或客观经济事物展开讨论,还是表达结论,提出主张,反驳他人的思想和观点,都不仅需要说明“是什么”,还必须讲清“为什么”。所以,学术论文的中心观点,不为主题或主旨,而必须叫做“论点”,就是因为,它不是对某个个别客观经济事物的具体看法,而是把这些看法上升为理论,从而得到理论性的认识。

第二,文章运用的材料具有很强的概括性。同其他经济类文书相同,经济论文也须用材料来论证文章的观点。然而它所运用的材料,不需要过于具体、形象,而应高度概括。

第三,写作论文完全不同于作家写小说时那样自由。即学术论文要运用到定义、公理、假设等,还要把有关知识建立成一个体系。而这个体系的基本原理、逻辑演绎和检验结论,与研究对象领域中的经验事实是相对应、相一致的。在对外关系上,又要同已确立起来的以往的理论相容为一个整体。

(四)专业性

学术论文不像一般文章那样面向广大读者,它的写作对象是有关的经济管理类专业人员。论文的成果,或供专业考核,或供专门刊物发表,或在同行业研究中交流。因此,学术论文具有明显的专业性。由于学科不同,学术论文的专业内容也就各异。所以写作时一般性的业务知识无需作详尽的介绍,内行人看了会觉得完全是多余的。论述中必须要准确地运用一些术语,在语言表达上带有专业特点。财政、金融、税务、会计、保险等都有自己的一套专业术语。经济学术论文的专业性,更重要的应该是在观点、材料及论证过程中通过有关理论知识体现出来。

三、经济学术论文的类型

对于经济学术论文的种类,并没有统一的标准,因此,按不同标准可以分出多种多样不同的类型。

(一)按照研究的对象和分析的着眼点不同,可以将经济学术论文分为宏观经济学术论文和微观经济学术论文

1.宏观经济学术论文

宏观经济学术论文是以整个国民经济活动作为考察对象,其研究课题是全局性的、根本性的。它研究经济中各个有关的总量及其变化,是对国民经济的整体运行有着直接的重大影响的文章,被称为论文中的"重型武器"。比如金融论文,不仅仅反映金融活动本身,也不局限于经济运行的范围之内,而应该同时在一定程度上反映一国的整体水平与概貌。例如,如何控制货币发行总量和贷款规模,怎样建立、完善中央银行金融调控手段,通货膨胀与经济增长的关系,流动资金机制的经济运转等等,都属于宏观论文。

2.微观经济学术论文

微观经济学术论文是以单个经济单位作为考察对象。局部的或地区、部门的经济行为的研究,都属于微观学术论文。例如研究个别企业、个别市场、个别消费者的经济活动,加强乡镇税务征管工作、工资调节税的作用,等等。

(二)按照课题研究涉及的范围及其性质来分,有专题性经济学术论文和综合性经济学术论文

1.专题性经济学术论文

专题性经济学术论文是指集中对某一方面的学术问题进行分析研究的论文。从学科来分,就有财政、金融、税务、会计、商业、贸易、审计、保险、统计、物价、经济法、工商行政管理等方面的论文。这类学术论文是大量的、广泛的,作者就某种社会现象或业务中的问题深入进行研究,或实地考察,或对历史、现阶段的资料作分析论证,然后将情况和结论写成文字材料。这类论文对社会实践有很大的指导作用。

2.综合性经济学术论文

综合性经济学术论文是把同一时空内对某些学术问题的研究结论加以综合归纳,摆出问题,从而引起社会重视,促进对这些问题进行深入研讨的论文。这类论文常采用述评或笔会的形式。述评的作者可以是个人,也可以是报刊的编辑部,特点是对各种观点作客观的介绍,分析归纳出的问题,并阐述其各自的理由。笔会多以某学会的名义组织有关专家、学者对现实问题进行研讨,最后将与会代表的见解进行归纳综合。

(三)根据用途上的差别,还可分为经管学位论文和经管学级论文两类

1.经管学位论文

经管学位论文包括经济管理类专业学生的学士论文(四年制本科毕业达到学士水平必需的论文)、硕士论文和博士论文。

2.经管学级论文

经管学级论文指经济管理类专业学生的学年论文和课程论文。

情境分析 >>>

四、经济学术论文的写作过程

(一)选题

选题在学术论文写作中具有头等重要的意义,是写论文之前必须首先考虑的问题。只有研究有意义的课题,才能获得好的效果,对科学事业和现实生活有益处;而一项毫无意义的研究,即使研究得再好,论文写得再优美,也是没有科学价值的。钱学森先生认为:"研究课题要紧密结合国家的需要。……在研究方法上要防止钻牛角尖,搞烦琐哲学。目前在社会科学中,有的人就古人的一句话大做文章,反复考证,写一大篇论文,我看没有什么意思。"因此,我们要选择有科学价值的课题进行研究和写作。选题主要考虑客观因素,要选择有价值的、关系到人民生活和社会经济规律的新课题,但同时也必须考虑作者自身的因素,选择作者掌握了一定资料、容易操作的课题。

至于选题的范围,可以选择宏观层面的法律、政策等宏观经济现象,也可以研究个别企业、个别群体、个别人的特殊行为的微观经济现象,可以进行短时间的研究,也可以进行长期的跟踪调查。

选题是提出问题的过程,它包含着对客观事物的初步认识和理解。选题要在查阅文献、收集部分资料的基础上确定,避免盲目性。要扩大知识面,善于从各种渠道获得信息,促成课题的确定。要注意选题的系统性和连贯性,对研究工作应该有一个总体计划,注意在已研究的课题的基础上发展,不断深化和扩大研究课题。一个较大的问题可分成若干有系统的较小的问题进行研究。

(二)资料收集、整理与调查

科学研究从选题、确定课题时已经开始。选题确定之后,要集中进行攻关的研究。具体来说,有以下内容:

1.搜集资料

凡是与课题有关的资料都应该搜集齐全,保证资料的充分完备性。

2.整理资料

使散乱的资料条理化,具有现实的可用性,易于发现存在于大量的形形色色的资料中隐藏的相关规律。

3.调查材料

材料是科学研究的基础和前提,除了查阅资料、搜集材料外,有时还要进行相关的科学调查。调查分为实地调查和书信调查两种,实地调查可用开会、查勘、个别访问等方法进行。在调查中要注意搜集原始材料,有时要绘图、摄影、录音、翻印。

4.观察实验

观察实验主要是自然科学使用的研究方法,社会科学中的某些学科也要用到。通过观察、实验,我们可以取得重要的数据和材料,经过分析、综合,使感性认识上升到理性认识,从而检验和发展科学理论。

5.思维创造

思维创造是研究中的最富有创造性的阶段。它是由一系列既相互区别又密切联系着的方法所组成的,其中主要有归纳和演绎、分析和综合、从具体到抽象。再从抽象到高级的理性认识,这种科学的逻辑思维方法就是辩证逻辑。

(三)拟写提纲

有了材料和观点,也就有了写作的基础,可以说写作准备阶段的基本任务就完成了,但这不意味着可以顺利地写作经济学术论文。写出一篇好的毕业论文,一般来说初步整理的材料是凌乱的、无规律的,必须经过必要的加工才能转化为系统的、规律性的材料,而这正是我们所必需的。因此,必须认真地梳理材料,把零碎的东西系统化,把不相关的材料相关化,才能真正开始论文的具体写作。

必须注意的是,任何一个理论结构体系不是凭空想就能产生的,它是客观事物的原有结构和人的认识结构的现实反映。而编写提纲,是经过构思、完成结构体系的一种方法。这个方法的全过程大致分两个阶段进行:一是发散思维,首先围绕一个中心问题展开广泛联想,把能够想到的各种观点、见解和理论全部先罗列下来;二是收束思维,通过前面分散的问题,将思考的问题归类、选择,进而选择出所要写的内容。两个步骤不是截然分开的,而是交错发生的。作者在拟定提纲时,要善于进行自我思维追踪,并用文字使之固定下来。但总的思路不能脱离议论文的三要素,即论点、论据、论证。

1.论点

文以论为贵,论点是决定文章质量的主要因素。论点的提出,可以是开篇立论,也可以是总结到最后才立论,不管是哪种方式,一定注意论点的正确性和创新性。创新是论文的精髓,但是论文不能是为了创新而创新,必须在论点正确的前提下创新。

2.论据

经济学术论文是对经济领域某一学科规律的揭示,是对科学真理的探求和发现。使用的论据一定要真实、准确、典型。由于材料来源的不确定性,特别是在网络十分发达的今天,很多信息是真真假假、虚虚实实,不能很好地判断信息的准确性。因此,在陈列提纲时,就要对材料进行鉴别和筛选,使它们起到以一当十的作用。经济学术论文离不开数字,用数字作论据,须审查核实无误后,方能加以采用。

3.论证

论证是指论述论点和论据之间内在联系的过程。如何把已经掌握的材料也就是论据和论点结合起来,是论证的关键,也是论证必须要解决的问题。要从本质上揭示论据与论点的内在联系,要多角度、多方位、多层次地进行分析,包括正面的、反面的、假设的,等等。只有这样,提纲中的论点和材料才不是孤立的,而是由“论证”这一黏合剂牢固黏合起来的整体。

(四)执笔表述

在列好提纲之后,就要开始具体的写作过程,在表述时除了要运用好语言文字的相关技巧外,结构上还要注意写好开头和结尾,划分好段落和层次,并注意文中的过渡和照应。

1.开头和结尾

"万事开头难",论文也不例外。不管采取什么样的形式,论文的开头必须交代清楚论题的目的、范围、价值或涉及的有关背景材料。有时也在引言或者摘要中概括说明全文的中心思想。论文的结尾一般对文章进行小结,可以对论文开头提出的观点进行呼应,重述相关理论,也可以提出提议和设想,还可以指出存在的问题。

2.层次和段落

文章错落有致、结构清晰,会使人看起来耳目一新;如果没有合理的层次和段落,则会使人感觉无所知从,不知文章到底在说些什么。段落即自然段,它是论文内容层次的外在表现,是作者思路发展的步骤。一般来说,文章从大的方面可以分为三大段落结构,即提出问题、分析问题和解决问题,在每个段落中,又可以分为不同的层次,文章要按照一定的内在逻辑顺序进行写作。

3.过渡和照应

为了使思路得到最优化的表述,使得文章前后、段落之间做到协调一致和相互对应,也就使得过渡和照应在文中的作用必不可少。过渡可以使用过渡段、过渡句、过渡词进行转换衔接,段落之间、句子和句子之间都要进行相应的过渡。照应可用在开头和结尾,也可以在行文中照应。有了过渡和照应,文章才能够做到脉络清楚、紧凑自然。

(五)修改和定稿

一般情况下,文章写好后,必须要经过认真反复的修改才能最终定稿。静下心来检查一遍初稿,就可能会发现写作中的问题和不足。修改不仅仅只是看一下标点符号,推敲一下错别字,还涉及文章的各个方面,有的时候甚至可能要把文章的大部分内容推倒重来。

修改文章大致可以分为三个步骤:第一是总体检查,主要是检查文章的基本观点和结构。看看论文的材料是不是支持文章的观点,段落之间是不是紧密连接,结构思路是否合理等大体上的错误。第二是局部检查,包括检查材料和语言文字。材料主要包括出处、来源、是否第一手资料,加工的方法是不是合理,特别是在有图表和其他数字化公式等内容时,是不是推理正确、结构严谨、逻辑合理。语言文字是不是通顺,适合大家的阅读习惯,符合科学规律,可以加入适当的润色和修改,使得文章更加朗朗上口、通俗易懂。第三是请别人阅读。自己的错误自己一般不容易发现,而别人则可以一眼看出。文章发表之前,最好请别人看一下,提出适当的建议。

情境拓展 >>>

五、经济学术论文各部分的写作规范

根据国家标准 GB7713—87《科学技术报告、学术论文和学位论文编写格式》的规定,以及国外学术期刊的常规要求,中国期刊用学术论文的组成部分和排列依次是:题名、作者署名和单位、摘要、关键词、中图分类号、引言、正文、结论(和建议)、致谢、参考文献和附录。

1.题名

中国国家标准 GB7713—87 规定:"题名是以最恰当、最简明的词语反映报告、论文中最重要的特定内容的逻辑组合。题名所用每一词语必须考虑到有助于选定关键词和编制题录、索引等二次文献可以提供检索的特定实用信息。题名应该避免使用不常用的缩略词、首词字母缩写、字符、代号和公式等等。题名一般不宜超过 20 字。报告、论文用作国外交流的，应有外文（多用英文）题名。外文题名一般不宜超过 10 个实词。"

题名又称题目或标题。题名是以最恰当、最简明的词语反映论文中最重要的特定内容的逻辑组合。论文题目是一篇论文给出的涉及论文范围与水平的第一个重要信息，也是必须考虑到有助于选定关键词不达意和编制题录、索引等二次文献可以提供检索的特定实用信息。论文题目十分重要，必须用心斟酌选定。有人描述其重要性，用了下面的一句话：论文题目是文章的一半。对论文题目的要求是：准确得体、简短精练、外延和内涵恰如其分、醒目。具体来看，"准确得体"要求论文题目能准确表达论文内容，恰当反映所研究的范围和深度；"简短精练"力求题目的字数要少，用词需要精选；"外延和内涵恰如其分"要求使用的词语准确、统一并且能真实地反应实际情况；"醒目"要求论文的内容新颖能吸引大家的目光。

2. 作者署名和单位

署名的目的有三个：一是为了表明文责自负；二是记录作用的劳动成果；三是便于读者与作者的联系及文献检索（作者索引）。大致分为两种情形，即单个作者论文和多作者论文。后者按署名顺序列为第一作者、第二作者等，重要的是坚持实事求是的态度，对研究工作与论文撰写实际贡献最大的列为第一作者，贡献次之的列为第二作者，依次类推。署名位于题名之下，独占一行正中的位置；在另一行正中位置标明单位、地址和邮政编码。格式如下：

作者姓名

（作者工作单位名称、地名、邮政编码）

3. 摘要

论文一般应有摘要，有些为了国际交流，还有外文（多用英文）摘要。它是论文内容不加注释和评论的简短陈述。不阅读论文全文，就能获得必要的信息。中国国家标准 GB7713—87 规定：摘要是报告、论文的内容不加注释和评论的简短陈述。摘要应包含以下四个方面的内容：一是从事这一研究的目的和重要性；二是研究的主要内容，指明完成了哪些工作；三是获得的基本结论和研究成果，突出论文的新见解；四是结论或结果的意义。摘要是全文的高度浓缩，是文章内容简略而准确的表达形式。一般要求英文实词不超过 250 个，中文字数一般在 200～300。

4. 关键词

国家标准 GB7713—87 规定："关键词是为了文献标引工作，从报告、论文中选取出来以表示全文主题内容信息，款目的单词或术语。"

关键词是从文章的题名、摘要、正文中抽出的，并能表达全文内容主题，具有实在意义的单词或术语。国家标准还规定每篇论文选取 3～8 个关键词，并尽量用《汉语主题词表》提供的规范词。

5. 中图分类号

国家标准 GB7713—87 要求学术期刊论文，一般应注明《中国图书资料分类法》（第四版）的分类号。

分类号一般由编辑标注。

6. 引言

国家标准 GB7713-87 规定:"引言(或绪论)简要说明研究工作的目的、范围、相关领域的前人工作和知识空白、理论基础和分析、研究设想、研究方法和实验设计、预期结果和意义等。引言应言简意赅,不要与摘要雷同,不要成为摘要的注释。一般教科书中已有的知识,在引言中不必赘述。"

引言又称前言,属于整篇论文的引论部分。其写作内容包括:研究的理由、目的、背景、前人的工作和知识空白,理论依据和实验基础,预期的结果及其在相关领域里的地位、作用和意义。

引言的文字不可冗长,内容选择不必过于分散、琐碎,措词要精练,要吸引读者读下去。引言的篇幅大小,并无硬性的统一规定,需视整篇论文篇幅的大小及论文内容的需要来确定,长的可达 700~800 字或 1 000 字左右,短的可不到 100 字。

7. 正文

一篇学术论文的正文,是其最核心的部分,占据全文的主要篇幅。正文部分是论文的核心,是体现研究工作成果和学术水平的主要部分。国家标准 GB7713-87 对论文正文部分的编写格式没有明确要求和规定。它主要回答"怎么研究"的问题,要求主题新颖,观点明确,有理论高度,有实践基础;论据充分,引文准确,数据可靠;层次分明,文字简练,图表清晰。

一般来说,正文总是可以包括以下部分或内容:调查与研究对象,实验和观测方法,仪器设备,材料原料,实验和观测结果,计算方法和编程原理,数据资料,经过加工整理的图表,形成的论点和导出的结论等。当然,其中的结论可以单独设一部分(或一节),展开叙述。

结果和分析是论文的关键部分,全文的全部结论都由此得出,一切议论都由此引发,一切推理都由此导出。这部分需要列出实验数据和观察所得,并对实验误差加以分析和讨论。要注意科学地、准确地表达必要的实验结果,扬弃不必要的部分。实验数据或结果,通常用表格、图或照片等予以表达,而且尽量用图,不用表格或少用表格。

8. 结论

结论应该准确、完整、明确、精练。该部分的写作内容一般应包括以下三个方面:一是本文研究结果说明了什么问题;二是对前人有关的看法做了哪些修正、补充、发展、证实或否定;三是本文研究的不足之处或遗留未予解决的问题,以及对解决这些问题的可能的关键点和方向。

结论部分的写作要求是:措词严谨,逻辑严密,文字具体,常像法律条文一样,按顺序 1、2、3……列成条文,用语斩钉截铁,且只能作一种解释,不能模棱两可、含糊其辞。文字上也不应夸大其词,对尚不能完全肯定的内容注意留有余地,待以后进行处理。

9. 致谢

按照 GB7713-87 的规定,致谢语句可以放在正文后,体现对下列方面致谢:国家科学基金,资助研究工作的奖学金基金,合同单位,资助和支持的企业、组织或个人;协助完成研究工作和提供便利条件的组织或个人;在研究工作中提出建议和提供帮助的人;给予转载和引用权的资料、图片、文献、研究思想和设想的所有者;其他应感谢的组织和人。

10.参考文献

在学术论文后一般应列出参考文献(表),其目的有三:一是为了能反映出真实的科学依据;二是为了体现严肃的科学态度,分清是自己的还是别人的观点或成果;三是为了对前人的科学成果表示尊重,同时也是为了指明引用资料出处,便于检索。如:

专著:

刘少奇.论共产党员的修养,修订2版.北京:人民出版社,1962,76页

连续出版物:

地质论评.中国地质学会,1936,1(1).北京:地质出版社,1936

11.附录

设立附录材料的原因包括:为论文占有材料的完整性,但在正文中有损条理性和逻辑性;材料过长;对专家有用而对一般读者可有可无、不可多得、珍贵、罕见的材料等。

附录的形式:包括补充图与表;设备、技术、计算机程序、数学推导、结构图和统计表等。

附录的书写:在参考文献后,依次用大写正体A、B、C等编号,如:附录A,表B1。每一个附录都应另起一行。(参见GB7714—87)

附1:中华人民共和国国家标准科学技术报告、学位论文和学术论文的编写格式(摘要)

1.引言

本标准所指报告、论文可以是手稿,包括手抄本和打字本及其复制品;也可以是印刷本,包括发表在期刊或会议录上的论文及其预印本、抽印本和变异本;作为书中一部分或独立成书的专著;缩微复制品和其他形式。

2.定义

……

2.3 学术论文

学术论文是某一学术课题在实验性、理论性或观测性上具有新的科学研究成果或创新见解和知识的科学记录,或是某种已知原理应用于实际中取得新进展的科学总结,用以提供学术会议上宣读、交流或讨论或在学术刊物上发表,或作其他用途的书面文件。

学术论文应提供新的科技信息,其内容应有所发现、有所发明、有所创造、有所前进,而不是重复、模仿、抄袭前人的工作。

3.编写要求

报告、论文的中文稿必须用白色稿纸单面缮写或打字,外文稿必须打字。可以用不褪色的复制本。

报告、论文宜用A4(210×297 mm)标准大小的白纸,应便于阅读、复制和拍摄缩微制品。

4.编写格式

……

4.2 报告、论文的构成

封面、封二(学术论文不必要)

题名页

序或前言(必要时)

摘要

前置部分 关键词

目次页(必要时)

插图和附表清单(必要时)

符号、标志、缩略语、首字母缩写、单位、术语、名词等注释表(必要时)

引言

正文

主体部分 结论

致谢

参考文献表

附录部分(必要时)

可供参考的文献题录

结尾部分(必要时) 索引

封三、封底

情 境 完 成 >>>

【例文9.1】【学术文书】

农业产业化三种经营载体比较分析

孙××

摘 要:农业产业化是农业社会化服务体系的重要组成部分,也是对农业社会化服务体系的升华,是我国农业的一种新型经营机制,对新阶段农业发展战略的转型起着极其重要的作用。在农业产业化经营当中,存在着三种极为重要的经营载体,即"公司＋农户"、"公司＋协会＋农户"、"专业市场＋农户"。

关键词:农业;产业化;协会;效益

中图分类号:F306

文献标识码:C

文章编号:1004－1168 (2005)04－0064－04

农业产业化经营就其形式和内容而言,早在20世纪80年代初期即在一些经济发达地区开始起步,比如农(渔、牧、林)工商综合经营、贸工农技一体化经营等。但真正形成概念乃至理论定义、实践运作、初成气候,是90年代的初、中期。

一、三种经营载体的效率比较分析

在农业产业化经营的过程中,有许多种经营模式,也出现了许多种经营载体。现主要分析"公司＋农户"、"公司＋协会＋农户"、"专业市场＋农户"这三种经营载体。

(一)运营机制

1."公司＋农户"是农业产业化经营的较典型载体。从市场行为分析,这种载体是市场经济条件下的非市场安排,因为从载体的运作顺序来看,农户可以不通过市场而将农产品卖给龙头公司,龙头公司也可以不通过市场而直接向农户购买农产品,因此可以降低交易成本。当然,龙头公司生产的加工产品仍要直接面对市场。这种载体提供了这样一种制度安排,即利益关系通过龙头公司规定的保护价机制得到实现,当市场价格高于保护价时,按市场价格收购;当市场价格低于合同价时,公司以合同价收购。但是,当市场价低的时候,有的公司不愿意以合同价来收购,有的公司则没有能力按照合同价来收购。这中间理所当然地就会出现利益分配的矛盾。如果保持诚信的成本比较大时,公司的所有者就有可能会转移自己的公司到别的地方去发展,置原来的农户于不顾。

2."公司+协会+农户"是近几年来在我国发展得比较迅速的农业产业化经营载体,它是一种农户群体模式,协会在其中主要起到上下链接、互相协调的作用。正是因为"公司+农户"当中存在着利益分配不均与农户分散不好管理这两大难题,所以,以协调为主的协会也就自然而然地产生了。在这种组织中,协会不仅仅负责我们上述的一些职能,还负责传达公司的信息、收集农户的信息、及时灵活地解决公司和农户之间出现的矛盾。现在,我国正在积极地推行这种形式。但是,资金的来源问题是协会的发展难题,如果自己不能够解决资金问题,所有的建设性资金和活动经费都要从公司出的话,那就很难保证协会的性质,使其能够真正代表农户的利益,为农户说话。

3."专业市场+农户"是农业产业化发展初级阶段的运行载体形式。其运行机制是:以专业化市场引导农户的生产计划。专业市场提供了较充裕的信息来源,有助于农户按市场对某种农产品的供需状况调整生产计划。这种载体的优点在于:农产品专业生产使得农村形成一村一品、一乡一品的特色经济和块状经济;农户可根据市场信号随时变换投资方向。

(二)三种经营载体对效益变化的影响

在元谋县,同时存在着这三种不同的经营载体形式。因此,我们就以它们为例子来说明这个问题。

1.公司+农户。元谋兴盛绿色食品有限责任公司创建于2003年,属非公有制公司,主要从事无公害菜豆、三叶瓜、大蒜的生产、销售。它在今年也成立了协会,现在我们把它作为公司来分析,因为协会还没有跟农户发生直接的交易,我们就把它列为"公司+农户"的形式进行分析。公司占地4 946 m²,拥有固定资产60多万元,建有蔬菜保鲜冷库两间300 m²,为农户提供产前、产中、产后全程服务。其主要生产基地在元谋县老城乡,它直接带动当地的农户种植反季蔬菜菜豆、三叶瓜、大蒜530 km²,总产量1 100 t左右,销往"三北"地区及全国大中城市,产值134万美元。在以前,这些产品很不好卖,兴盛公司成立以后,使得农户的产品不仅好卖,而且还能卖上一个好价钱。公司为农户提供一定的技术和服务,从而提高了农户的总体素质,带动了经济的发展。

2.公司+协会+农户。元谋县金株有限责任公司、元谋县龙眼荔枝研究所、元谋县龙眼葡萄产业协会三者结合,采取"基地+经纪人+农户+订单"的形式,产供销科技服务一条龙经营的模式,致力于果树栽培管理的研究,基地示范种植,优质种苗引进与实验示范推广,果品订单收购销售及科技服务。他们大力推广无公害生产技术,通过协会采取单个辅导和集中培训相结合的方式,到2003年9月,培训的会员和果农1 000多人(次),使他们对龙眼、芒果、葡萄等林果的早结、优质、高产栽培管理知识和无公害生产技术有了较深的认识和了解,使得投入产出比例明显提高。协会按照保护价收购农户、会员的产品,统一品牌,统一包装,集中上市,打破过去千家万户分散的小农户与大市场对接不上的矛盾。在社会经济效益方面,元谋县龙眼葡萄产业科技协会已经由过去的名不见经传的小公司,发展到现在拥有资产370万元,员工58人,骨干会员37人(户),种植经济林果333多km²,年销售无公害鲜果500 t左右的私营绿色公司。公司和协会各个项目的实施,不仅充分利用了元谋县独特的光热、水土、劳动力资源,而且还直接使 40 多名下岗失业人员实现了再就业,同时使 300 多名农村富余劳动力转移找到了门路。

3. 专业市场＋农户。云南省元谋蔬菜批发市场,属国内贸易局,中商铁公司的股份公司,为省级蔬菜批发市场。元谋冬、春反季外销蔬菜,从 1978 年起至今已有 20 多年历史。产品销往全国各地 20 多个省、市,并出口到俄罗斯、韩国、日本等国家。市场占地面积 78 000 m²,市场年均蔬菜上市交易量 15～20 万吨,发运火车皮 2 500 个左右,年交易额 1.25 亿元。2003 年春节前夕,省内外菜商云集元谋县各大蔬菜批发市场和菜园旁,争相抢购蔬菜,运往省内外。当地干部群众欣喜地告诉记者,自去年 11 月蔬菜上市以来,全县每天外销蔬菜达 1 000 吨,反季蔬菜呈现了强劲的发展势头,出现了量价同增的可喜局面,再次创造了近 10 年来生产销售的最好成绩。至 2003 年,全县无公害蔬菜生产示范面积 1 573.3 km²,带动了外销商品蔬菜比上年增加 2.3 万吨,增长 27.1％;商品蔬菜总产值 1.016 亿元,比上年增长 11.9％。蔬菜市场的发展,使得农户的产品可以找到出路,使农户可以安心地搞生产,带动了全县经济的发展。

(三)对价格的影响

农产品的价格,特别是初级产品的价格,直接影响到农业生产者(农户)的利益。从去年到今年,农产品的总体价格一再上涨,但是这也并不能说明农民就得到了好处。价格的升值可能来源于两个方面的原因,一是由于农产品的加工使得劳动力成本上升,一是由于农业产业化过程中形成的垄断,造成了垄断性价格,使得农产品的价格不断提升。但是,农产品价格的提升并不意味着农产品生产者可以获得更多的利益。因为一般而言在市场经济的条件下农产品第一卖主(如初级农产品生产者农户)离最终消费者市场距离越远,出卖价格相对而言就越低,农民进入农业产业一体化能够改变的是这个卖者和买者之间的市场距离。因而,也自然节约了交易费用,结果是应当以提高的收购价格来部分地反映流通效率的提高;但由于农产品的第一买主(加工或流通公司)亦即中间消费者,往往有足够的能力来影响贸易条件,使得其能够在一体化的系统中常常处于支配地位,因而,初级农产品的(或农场产品)价格水平的高低就取决于一体化组织的利益分配机制,也取决于农户的交涉能力。必须提高农户的组织化程度,提高农户的谈判能力。在这三种经营载体中,可以明显地看出,在"公司＋农户"和"专业市场＋农户"的组织载体中,农户是分散的个体,处于相对劣势的地位。而在"公司＋协会＋农户"的组织载体中,协会为农户的代言人,它直接和公司打交道,为农户争取利益,有利于提高农户的农产品价格。在元谋县的实践中,这种载体也是很有效率的。黄瓜园镇的精品瓜协会,在会长辛学镇的带领下,实行五个统一:种苗统一、栽培技术统一、品牌统一、包装统一、上市统一,带领会员和农户大力发展精品瓜的种植,采取保护价的形式,每亩的最低收益价保证在 3 000 元。如果不足,协会给予补足。如果多于 3 000 元,则按以下的比例分配:50％归农户,20％归协会作为风险基金,10％的技术服务费,10％的协会工作人员管理费用,10％归公司。在这样的体系中,较好地解决了各个方面的利益关系,适应农业产业化的发展。但是,它也存在着有的时候不能够解决矛盾,协会不能为农户说话的情况。对于专业市场,比如说在元谋,他们的蔬菜批发市场,不仅仅是对外联系的一个桥梁,它成了一个价格反映的地方,农户可以通过它了解一定的信息。

(四)对区域经济的影响

区域经济发展的本质在于,从产业规划与组织上对区域经济资源进行有效率的配置和利用。我们不能指望一个村、一个乡自己形成完善的区域布局、完整的产业链条。在整个发展的过程中,各个地方要经过不断地摸索,经过主导产业的扩张—产业聚合—再扩张—再聚合的形式,最终达到合理的产业布局的目的。在元谋,2001 年冬到 2002 年春,在清和果蔬生产协会的组织发动下,清和委员会的农户共种植樱桃番茄 22 km²,销售总额达 218 万元,仅此一项为农户就增收 158 万多元,人均 370 多元;清和果蔬生产协会外销樱桃番茄 200 多 t,创收 60 多万元,创税 1 万多元,实现了农民增收、协会赢利的目标。2002 年冬跨 2003 年春,在科技部门的支持下,协会又发动会员和农户种植樱桃番茄 48 km²(带动全县种植 200 多 km²,创收 1 400 多万元)。仅此一项,清和村委会的农民就实现增收 369 万元,协会也同时创收 120 多万元,创利 1 万多元,明显提高了农民的收入,促进了当地经济的发展。元谋县蔬菜市场,对经济的带动作用很大,每年可以输出大量的蔬菜,避免了积压,有效保护了农户的利益。

二、综合分析与载体的选择

在农业产业化的过程中,"公司＋协会＋农户"的纵向一体化经营载体形式是最有效的。这是因为:(1)这种模式是适合中国国情的农业产业化经营模式。虽然国外早就有合作经济组织,按照"罗虚戴尔原则"来组织和管理,但是,这种机制在现在的中国很难发展壮大,因为我们的政府还不可能给予这些机构以非营利性组织的待遇。在运营的初期,很多农户不愿意交纳会费,因为他们以为自己的利益还没有办法得到保证,协会的经费还是要自己来解决。虽然所有的经费不能都从公司那里出,但也要有公司这个载体来实现利益的分配,满足各自的发展需要。(2)它是实现小生产与大生产相结合的有效经营形式。由于我国国情所决定,除大城市郊区和经济比较发达的地区外,一般农村没有条件普遍扩大农户土地经营规模,以家庭经营为主要形式的"小生产"将长期存在。农业尤其是种植业本质上与空间分布密不可分,田间农作物和适合分散饲养的家禽,需要人们精细的照料和周到的管理,这样的生产过程以家庭为单位来完成,要比集中化大生产更为便捷。因此,目前家庭经营中的种植业主要不是扩大空间规模,而是增加对土地的投入和加速科技进步,走内涵扩大再生产、集约经营之路,着重提高土地生产率。将能够组织集中化大生产的部门组合起来,从农业生产部门中分离出来,为农业产业化经营做贡献。"公司＋协会＋农户"的载体模式,不但是集约化生产的很好的组织模式,而且,以协会的名义农户更愿意加入,也更能够调动农户的积极性。如果只是有公司的存在,农户相信他们的可能性就相对较小,因为有协会这样的组织,可以替农户说话,农户的观点也可以得到一定的考虑和认可,这样就能调动农户的积极性。(3)这种机制,有效地降低了公司和农户的风险,提高了农户的收益,对区域经济的贡献巨大。由于协会把一部分利润作为风险基金,就像一个蓄水池,当市场价低的时候,可以把这部分钱拿出来用于补偿农户,同时可以使公司少受损失,避免农户没有人管的情况发生。如果没有风险基金的话,保护价也只能是一句空话。比如我们上面提到的精品瓜协会,用20% 的利润作为风险基金,有效地保护了农户的利益。元谋县金株有限责任公司,对当地的经济带动作用就很大。

当然,这也并不是说我们农业产业化经营过程中只选择一种载体模式。我们允许其他体的并存和发展,在不同的地域和经济水平下发展不同的组织体形式。"公司＋协会＋农户"是以后我国在农业产业化发展道路中的必然选择。根据我们的调查,70% 以上的农户愿意加入这样的组织,因为只有在这样的组织中,才能够更好地保护自己的利益。从国外合作经济组织的发展来看,这种形式必然会得到好的发展。现在,国家对协会的发展也十分重视,但由于各方的限制,特别是人才方面的缺乏,使得"公司＋协会＋农户"这种产业化经营载体的发展还不十分完善,在今后的发展过程中不断完善政策、法律、金融体,大力培养协会专业人才,争取"公司＋协会＋农户"这种形式能够很好地发展,在农业产业化道路中起到积极的推进作用!

——本文引自云南科技管理,2005(4)

情境训练 >>>

根据本任务的情景设置:高级营销师(国家职业资格一级)综合评审采用书面答辩形式,论文选题内容:

①企业实施品牌策略的方法研究

②分析影响市场预测的因素

③××产品广告促销决策方法研究

④分析企业加强客户信用管理的重要性

⑤企业销售人员素质规划研究

按照论文写作要求选择一个选题进行经济学术论文写作。

任务 2　撰写经济类毕业论文

情境设置 >>>

毕业论文的选题:

(1)经济类专业的毕业论文题目,应在本专业的范围以内选择,否则难以检验所学的专业理论知识。在经济类专业范围以内可供选择的题目很多,我们应根据自己的兴趣和爱好及占有的资料来选择,因为对于自己感兴趣的题目,平时学习所花的时间较多,内容也比较熟悉,而且兴趣可以引发出创造性的见解,这是写作毕业论文的先决条件。否则,光凭兴趣而无资料占有做保障,文章也不会成功。

(2)结合自己的能力,选择大小适中的题目。只有选择与自己的能力相适应的题目才能发挥出自己的真实水平,如果好高骛远,脱离了自己的实际水平,选择题目过大过难,很可能半途而废。当然,过分保守也是无益的。本来自己已经占有了一定的资料,专业基础知识也比较厚实,又有较好的研究能力,甚至对某些问题已有一定的见解,但由于选择了一个较细小偏易的题目,这势必影响自己真实水平的发挥。指导教师的专业水平等条件,在一定程度上也都影响着毕业论文的写作。

情境链接 >>>

完成毕业论文的写作,是结束在校学习过程的最后步骤。在三年(大专)或四年(本科)的时间里,学生已经系统地学习了经济类专业的基础课、专业课和相关的技能课程。这些课程构成了一个紧密联系、密切相关的统一整体。了解课程之间的关系,并能够运用所学的理论知识解决实际问题,进行综合能力的训练,也是教学计划所要求的。毕业论文的写作过程,正是运用所学知识去解决某一问题的过程,能否顺利地完成毕业论文,将在一定程度上说明学生是否具有了对知识的综合运用能力。

一、经济类毕业论文概述

(一)经济类毕业论文的概念

什么叫毕业论文?毕业论文是高等院校应届毕业生独立完成的一篇总结性的学术论文。

毕业论文通常还是一篇较长的有文献资料佐证的学术论文,是高等学校毕业生提交的有一定学术价值和学术水平的文章。它是大学生从理论基础知识学习到从事科学技术研究与创新活动的最初尝试。有三点必须注意:一是应届毕业生,为了完成学业的应届毕业生写的论文才能称作毕业论文;二是独立完成,不能是几个人合著,这和经济学术论文有明显的区别;三是总结性,所谓总结性就是说,将来在选题的时候,金融专业的选题可能包含税务、经管、物流等专业的知识,同时要在总体上检验学生的知识、基本理论和技能,所以说毕业论文具有总结性。

那么,什么是经济类毕业论文呢?就是高等院校财经、经济、管理类专业应届毕业生独立完成的一篇总结性的学术论文。

经济类毕业论文的内容主要以经济领域的现象、规律、与实际的联系等为主要内容,来反映相关专业应届毕业生的理论和学术水平。

(二)经济类毕业论文的特点

经济类毕业论文具有一般毕业论文的四个重要特点:科学性、创见性、专业性和通俗性。

1. 科学性

科学性要求在立论上要实事求是、在论据上保持科学性、在论证上严谨而富有逻辑,保证论文是按照实际的情况反映现实生活中的规律和特点,而不是随意捏造事实。

2. 创见性

创见性要求在综合别人研究的成果的基础上去发现别人没有发现过或者没有涉及过的问题,或者是结合自己的实际,写生活中的经济小案例,写别人所未写的内容或者观点。

3. 专业性

专业性要求不同专业领域里的毕业生可以根据自己平时的积累和爱好选择题目,基本上都是在自己的专业领域内,当然,能够用相关学科领域的知识更好,起码你要切合自己的专业。

4. 通俗性

通俗性要求语言通俗,能够让读者理解,专业术语或者字母缩写在第一次用的时候要解释,后面可以直接用,例如 MBO 是目标管理还是管理者收购,你要解释清楚。

(三)经济类毕业论文的类型

总的来讲,经济类专业毕业论文的文种形式可以分为三类:学术论文、调查报告和经验介绍。

1. 学术论文

学术论文是用来进行科学研究和描述科学研究成果的文章,对于经济类专业来说,学术论文主要是阐述作者在研究经济类理论、方法等方面所获得的新见解。若只是重复别人的观点,就不能称之为学术论文。学术论文在写作上要求很高,它具有较强的理论性和严密的逻辑性,论点鲜明,论据充分,论证应具有较强的说服力。因此,它需要具备较丰富的理论知识和占有较详细、充足的第一手资料。本科毕业生和研究生的毕业论文多以此种形式出现。

2. 调查报告

调查报告是根据科学调查研究成果所写出来的反映客观事物的书面报告。它通过对某一事件、问题、教训、经验等进行周密的调查,在充分占有资料的基础上进行科学的分析和研究,揭示出事物的本质,并引出正确的结论。选择此种形式的毕业论文,是以占有比较充分的实际资料为前提条件的,同时写作时还应注意以下三点:

(1)所调查的事项应具有普遍的代表性;

(2)调查报告必须要真实反映问题,总结出相应的经验教训;

(3)写调查报告时,不仅要叙述某一事件是如何去做的,更要总结出有什么先进经验值得推广,有什么教训值得吸取。若只是平铺直叙,这样的调查报告是没有太大意义的。

3. 经验介绍

经验介绍类似于调查报告,二者的区别主要在于作者阐述的角度不同。调查报告通常是以第三者身份进行阐述的。经验介绍通常以当事人的身份进行阐述,可以介绍成功的经验,但要进行总结,也可以介绍失败的教训,但要找出原因,并探求对应的措施。至关重要的是,经验介绍具有启发性和指导性,切忌空洞、无意义。

后两种文种多用于大学本科毕业生和大专毕业生的论文写作过程当中,且必须加入相关的专业理论知识,站在学术理论和系统化知识的角度从事论文的写作。

二、经济类毕业论文的选题

一个好的题目是论文成功的基础,题目可以体现出论文的指导思想和中心内容,能够让读者产生兴趣。因此,选题在经济类毕业论文的写作中占有重要的位置。论文题目看似寥寥几个字,确定起来该是非常容易的吧?其实不然。不要小看那几个字、十几个字的题目,它是论文的"眉目",能够显精神、传神韵、见水平。

作者研究的方向、成果、文章的内容、意义,全篇的格调、色彩等,在好的论文题目上大体都反映出来了。一般来说,先研究后定题则易,先定题再研究则难。

(一)经济类论文的选题应遵循的原则

1.具有学术理论性

在答辩委员会成员评价论文时,首先是判断其选题是否具有学术性、理论性。评价的结果,如果得出没有学术性、理论性,或者学术理论性较小的判断,该论文是否能够通过就成了问题。毕业论文的写作要求和专业相关,具有一定的学术性,根据论文层次的不同,学术性程度也有一定的差别,研究生论文的学术性程度就要求很高,本科生次之,大专生的毕业论文学术性要求相对较低,而其应用某一理论解决现实问题的要求则相对较高。理论性主要体现在应用以及引用的前人成果上,要利用已有的理论知识来分析和论证,保证论文的可观赏性。

2.要选择有科学价值的问题

首先,要选择亟待解决的课题。科学研究无止境,也没有国界,不管是哪一个领域,总有一些拟待解决的问题,选择这些问题作为研究的对象,可以很好地展开工作,吸引大家的注意,一般来说也容易取得明显效果。特别是研究生的毕业论文,是在进行了二到三年甚至是更长的时间学习之后进行的写作,在这期间很多人就某一课题进行了深入的研究,发现了一些前人所没有发现的规律或者现象,具有一定的科学价值,研究这些具有科学价值的问题,也为毕业生以后的科研工作打下了良好的基础。

3.选择有现实实践性的课题

一个课题虽然要求具有学术性和理论性,但如果这种现象在市场经济中没有出现过,企业里没有发生这样的问题,国内外都不存在这样的问题,那么,该选题的研究对我们的国家、民族和社会发展进步就没有太大的作用。当然,经济学说史研究,不能这样要求。必须注意的是,有的课题在当时看来可能没有什么实践性,更不要说是针对性,但是在可以预期的将来就会出现该问题,这也符合实践性、针对性的要求。我们不可绝对化,不是什么研究都要求实践性、针对性。例如,英美国家的人力资源管理制度、工资的奖惩机制,即使对我国企业的参考价值不大,但是从专业理论角度出发,仍可选作论文题目。

4.对通说中的不科学的观念进行纠正

在经济学领域里这样的情况非常普遍。比如在古典经济学里,好像什么都研究透了,你没有什么可以研究了。实际上,仔细思考一下,后人的研究有后人自己研究的立足点,也有后人研究的局限性。我们可以以现在的经济现象看古典的经济理论,自然可以得到不同的结果。另外,某些经济理论可能会适应一时的情况,但随着时代、社会的变迁,需要进行一定的扩展或者改造,这也可以是写作论文的重点。

5.能够发挥作者个人的专业优势,并扬长避短

兵书上说:"知己知彼,百战不殆。"学术研究也是如此。判断自己的长处、短处,主要考虑以下三个方面:一是否擅长抽象思维。擅长抽象思维的学生,则可以以抽象的概念、理论、方法为切入点,认真地研究一些基本的理论或者方法。二是掌握外语种类及程度如何。每人掌握外语的语种和程度有不同。英语很好的同学,则可以以中外管理差异、制度差异、政策差异等内容为切入点,很好地发挥自己的外语专长。反之,则可以现有资料为准,集中于国内资料的研究。三是注意专业知识上的长处和短处。金融专业的学生,对于理财规划、税务等比较熟练,如果非要去写企业管理制度什么的,那就有点南辕北辙的味道了。

(二)选题应考虑的因素

1.写作者要有浓厚的兴趣

"兴趣是最好的老师。"有兴趣的课题能牢牢地吸引着研究者执著地研究下去,直到达到目的。在科学研究中,它往往表现为研究者对某个课题始终如一、坚持不懈的探究精神。它可以使研究者的工作变得更积极、更自觉、更有热情,从而更具有创造力。兴趣并不是与生俱来,也不是一成不变的。每个人的兴趣着落点可能不一致,它有着自身的产生和变化的客观基础。这就需要在写作之前弄清楚写作者感兴趣的课题是哪些,选择这样的课题作为研究对象更容易成功。

2.有占有资料的便利条件

资料是进行研究的前提。"巧妇难为无米之炊",没有相关的素材,提出的观点就缺少了支撑,显得有点像空中楼阁,虚无缥缈,很难取得读者的信任。选题还要考虑资料条件,如果选择能获得丰富资料的题目,是会有利于研究工作展开的。首先可以考虑网络上免费的资源条件,无费用或者低费用。可以利用学校的网络图书馆,一般学校都会开通万方数据库、中文期刊全文数据库等网络资源,也可以在图书馆翻看相关的文献资料,如果自己确定的题目在这些地方都查不到相关资料,那就要小心了,后面的写作过程可能会困难重重。要尽可能选择有资料条件的,也就是易于获得所需要的资料的题目,这会有利于研究工作的展开。

3.能发挥自身的研究业务专长

无论是专业水平的高低,每个研究者都有自己的业务专长。从大的方面看,各个学科领域都有其独立的研究对象、研究内容、研究方式、方法。从事某一学科领域的研究者,都很难解决彼一学科领域中的问题。"隔行如隔山",不了解的东西千万不能写,选题就要选己之所长,避己之所短,从自己的研究能力出发,选取能发挥出业务专长的题目,这样研究工作才能很好地展开,并获得优秀的成果。

4.能得到及时有效的科学指导

应届毕业生虽然已经学习了相关的理论知识,拥有了一定的研究方法,但是总体上还处于不成熟的状态,还有很多东西需要学习。对如何选题乃至如何展开研究还缺少经验,有条件的话,要找导师进行适当的指导。因此,毕业论文的选题,应该和自己导师的研究方向一致或者类似,这样,导师在这个领域研究得比较透彻,可以给予指导。另外,他了解这一领域还有什么可以研究、值得研究,并能把这些信息有效地传递给自己指导的学生,这样写作者就可以少走弯路。

(三)选题要注意的问题

1.选题要尽可能早一些

"笨鸟先飞早入林。"论题选得早,时间充分,准备也会相对充分。如果论题选得较晚,甚至是在学校"最后通牒"时才开始选题,总会有一种紧张的感觉,不知道从何处下手。一般情况下,在刚刚选定题目时,总会觉得题目相对比较简单,能够轻松写好,有把握完成,可是在写作过程中,往往会遇到各种各样的困难和问题,如资料不足和论证困难等等,都可能会迫使自己不得不放弃原来的论题而重新选择。这时,如果第一次选题较早,时间还来得及;如果第一次选题就较晚,那么,重新选择论题的机会就不多了,易陷入被动状态。

一般来说,同学们读完二年级,就应该考虑毕业作业的问题了。二年级之后,基础课和专业课已大部分开过,个人的专长与兴趣已经形成,在这时考虑毕业论文的论题,应该说是合适的了。

2.选题与主、客观的条件

在选题之前,对个人的主观条件以及客观上能为自己提供的条件要有充分的了解和认识,包括自己的业务专长,对所选题目的兴趣以及客观上能够为自己提供的资料、经费和时间等。

主观条件中还有一条就是自己对选题的兴趣。只有对选题有浓厚的兴趣,才能产生强烈的研究欲望,容易出成果。对选题的兴趣,直接关系到论文的质量。客观条件就是指客观上能够为我们的研究提供的可能性,包括资料、时间等。

资料,包括原始资料,已经发表过的论文、专著、统计数据、观察记录等。时间,与我们论文写作的难度和篇幅直接相关。因此,选题的难度和长度一定要适中,要保证能够在允许的时间里完成。

3.选题应以专业课的内容为主

选题应以专业课的内容为主,这是因为毕业论文是高等学校教学过程的一个有机的环节。它的教学目的是:使学生总结在校期间的学习成果,培养学生具有综合运用所学的理论知识,解决实际问题的能力,使他们受到科学研究的基本训练。因此,论文的选题必须是学生学习中的某一专业课或者是系统的理论知识,不然,选择一些与专业无关的论文,既不符合我们既定的要求,也不符合考查学生综合能力的目标。

(四)选题的方式

目前高等学校毕业论文的选题,多数采取比较自由的方式进行,综合起来有以下三种选题方式结合进行。

1.命题与自选题结合的方式

题目先由指导教师拟定,经教研室讨论确定,然后向全体学生公布,由毕业生选择,研究的课题不能或者尽量较少重复。对多数同学来说,这是一种非常合适的办法。

2.自选题

少数学习成绩优秀并有一定科研能力的同学能独立地选题,他们可以自己选。或者是大家把自己感兴趣的课题报给指导教师,指导教师根据所报课题的水平予以确认或者进行适当的修改,属于学生主导式选题。

3.引导性命题

对于学习水平较差,不能自己选题,也不能从老师所给课题中选取自己研究课题的同学,给予一定的引导,帮助他们找到自己的兴趣所在,了解他们在哪些方面存在专长,在哪些方面可以开发,从而找到他们要写的课题。

情境分析 >>>

三、经济类毕业论文的具体写作

(一)搜集资料

占有资料是论文写作的第一步,资料具有非常重要的意义。根据美国科学基金委员会、美国凯斯工学院研究基金会调查统计,科研人员用于各项研究活动的时间见表9-1。

表 9-1　　　　　　　　　　　科研人员用于各项研究活动的时间

学科	选定课题	情报搜集与加工	科学思维科学实验	学术观点的形成(论文)
社会科学	7.7%	52.9%	32.1%	7.3%
理工科	9.7%	30.2%	52.8%	7.3%

日本国家统计局有关调查数字也大体相等。虽然说这个时间分配比例不是绝对不变的,但它至少可以说明科研工作中搜集、整理资料所用的时间占全部科研时间的三分之一乃至一半以上。进行科学研究,总是要在继承已有的成果或知识的基础上,通过吸收、借鉴、创新,从而有所发明、有所创造。这里关键的是,要建起大容量、高效率的信息资料库。对同学的要求是:搜集材料时要体现一个"广"字,选择材料时要体现一个"精"字。一定要围绕课题进行材料的收集,这样才不至于收集了大量的资料,而资料却一无是处。

1.搜集文献资料的方法

一是追溯法。这是以已掌握的文献资料后面所附的文献目录为线索,追溯查找其他文献的检索方法。

二是常用法。常用法还有顺查法、倒查法和抽查法之分。顺查法是利用检索工具,由远及近地查找文献资料的方法,即从研究课题产生的起始年代查起,按时间的先后顺序逐年查找。倒查法是利用检索工具,由近及远地查找文献资料的方法,即从近期的文献查起,逐年向前推移查找所需资料。抽查法是在全面了解本学科或某项课题研究的发展状况的基础上,选定其中研究最为活跃、文献发表最为集中的重要年代进行重点检索的方法。

三是循环法。循环法也叫混合法,这是一种把追溯法和常用法结合起来使用,循环查找文献资料的检索方法。使用这种方法的一般顺序是:先利用检索工具,也就是通过常用法找到一些文献资料,再利用这些文献资料所附的参考文献目录追溯查找资料。如果手中已有基本的检索工具,又占有了一定数量的资料,就可以采用循环法查找资料了。

2.搜集资料的途径

(1)要广泛阅读与选题相关的图书、资料和文件,掌握研究课题方方面面的情况;

(2)要深入地进行社会调查,注重研究,并注意获取"零次情报";

(3)通过实验,有目的地观察和统计获取资料;

（4）运用计算机检索,快速、准确地掌握选题相关资料;

（5）勤于向专家们请教。

3.资料的选取

（1）考虑资料需求的数量

由于研究的课题设计的资料范围太广,或由于时间所限,不可能最大限度地占有资料,而只能最小限度地占有资料。最小限度地搜集资料在科学研究中是常见的。因此,搜集资料也并不是"韩信点兵,多多益善",要保证一定的数量,关键是保证材料的质量。

（2）掌握资料选取的标准

检索到手的文献是大量的,一般说来都要过目,但选取什么要有一定的标准。

选择那些必需的、真实的、新颖的、充分的资料作为参考的资料。必需的是课题相关的、必不可少的内容,如写《银行利率提升对企业融资的影响》,利率的基本概念、近几年银行利率提升的具体数值则是必不可少的;真实的要求材料必须是现实中存在的、可靠的材料,不能是道听途说或者杜撰的资料,最好能够获得第一手资料;"新颖"要求资料至少是最新的、别出心裁的;"充分"要求所掌握的资料能够充分地说明或者证明相关的论点。

（3）注意选取的时间

资料的选取并不是一劳永逸的,在写作的过程当中,我们还要不断地补充资料,在需要的时候在第一时间收集信息,补全资料。

（二）编写提纲

有了相关的资料,就可以进行相关的资料整合和协作了。为了使观点和材料能在一篇文章中得到有机的统一,必须设置一个能把观点和材料包括进去的逻辑框架,这个逻辑框架就是文章的结构。简单地说,结构即文章的内部构造,安排结构即谋篇布局,设定文章的总体格局。

1.提纲的含义

提纲,体现论文的总体构思。从整体着眼,先对观点和材料进行编排,使之成为次序清楚、思路清晰、足以说明某一问题的论文轮廓。然后以文字的形式,依照顺序记录下来,就成了提纲。

2.提纲的作用

（1）有利于论文的谋篇布局

实际上,论文整体思路的提出,最初可能仅是零星的想法,或者仅有模糊、粗糙的轮廓,若是此时直接起草、一气呵成,往往有可能因整体的结构问题而造成返工。

（2）有利于论文的整体进程

一个构思全面、布局合理的提纲,无疑是论文写作"施工"中的蓝图,便于自行检查是否围绕论点选择材料,结构是否完整,层次是否清晰。这样写作起来,胸有成竹,思路畅通,得心应手。可以有效地杜绝"东一椰头,西一棒子"、"下笔千言,离题万里"等不良现象发生。当然,在写作过程中,如果觉得有不妥之处,还可以修改提纲。

（3）有利于论文的写作安排

有了一个总的纲要之后,可以比较灵活地安排写作的时间。既可以从头到尾按自然顺序来写,也可以先写本论部分,再写开头、结尾。还可以写全文的任一部分,再写其他部分,最后组合成篇。初写论文的学生,若是能将自己的思路写成提纲,再去请教行家,人家也比较容易提出修改意见,此举往往会得到卓有成效的指导。

安排论文的结构,主要应当做好以下两项工作:

1.确定结构程序

结构程序,是指构造文章的步骤,或者说是指文章本身的基本构成模式。实用型文章大都有着比较固定的结构形式,论文也不例外。从文体类型的角度来看,论文是议论文的一种,而在议论文写作中,作者的思路通常是循着提出问题、分析问题和解决问题的顺序展开的,这一思路外化为文章的结构,就形成了文章的绪论、本论、结论三大部分,议论文的这种结构形式通常被人们称为"三段论式"。"三段论式"是对所有议论文体的一般构成规律或者说结构特点的总结,因而也同样适用于论文。

(1)绪论

绪论又称前言、引言、引论、绪论等,这是一篇论文的开头部分。这一部分所写的内容通常包括:

提出问题,这几乎是所有的论文的绪论部分都应包含的一项内容,绪论部分的其他内容的表述也往往是围绕着问题提出的;明确观点,概括自己对问题的基本看法;阐释基本概念,文章的基本概念是指构成研究课题和论文的基本观点的核心概念,为保证论题及论点的确定性、一致性,在绪论部分可对基本概念的涵义加以阐释;指明研究方法或论证方法,在课题研究中,采用哪些值得注意的研究方法,或者在论文中将采用哪种比较独特的论证方法,都可以在绪论中写明;严格限定课题的范围,有的问题是在一个特定的范围内被研究的,论文的绪论部分也应对此作出说明,至少要把论文将着重探讨问题的哪些方面或不准备涉及哪些方面向读者交代清楚。

(2)本论

本论是论文的主体部分,是对问题展开分析、对观点加以证明的部分,是全面、详尽、集中地表述研究成果的部分。本论部分篇幅长、容量大,一般不会只由一个层次或一个段落构成。不同的层次或段落之间有着密切的结构关系,按照层次或段落之间的结构关系的不同,可以把本论部分的结构形式分为并列式、递进式、混合式三种。并列式结构指各个小的论点相提并论,各个层次平行排列,使文章内容呈现出一种齐头并进式的格局;递进式结构指由浅入深、一层深于一层地表述内容的结构方式,各层次之间呈现出一种层层推进、步步深入的逻辑关系,后一个层次的内容是对前一个层次内容的发展,后一个论点是对前一个论点的深化;混合式结构是把并列式同递进式混合在一起的结构形式。

为使本论部分更有条理性,人们常在这一部分的各个层次之前加上一些外在的标志,这些用以区分层次的外在标志主要有序码、小标题、序码和小标题相结合及空行等几种。

(3)结论

"提出论证结果"和"指明进一步研究的方向"是论文的结论部分常写的两项内容,"提出论证结果"通常是结论部分的基本内容。

绪论、本论、结论三个部分前后相续、紧密衔接,是论文常见的结构程序。但也有的论文开篇便直接进入对问题的论证,结篇点题,揭示论旨,即只有本论、结论,而没有一个相对独立的绪论部分;也有的论文在绪论中便概括全文的内容要点,出示论证结果,或在本论部分边论述边归纳,并不专门以结论的形式收束全文,文章只有绪论、本论,而没有一个独立的结论部分。后面两种结构程序可被看做绪论→本论→结论这种结构程序的演化或变体。在论文的撰写中,究竟采用哪种结构程序,要视写作的实际需要而定。

2.拟定写作提纲

写作提纲是作者整理思路并使思路定型化的凭借,是文章的逻辑关系视觉化的最好形式,它具有帮助思维、指导写作的作用。人们常把写作提纲比作文章的"设计图",建造一座大厦,是离不开设计图的,撰写一篇论文,同样也是离不开写作提纲的,编写写作提纲是论文起草前的准备工作不可缺少的一个环节。

一份完整、正规的写作提纲,应当由标题、观点句和内容纲要等几个项目构成。

(1)标题

为论文拟写标题,一般可以着眼于两个方面,或者说可以从两个角度去考虑,这样,论文的标题也就相应地形成了两种类型:一种是揭示课题的标题。这类标题所反映的只是文章所要证明的问题,而不涉及作者对问题的看法。另一种是揭示论点的标题。这类标题直接反映作者对问题的看法,或者说标题就是对文章的内容要点的概括。揭示论点的标题虽然不如揭示课题的标题用得那么普遍,但也应当算是一种比较常见的标题形式。

除了上述单行标题之外,论文有时还用双行标题。也就是我们经常说的主标题和副标题,如"我国物流诚信问题探讨——以豫鑫物流为例",前一个标题说明要研究的问题,后一个标题则表明要讨论的具体内容。

(2)观点句

观点句也叫论点句或主题句,简单地说,就是概括全篇文章基本观点的语句。在写作提纲中用一句或几句话写明文章的中心论点,有利于观点的进一步明确,并能有效地防止写跑题。

(3)内容纲要

内容纲要是论文写作提纲的主体部分,在这一部分中,要以分条列项的形式把论文正文部分的结构框架如实地反映出来。

内容纲要的写作形式通常为:

一、大的部分或大的层次的要点

(一)段的要点

……

1.段内层次的意思

……

(1)材料

二、同上

三、同上

可以说,内容纲要就是一篇文章的结构关系图,将要写入文章的所有观点和主要材料都应当能在其中得到一个最为恰当的位置。内容纲要大都从大的项目写起,即先写出大的部分或大的层次的要点,然后是该部分或该层次内的中项目即各段的要点,最后是中项目中的各个小项目,即段内层次的意思。而在依照内容纲要起草论文时,则要从小的项目写起,从一个部分的小项目再到下一个部分的小项目,渐次完成全文。

（三）撰写初稿

1. 执笔顺序

（1）从绪论写起

从绪论写起，接着写本论、结论。按照常人的思维模式，一般是先提出问题，进而对问题进行分析，分析之后决定问题的解决方法，这种写作模式一般适合短篇论文的写作。

（2）从本论入手

先从本论入手，写好本论、结论部分，回过头来再写绪论。本论是作者研究成果的集中体现，一般也是作者掌握了一定材料，大量分析材料的基础上得到的，作者从写作论文的开始就在研究这个问题，所以比较容易写。如果从绪论开始，往往感觉万事开头难，反而不容易写作，写好本论和结论之后，重要的内容已经出来了，绪论写起来就相对容易了。

2. 撰写初稿

（1）初稿一气呵成

这是按照事先拟好的写作提纲，无论从绪论写起，还是从本论入手，一路写下去，不使思路中断，直到初稿完成后，回过头来再仔细推敲修改定稿的方法。有的作者提出，写得怎样草也没有关系，也不必推敲字句，要紧的是尽可能快地把头脑中涌现出来的句子用文字表达出来。有的作者提出这样撰写初稿不必使用原稿纸。因为稿纸显得庄重，有威压感，不利于挥挥洒洒地写作，最好是使用白纸，能不受拘束地起草。行间要留有空隙，左右上下要留有充分的余白，便于加改笔。写第二稿时再用稿纸。这也是一种可供参考的写法。

（2）分成部分写作

有的作者提出，较长的论文可以用分成部分的方法来写。这种写法是按照论文的写作提纲，一个部分一个部分地来写。譬如，可将要用两三页稿纸阐述的一个观点划分为一个部分，也可以将要用五六页稿纸写出的一个小的标题项目划成一个部分。这样，每写一个部分前，集中思考这个部分的内容安排，然后动笔。这一部分的初稿写完便停下笔来从头修改。经过修改初步定稿，抄写清楚。这样一个部分一个部分地把全篇论文写完后再合起来通读，稍加润饰一下就可以最后定稿了。

3. 对初稿的基本要求

第一，要正确理解和运用马克思主义的基本原理，深刻领会党和国家有关方针政策和精神实质，避免因随意曲解而产生理论观点上的原则性错误，但也要敢于探索一些原则性很强的重大问题。

第二，概念的表达要清晰明确、前后一致，任何概念都是由其内涵和外延共同构成的。

第三，主要的论点、观点要讲深讲透。

第四，文字表达要简洁有力，不能为追求篇幅而导致冗长烦琐、拖拉乏味，也不能为追求词句华丽而放松论点的深化。

第五，引文和数字的应用要慎重对待。

（四）修改定稿

1. 修改的原因

（1）创新不是一气呵成的，需要时间和精力，更需要反复地斟酌。一项理论成果的形成，从构思到初步形成理论到最后的完善，需要不断修改、修正以及重复，所以修改是必不可少。

（2）一篇论文的形成，少则十天半月，多则一年半载，在这么长的时间跨度里，新的经济理论可能出现,新的经济现象也会出现,这就需要对文章中的某些观点、内容、数据等进行修正,必须对论文进行适当的修改。

(3)由于是成果交流的重要方式,所以学术论文的要求相当严格,词语的顺序、数字的精准度、图表的准确度等要求相当严格,也必须对此进行严格的修改,才能最终成稿。

2.推敲修改的过程

(1)冷却法

就是在论文写成初稿之后,如果时间允许的话,先把论文放上十天甚至更长的时间,然后再拿出来,从新的角度来审视论文,一般可以收到意想不到的效果。

(2)重温法

着手修改之前,翻阅一下为进行这个课题研究所搜集的全部资料,特别是那些在论文中没有使用的资料,认真看一看,能否发现新的东西以支撑论点,或者是发现新的论点。

(3)心中有读者

从读者的角度来考虑问题,比如有些基本的概念,就可以不在论文中解释,因为论文的阅读对象是有一定经济知识的工作者、研究者、学者等,进行过多的解释反而显得多余。

(4)通读全篇,字斟句酌

有的论文各部分看起来写得都不错,但是放到一起就显得特别别扭,这就是没有把握好论文整体结构的典型体现,因此修改论文时必须从全文的角度去分析。对于段落之间、句子之间以至于每个词语,都要进行认真的推敲。

(5)朗诵全文

这听起来很奇怪,其实不是,有很多文章写好之后自己看起来没有问题,但是一读起来就发现语句不通、词语生涩,这时就要进行修改。

总之,通过相关步骤的充分准备,一般都可以写出一篇比较完整的毕业论文,但是要想写出高水平的论文,必须有扎实的理论功底,还要掌握一定的写作方法,通过不懈的努力,完成一篇高质量的毕业论文。

情境完成 >>>

江苏新海发电有限公司实施品牌策略的方法研究

王世法、任兴春

王世法　连云港职业技术学院商学院　(江苏·连云港 222003)

任兴春　连云港供电公司(江苏·连云港 222003)

摘要:本文在分析江苏新海发电有限公司未来的市场竞争环境与状况以及公司目前品牌建设存在的问题的基础上,建设性地系统地提出了公司实施品牌发展战略、策略;明确了江苏新海发电有限公司生态清洁能源品牌定位战略及其 CIS 导入。为江苏新海发电有限公司"绿源"电力品牌赋予了文化、艺术的内涵,确立绿色营销观念,全方位品牌形象传播的品牌传播策略,确保生态"绿源"电力品牌可持续发展。

关键字:供电公司　品牌策略　CIS导入　传播策略

一、江苏新海发电有限公司所处的市场环境分析

1.1 江苏新海发电有限公司的基本情况

江苏新海发电有限公司原名江苏新海发电厂,坐落于美丽的"亚欧大陆桥东桥头

堡"——全国首批沿海开放城市江苏省连云港市,她东临黄海之滨,西傍蔷薇河畔,南倚锦屏山麓,北接陇海铁路,交通便利,水源充足,是一座超高温超高压大型火力发电企业。目前,公司固定资产22亿元,年发电量可达60亿 kWh,是连云港市五星级企业,满足连云港四县及市区的用电需求。

1.2 江苏新海发电有限公司市场环境分析

1.2.1 江苏新海发电有限公司的政策环境分析

2002年,电力体系改制实施以来,电力市场形成了实施厂网分开,重组发电和电网企业;实行竞价上网,建立电力市场运行规则和政府监管体系,初步建立竞争、开放的区域电力市场,实行新的电价机制;制定发电排放的环保折价标准,形成激励清洁电源发展的新机制;开展发电企业向大用户直接供电的试点工作,改变电网企业独家购买电力的格局;继续推进农村电力管理体制的改革。逐步形成了以下有中国特色的电力工业结构和电力市场(见图9-1):

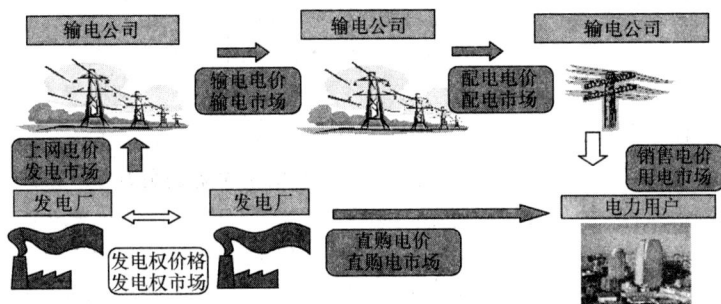

图9-1　电力工业结构和电力市场

(1)建立电力调度交易中心,实行发电竞价上网。在区域电网公司经营范围内,根据各地电网结构、负荷分布特点及地区电价水平的具体情况,设置一个或数个电力调度交易中心,由区域电网公司负责管理。电力调度交易中心之间实行市场开放。

(2)逐步终止过去各级电网企业与发电厂签订的购电合同。对于外商直接投资电厂,其项目符合国家审批程序的,可采用重新协商等办法处理已签订的购电合同,也可继续执行原有购电合同。

(3)各发电企业要尽量在内部消化新、老电厂因历史原因形成的电价水平差别或通过资本市场的兼并收购,形成各类电厂新的市场价值,实现上网电价的平等竞争。也可采用在规定期限内过渡性的竞价方式。具体竞价办法可根据各电力调度交易中心的不同情况制定。(消除电价差)

1.2.2 电力市场的价格机制

电价改革的长期目标:在进一步改革电力体制的基础上,将电价划分为上网电价、输电价格、配电价格和终端销售电价;发电、售电价格由市场竞争形成;输电、配电价格由政府制定。同时,建立规范、透明的电价管理制度。

(1)上网电价改革的方向是全面引入竞争机制,价格由供需各方竞争形成。过渡时期,上网电价主要实行两部制电价,其中,容量电价由政府制定,电量电价由市场竞争形成。各地也可以根据实际采取部分电量竞价等其他过渡方式。

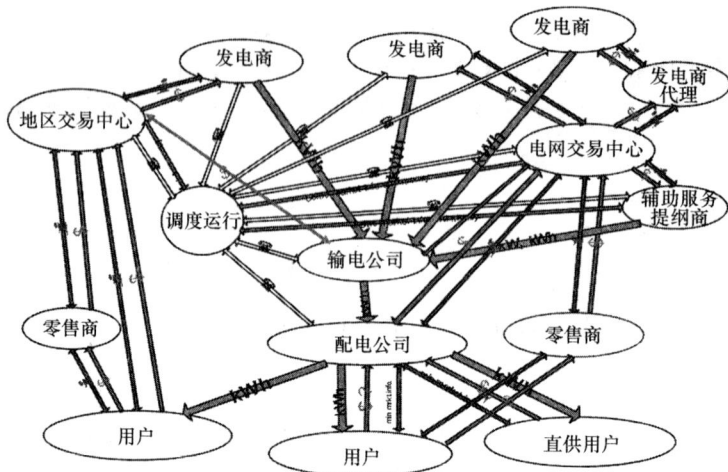

图 9-2　电力市场主体及相互关系图

两部制电价把电价分成两部分：

①基本电价，又称容量电价，反映电力企业的固定成本(也称容量成本)。在计算每月基本电费时，以客户用电设备容量(kVA)或最大需量(kW)进行计算，与客户每月实际用电量无关。

②电量电价，又称电度电价，反映电力企业的变动成本。在计算每月电量电费时，以客户每月实际用电量(kWh)进行计算，与客户用电设备容量或最大需量无关。

按以上两种电价分别计算后的电费相加，实际功率因数调整电费后，即为客户应付的全部电费。

两部制电价的优越性：①发挥价格的杠杆作用，促使客户提高设备利用率，改变"大马拉小车"的状况，同时降低最大负荷，提高电网负荷率，减少无功负荷，改善用电功率因数，提高电力系统的供电能力，使供用双方从降低成本中都获得一定经济效益。②使客户合理负担电力生产的固定成本。不论客户用电量多少，电力企业为了满足客户随时用电的需要，备用一定的发、供电设备容量，从而支付一定的容量成本，因此这部分应由客户合理分担。

(2)输配电价由政府价格主管部门按"合理成本、合理盈利、依法计税、公平负担"原则制定，并逐步实现政府定价的规范化、科学化。

(3)销售电价改革的方向，是在允许全部用户自由选择供电商的基础上，由市场定价。竞价初期仍由政府制定的销售电价，应逐步实现定价的规范化、科学化，并有利于同市场接轨。政府制定销售电价的原则是坚持公平负担，有效调节电力需求，兼顾公共政策目标，并建立与上网电价联动的机制。

根据用户用负特性及便于与上网电价联动的原则对销售电价的分类进行调整，目标是将用户分为居民生活用电、农业生产用电、工商业及其他用电三类，每类有户按电压等级和用电负荷特性定价。对具备条件的用户普遍推行两部制电价，并合理调整基本电价在销售电价中的比重，使基本电价能准确反映用户对系统固定费用的实际耗费。全面实行峰谷电价。具备条件的地区也可同时实行季节性电价、高可靠性电价、可中断电价等有利于系统平衡、降低系统成本的电价形式。

（4）各地区实施竞价上网的进度要因地制宜，根据电网结构、管理水平和技术支持系统完善的条件决定。具备条件的地区应尽早建立电力调度交易中心，实行竞价上网。

（5）建立合理的电价形成机制。将电价划分为上网电价、输电电价、配电电价和终端销售电价。上网电价由国家制定的容量电价和市场竞价产生的电量电价组成；输、配电价由政府确定定价原则；销售电价以上述电价为基础形成，建立与上网电价联动的机制。政府按效率原则、激励机制和吸引投资的要求，并考虑社会承受能力，对各个环节的价格进行调控和监管。

（6）在具备条件的地区，开展发电企业向较高电压等级或较大用电量的用户和配电网直接供电的试点工作。直供电量的价格由发电企业与用户协商确定，并执行国家规定的输配电价。（大用户直购）

1.2.3 江苏新海发电有限公司所处的市场竞争状况

基于以上分析我们可以看出：江苏新海发电有限公司面对的竞争对手是同行业的发电商，直接面对的客户有输电公司、配电公司、各类大客户。（见图9-3）

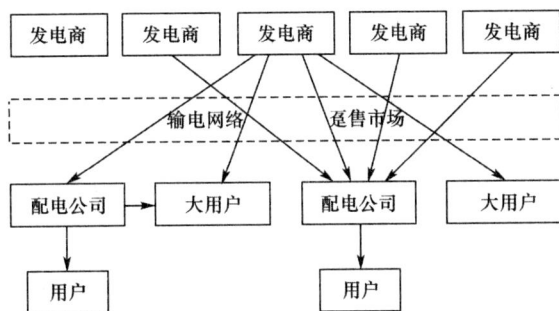

图9-3 江苏新海发电有限公司所处的市场竞争状况

二、江苏新海发电有限公司品牌建设存在的问题及分析

2.1 服务水平不高

由于目前电力市场发育不是很完善，能源相对紧缺，新海发电有限公司面临的市场竞争还没有凸显出来，现在只是把竞争的着眼点集中在生产上，即产品竞争。对于电力制造这个技术较为成熟、品质趋同的行业来说，未来的竞争的直接后果是恶性的价格竞争，其代价是产品质量的下降、创新能力的匮乏，缺乏服务意识，不做到未雨绸缪，势必到时处于劣势。

2.2 电力品牌整体定位不清

江苏新海发电有限公司品牌形象不清晰，品牌效应不明显。企业认为只要生产出质优价廉的产品就能取得好的市场业绩，对品牌规划缺乏足够的认识。这种做法在市场蓬勃发展、行业竞争较弱的情况下，可能会取得一定的成绩，但生命力不会持久。随着竞争的加剧，产品本身的差异会越来越小，品牌优劣会成为客户选择产品的依据。一个自身品牌形象不清晰的企业是不会得到客户的认同的，当然也谈不到品牌溢价，企业只能走价格战的路线。

2.3 品牌推广缺乏整合规划，没有形成有效的品牌积累

目前企业对于品牌建设方面往往是想到什么就做什么，没有全面系统的品牌规划，东一榔头西一棒子的做法无法在客户中形成稳定统一的品牌形象，不能产生品牌积累。品牌是客户对与产品相关要素的综合体验，包括产品性能、品质、外形设计、价格、广告风格、服务、员工行为、企业声望、媒介评价、大众口碑，等等。这些细节都会影响客户对品牌的理解，从

而影响购买决策。这里需要指出的是,在品牌建设中要注意避免出现"木桶效应":决定木桶装水多少的是最短的那块木板。客户对品牌的理解也是这样,某个细节的问题往往会影响整个品牌形象,因此品牌建设一定要进行系统的整合规划。

三、江苏新海发电有限公司实施品牌策略

品牌由品牌外部标记(包括名称、术语、图案等)、品牌识别、品牌联想、品牌形象、品牌包装以及商标等要素构成。品牌是产品属性、名称、质量、价格、价值、信誉、文化、形象等的总和,是一种有别于同类产品的个性表征;是消费者与产品有关的全部体验;是企业与竞争对手相区别的产品或服务。品牌带给消费者的是一种购买该产品和选择该品牌的理由,它使消费者在与之接触的过程中产生品牌拥有者所期望出现的联想,使消费者对品牌的感觉实在化。品牌能体现商品或服务个性和消费者认同感,它帮助消费群识别商品,在实际购买过程中充当导向的作用,根植在顾客心目中的品牌形象使顾客产生对企业的高度认同与忠诚度。

3.1 江苏新海发电有限公司品牌策略的选择

品牌策略是一系列能够产生品牌积累的企业管理与市场营销方法,包括 4P 与品牌识别在内的所有要素。主要有品牌化决策、品牌使用者决策、品牌名称决策、品牌战略决策、品牌再定位决策、品牌延伸策略、品牌更新等。

3.1.1 江苏新海发电有限公司的品牌化决策

品牌化决策是指企业决定是否给产品起名字、设计标志的活动。使用品牌对企业有如下好处:有利于订单处理和对产品的跟踪;保护产品的某些独特特征被竞争者模仿;为吸引忠诚顾客提供了机会;有助于市场细分;有助于树立产品和企业形象。

现在由于市场竞争程度不高,电力市场基本上没有几家电力公司有自己的品牌,只是有公司的名称,江苏新海发电公司也是这样,所以品牌化决策是电力公司的必由之路。

品牌使用者决策是指企业决定使用本企业(制造商)的品牌,还是使用经销商的品牌,或两种品牌同时兼用。对于江苏新海发电公司,应该建立自己的品牌。

3.1.2 江苏新海发电有限公司品牌名称决策

根据江苏新海发电有限公司所处发电企业的产品同质性的特点,公司应该选择的品牌策略是个别品牌名称与企业名称并用。比如:"绿源"电力:江苏新海发电有限公司,也为公司未来品牌的发展预留了空间。

3.2 明确生态清洁能源品牌定位的 CIS 导入

CIS 是英文 corporate identity system 的缩写,意思是"企业的统一化系统"、"企业的自我同一化系统"、"企业识别系统"。CIS 理论把企业形象作为一个整体进行建设和发展,企业识别系统基本上由三者构成:①企业的理念识别(mind identity,简称 MI);②企业行为识别(behavior identity,简称 BI);③企业视觉识别(visual identity,简称 VI)。MI 是抽象思考的精神理念,难以具体显现其中内涵,表达其精神特质。BI 是行为活动的动态形式,VI 用视觉形象来进行个性识别。

3.2.1 江苏新海发电有限公司生态清洁能源品牌定位的 VI 设计

随着科学发展的不断深入,公司不断采用新技术,在风能、太阳能光伏、太阳能热利用、生物质能方面不断有所突破,努力塑造环境友好型能源品牌的形象,为客户创造绿色持久的绿色能源,所以建议公司品牌定位于生态清洁能源,为扩大公司的品牌的影响力,在公司名称的基础上增设一个"绿源"电力品牌,代替"江苏新海发电有限公司",便于宣传,改变原来只有公司名称而没有品牌名称的局面。

VI 是展示品牌概念的一种形象手段。另外特别引起注意的是,视觉设计在品牌形象塑造中具有独特的作用,人类获得的外部信息中有 83％通过视觉获得。视觉形象是"绿色能源"者能够最直观感受到的信息。同时,视觉设计的传播途径最为广泛,内容灵活多样;视觉设计受到受众欣赏水平的影响相对比较小,设计得当,理解较低的受众即使难以理解其内涵,也会对图形等信息留下深刻印象。知名品牌就是优秀的理念,品牌创意概念(Branding Idea)就是从品牌整体角度出发的创意表现方式,它被要求在品牌的每个产品或每项服务的广告中得以体现,从而通过重复,集合与时间累积强化整体品牌形象,形成个性,与竞争品牌有效区分。据此,公司设计江苏新海发电有限公司的品牌取名"绿源"电力,有"绿色能源"、"绿色之源"的含义。(图 9-4:公司的 logo 设计)

图 9-4 公司的 logo 设计

3.2.2 江苏新海发电有限公司生态清洁能源品牌定位的 MI 设计

2012 年 9 月世界经济论坛与 HIS 剑桥能源研究协会联合发布的《2012 年最新能源展望报告》指出,目前已有 100 多个国家制定了可再生能源发展目标,新能源产业的增长能够将气候、能源和金融领域的危机转变为全新的可持续增长机遇,从而为世界经济发展提供新动力。2011 年全球可再生能源发电量比 2010 年增长了 17.7％,连续 8 年呈两位数增长,可再生能源发电量占当年全球发电总量的 3.8％。其中风能发电量增长了 25.8％,首次超过当年可再生能源发电总量的 50％。江苏新海发电有限公司的理念识别设计为:绿色能源,绿色的家园。(见图 9-5)

图 9-5 公司的 MI 设计

核心文化理念:使命:绿色能源,的家园,创造价值创新发展共赢未来。

创建精品,品质是价值的保证。江苏新海发电有限公司通过精密的规划设计、精湛的技术、精益的施工、精良的设施设备,为客户创建精品工程。

创造价值,价值是效益的体现。江苏新海发电有限公司通过建设精品工程,提供全过程服务,打造高价值链,从而为客户、股东、员工、社会创造综合价值。

创新发展,发展是硬道理。江苏新海发电有限公司深化改革重组,坚持创新发展。完善产业链,建立全产业链一体化的产业格局;优化经营结构,走多元化发展之路;创新管理体系、运营体系,实现经营管理全面升级。

共赢未来,共赢是目标追求。江苏新海发电有限公司坚持和谐发展,建设精品工程,开发优质能源,创造经济效益,服务社会发展。江苏新海发电有限公司致力于与客户、政府、社会一道,共创效益、共创和谐、共赢未来。

3.3. 江苏新海发电有限公司"绿源"电力品牌传播策略

服务企业要使顾客熟悉品牌,向顾客传递品牌观念。在服务品牌的传播过程中,广告、口碑和公共宣传是常用的传播工具。

3.3.1 为"绿源"电力品牌插上文化、艺术广告的翅膀

广告有利于塑造品牌形象,从而帮助消费者选择最适合他们的服务品牌。在建立品牌知名度、提升品牌资产方面广告都有着比较突出的优势。

赋予品牌以文化因素有非同一般的意义,中国自古就有"忠厚传家远,诗书继世长"的理念,品牌也是这样。对于江苏新海发电有限公司而言,赋予"绿源"电力品牌以独特文化、艺术形式,品牌就有了生命,就为"绿源"电力插上了飞翔的翅膀。

海州是江苏省连云港市的三个城区之一,位于市区西南部,是连云港市的历史文化承载主体,是连云港市的古称(300多年前现孔望山以东还是一片汪洋,还没有新浦、连云,花果山还是海中岛屿)。海州人文荟萃,先民创造了具有龙山、青莲岗文化交汇特征的史前文化,孔子两次率弟子来海州讲学论道并登山望海,宋朝石曼卿在此留下读书遗迹,苏轼、辛弃疾、李清照留下大量诗词,李汝珍以海州风土人情创作了《镜花缘》。

海州"绿色能源"资源特色突出,自然与人文景观相得益彰。相传因孔子曾来此登山观海而得名的孔望山是国家4A级风景区,"孔望山汉代摩崖石刻"为国家一级保护文物,"锦屏山将军崖岩画"被誉为我国最早的一部天书,白虎山、石棚山、桃花涧、白鸽涧等自然景观和城内的"九庵十八庙"等历史景观融"古、神、幽、奇"为一体。

海州是历史悠久的文化古城。新石器时代的将军崖岩画(号称东方天书)、汉代的孔望山摩崖石刻为国家级文物保护单位;石棚山摩崖题名石刻、孔望山龙洞石刻、白虎山摩崖石刻为省级文物保护单位。孔望山汉代摩崖石刻是我国最早的佛教摩崖造像,比敦煌佛教摩崖造像早200年。

根据海州以上深厚的文化底蕴,可以以海州传统文化,如海州的孔望山将军崖岩画作为广告的底蕴,以淮海剧等艺术形式,附加到江苏新海发电有限公司的"绿源"电力品牌,广告词为:"'绿源'电力,传承悠久历史文化。"

3.3.2 为"绿源"电力品牌树立良好口碑

服务比实体产品在购买前更难以评价顾客,通常会从别的顾客那里寻求信息。因此,口碑对服务品牌的传播至关重要。潜在顾客会把现有顾客视为非常权威的信息来源,如果口碑与广告信息相出入,则广告的影响力会大大减少;服务企业需要采取行动对口碑施加积极的影响,例如将正面的口碑信息应用于广告中,或是强化顾客和服务人员之间的私人友谊。当然,最为有效的影响公众口碑的方式还是保持顾客满意。

要想建设好电力品牌,江苏新海发电有限公司应突出"绿色能源"的特色定位,充分发挥新海电力服务的优势,努力实现电力产业品牌化战略的实施。

（1）突出生态"绿色能源"特色

生态"绿色能源"项目的主题形象定位应该充分反映出生态"绿色能源"项目固有的特色，以便消费者将生态"绿色能源"项目与传统能源项目区分开来。发展"绿源"电力品牌定位必须首先立足于江苏新海发电有限公司生态"绿色能源"这一特色。将有限的生态资源创造与挖掘出更多的高质量的生态"绿色能源"产品。

（2）突出地方文脉

生态"绿色能源"项目的主题形象定位应该充分反映文脉出特色。发展生态"绿色能源"必须充分突出连云港海州地方人文特色，将地方文脉与生态特色相结合。在确定生态"绿色能源"项目主题形象时，越是讲究突出地方文脉特色的原则，生态"绿色能源"项目主题形象定位就越新颖、鲜明，就越容易被"绿色能源"者在众多的"绿色能源"项圈中识别出来。

（3）突出企业特色

发展生态"绿色能源"时必须积极激励从业企业的创新意识，突出企业特色，服务于江苏新海发电有限公司生态"绿色能源"品牌的建设。

3.3.3 确立绿色营销观念，全方位进行品牌形象传播

确立绿色营销观念，加强城市营销意识，全方位地进行品牌形象传播则是当务之急。

主题形象营销，主题形象是突出"绿色能源"企业个性、强化吸引力与深刻客户记忆的基本要求。首先，公司生态"绿色能源"产品的开发应该围绕主题形象，体现主题形象并强化主题形象；其次，江苏新海发电有限公司生态"绿色能源"CIS标识系统的设计，企业文化的建设，大型事件活动的举行，也要尽量围绕主题形象，服务主题形象。确立起"绿色·生态·新能源"的企业主题形象，将之建设成为我国长三角地区的一颗璀璨的绿色能源明珠。

市场细分的促销，把信息传递到对本"绿色能源"产品感兴趣的客户群，才有可能提高信息传递效率，获得更佳的促销效果。为此必须实施市场细分的促销策略。这需要通过客户调查和主要"绿色能源"产品对应分析，再通过各种手段，把公司生态"绿色能源"信息传递到目标市场。

系统的营销，系统的营销策略就是把企业"绿色能源"营销作为一种哲学理念，贯穿"绿色能源"企业发展和规划的整个过程。公司生态"绿色能源"发展和规划的每一个步骤，每一个措施，都要以目标客户为导向，尽量满足他们的需求；用营销的理念，指导"绿色能源"产品的开发与服务的实施。

参考文献：

1. 2002 年国发〔2002〕5 号文件：《电力体制改革方案》。

2. 2003 年国办发〔2003〕62 号文件：《电价改革方案》。

3. 2005 年发改委发改价格〔2005〕514 号：《输配电价管理暂行办法》。

4. 浅谈中国电力市场结构及运营模式. 张忠会、余知敏、王玉. [J]科技信息. 2008.2

5. 浅谈电力市场营销策略. 张菲. [J]金卡工程·经济与法. 2010.1

6. 企业开发有效品牌战略方法研究. 周洁. [J]中国商贸. 2011.1

作者简介：

王世法，连云港职业技术学院商学院管理系主任；管理学硕士；副教授；营销师。研究方向：企业营销。E-mail：wsf386@163.com，手机：18936670020

任兴春，连云港供电公司书记；管理学硕士；高级营销师。E-mail：rxc2006@163.com。

情境拓展 >>>

附件:毕业论文写作规范

毕业论文应采用汉语撰写;一般由七部分组成,依次为:封面、摘要、目录、正文、附录、参考文献、致谢。各部分具体要求如下:

(1)封面:封面由学校统一印发。封面一般是为了区别每个学生的论文和以后检索方便而设计的,一般包括论文题目、学校、班级、专业、学好、姓名、指导教师、制作日期等基本信息。题目应是整个论文总体内容的体现,要引人注目,力求简短,严格控制在 25 字以内。当论文的内容比较丰富时,可以用副标题对正题加以补充。题目必须与正文里面的内容对应,有的封面题目跟内容不符合,这种错误答辩的时候老师可能直接就把论文毙掉了。标题拟制特别重要,当然也可以用正标题来表示论题的观点,副标题表示研究的对象。但有的时候,一个标题就把你的论题拉出来了。一要贴切,二要醒目,三要简洁,四要新颖,这是论文题目的四个要求。例如:浅析、刍议、论、浅议、探讨、探析等。

(2)摘要

摘要是论文内容的简要陈述,是一篇具有独立性和完整性的短文。摘要应包括本论文的基本研究内容、研究方法、创造方法、创造性成果及其理论与实际意义。摘要中不宜使用公式、图表,不标注引用文献编号。避免将摘要写成目录式的内容介绍。更不能把文章的开头或者是结尾放上来,它应该是文章内容的精华。中文摘要一般为 300 字左右。

关键词是供检索用的主题词条,应采用能覆盖论文主要内容的通用词条,这要和论文陈述的重点内容区分开来。关键词一般列 3~5 个,按词条的外延层次从大到小排列。

(3)目录

按论文章节次序编好页码,里面涉及图表的要有标号;目录就是论文的结构,评委容易直观地发现结构的问题,所以一定要写好。一般按二级或者三级标题编写,要求层次清晰且与正文标题一致,主要包括正文主要层次标题、附录、参考文献等,且标明页数。整个论文的主要内容应该从目录中翻阅到,它也起到一个指引的作用。

(4)正文

毕业论文不少于 6000 字,论点要明确,层次要清楚,要理论联系实际。论文正文包括绪论、论文主体及结论部分。

(5)附录

对需要收录于毕业论文中且又不适合书写于正文中的冗长公式推导、辅助性数学工具、符号说明(含缩写)、计算程序及说明、调查问卷等有特色的内容,可作为附录排写,序号采用"附录 1"、"附录 2"等。

(6)参考文献

毕业论文的参考文献必须是学生本人真正阅读过的,数目一般应不少于 5 篇,应有近两年的参考文献,以近期发表的杂志类文献为主,图书类文献不能过多,且要与论文工作直接相关。引用网上文献时,应注明该文献的准确网页地址,网上参考文献不包含在上述规定的文献数量之内。

几种主要参考文献著录表的格式为：

[1] 连续出版物：作者，文题，刊名，年，卷号(期号)：起止页码。

[2] 专(译)著：作者，书名(译者)，出版地：出版者，出版年，起止页码。

[3] 论文集：作者，文题，编者，文集名，出版地：出版者，出版年，起止页码。

[4] 毕业论文：作者，文题，博士(或硕士毕业论文)，授予单位，授予年。

[5] 专利：申请者，专利名，国名，专利文献种类，专利号，授权日期。

[6] 技术标准：发布单位，技术标准代号，技术标准名称，出版地：出版者，出版日期。

(7)致谢

谢辞是向在本篇论文的撰写过程中曾给予自己帮助的人表示谢意。它可以写在正文的结论部分，也可以单列出来，使之成为论文中的一个项目。

情境训练 >>>

根据专业要求完成一份毕业论文的写作。

本章自测题

一、简答题

1.经济学术论文的概念和经济类毕业论文的概念。

2.在撰写经济学术论文和经济类毕业论文时，如何选择材料？

3.在进行经济类毕业论文时，怎么样合理选题？

二、比较以下几组学术论文的标题，谈谈哪个拟得好，为什么？

A 组：《我国审计理论研究中的几个新问题》与《对当前我国审计理论研究几个问题的探讨》

B 组：《会计学行为：从西方看中国》与《中西方会计行为研究之比较》

C 组：《创造实现审计工作"三化"的环境》与《创造审计工作实现"三化"的环境》

D 组：《我国中小企业研究》与《我国中小企业成长轨迹探讨》

参 考 文 献

1. 胡明扬，叶子雄. 财经专业写作. 北京：中国人民大学出版社，2003
2. 罗昌宏，敖亚萍，罗金沙. 商务文书写作新论. 武汉：武汉大学出版社，2003
3. 尹依. 新编财经写作. 4 版. 北京：中国商业出版社，2006
4. 彭祝斌，梅文慧. 经济应用文写作. 长沙：湖南大学出版社，2004
5. 任鹰. 经济应用文写作学习参考书. 北京：北京大学出版社，2003
6. 蔡录昌. 经济应用文写作. 北京：清华大学出版社，2010
7. 杨窈慧，杨俭. 经济应用文写作. 长沙：湖南大学出版社，2008
8. 王桂清. 经济应用文写作. 北京：机械工业出版社，2004
9. 刘锡庆. 经济应用文书写作. 北京：北京师范大学出版社，2008
10. 张元忠，张东风. 经济应用文写作与评析. 武汉：华中科技大学出版社，2008
11. 杨晶. 经济应用文写作理实一体化教程. 北京：电子工业出版社，2010
12. 盛明华. 常用经济应用文写作教程. 上海：立信会计出版社，2006
13. 严军，袁凤英. 经济应用文写作. 北京：对外经济贸易大学出版社，2009
14. 方有林，娄永毅. 经济应用文写作. 上海：复旦大学出版社，2009
15. 徐艳兰. 经济应用文写作. 北京：经济科学出版社，2009
16. 吴慧媛. 经济应用文写作. 成都：西南交通大学出版社，2008
17. 傅宏宇. 财经应用文写作. 北京：北京大学出版社，2006
18. 辛华，戴夏燕. 新编经济应用文写作. 北京：北京大学出版社，2000
19. 汪祥云，蒋瑞松. 应用文写作. 3 版. 上海：上海交通大学出版社，2007
20. 杨文丰. 现代应用文写作. 北京：中国人民大学出版社，2001
21. 杨晴. 新编实用文体写作. 北京：气象出版社，2007
22. 陈少夫，丘国新. 应用文写作教程. 5 版. 广州：中山大学出版社，2005
23. 于成鲲. 现代应用文. 上海：复旦大学出版社，2003
24. 郑心灵，郭伟. 应用文写作教程. 郑州：文心出版社，2006
25. 蒋春意. 新编经济应用文实用写作. 北京：北京理工大学出版社，2009
26. 郑孝敏. 新编经济应用文写作教程. 上海：立信会计出版社，2005
27. 张进军，黄星南. 当代财经应用文写作. 长沙：湖南大学出版社，2004
28. 郭莉，周伟红. 经济应用文写作. 北京：清华大学出版社，2008